改革开放以来

我国犯罪问题的宏观分析

GAIGE KAIFANG YILAI

WOGUO FANZUI WENTI DE HONGGUAN FENXI

张威◎著

中国政法大学出版社

2018·北京

图书在版编目（CIP）数据

改革开放以来我国犯罪问题的宏观分析/张威著. —北京:中国政法大学出版社,2018. 5

ISBN 978-7-5620-8247-7

Ⅰ. ①改…　Ⅱ. ①张…　Ⅲ. ①犯罪—研究—中国　Ⅳ. ①D924. 114

中国版本图书馆CIP数据核字(2018)第087244号

出版者	中国政法大学出版社
地　　址	北京市海淀区西土城路 25 号
邮寄地址	北京 100088 信箱 8034 分箱　邮编 100088
网　　址	http://www.cuplpress.com (网络实名：中国政法大学出版社)
电　　话	010-58908437(编辑室) 58908334(邮购部)
承　　印	固安华明印业有限公司
开　　本	880mm×1230mm　1/32
印　　张	8.375
字　　数	200 千字
版　　次	2018 年 5 月第 1 版
印　　次	2018 年 5 月第 1 次印刷
定　　价	49.00 元

序 言

PREFACE

改革开放是新中国发展史上的一场伟大革命，也是新中国命运的一场伟大转折。改革开放以来，我国向现代化社会快速发展，在经济、军事、政治、科技、体育、教育、文化等方面都取得了斐然的成就。也正因为如此，在党的十八大上，习近平同志指出：“改革开放是当代中国发展进步的活力之源，是我们党和人民大踏步赶上时代前进步伐的重要法宝，是坚持和发展中国特色社会主义的必由之路；是决定当代中国命运的关键一招，也是实现‘两个一百年’奋斗目标、实现中华民族伟大复兴的关键一招。”2018 年我们将迎来改革开放 40 周年，回望改革开放以来我们取得的进步，可以确定无疑地说，改革开放是党和人民的正确选择。

当前，我国正处于全面深化改革的历史阶段，这一阶段也是改革的深水期和攻坚期。全面深化改革的总目标，就是完善和发展中国特色社会主义制度、推进国家治理体系和治理能力现代化。在这一阶段我们需要解决的具体问题还十分繁重，主要包括以下几个方面：形成全国统一的市场体系，形成公平竞争的发展环境；增强经济发展活力，为实现经济持续健康发展提供不竭动力；提高宏观调控水平，提高政府效率和效能；增强经济发展活力，促进社会和谐稳定；实现社会公平正义，通过制度安排更好地保障人民群众各方面的权益；提高党的领导水平和执政能力，充分发挥党总揽全局、协调各方的作用。另外，2017 年 10 月，党的十九大报告指出，我国社会主要矛盾已经由“人民日益增长的物质文化需要同落后的社会生产之间的矛盾”转化为“人民日益增长的美好生活需要和不平衡不充分的发展之间的矛盾”。从“物质文化需要”到“美好生活需要”的变化，反映的是社会的进步和发展阶段的提高。人民美好生活需要日益广泛，不仅对物质文化生活提出了更高的要求，而且在民主、法治、公平、正义、安全、环境等方面的要求日益增长。在这样的背景下，反思改革开放以来我国出现的一些局部问题，能够更好地帮助我们全面深化改革，缓解社会的主要矛盾。

我国犯罪问题的变化一直是国家和社会关注的重点，也是刑事法学界的研究重点。改革开放之后，我国经济快速发展和现代化进程加速进入了社会的快速转型期，在这一时期，我国的犯罪形势逐渐严峻。在具体特征上，数量不断增多，且居高不下；性质日趋严重，社会危害加大；犯罪类型增多，侵财、经济类犯罪较为突出等。犯罪问题的加剧引起了国家和整个社会的重视，同时也成为刑事法学界研究的重要内容。很多的学者以经济发展、现代化进程与犯罪问题的关系为切入点，在宏观层面上探讨了改革开放后我国犯罪现象变化的原因，但是并未取得较为一致的结论。同时，研究的深度也有待加强。这是因为：一方面，理论性的研究探讨较多，而实证性的经验研究相对缺乏；另一方面，未能深入探讨经济发展、现代化进程影响犯罪现象变化的内在机理，并未形成较为系统的解释模型和理论。因此，在已有研究的基础上，深入探讨改革开放以来我国犯罪问题的发展、变化规律，以及经济发展、现代化进程带来的社会变迁对犯罪现象的影响机制，对我国今后的犯罪防控具有重要的指导意义，有助于国家制定科学的犯罪防控和犯罪治理政策以及相关社会政策，并最终提升国家的治理能力，确保社会的和谐稳定。

本书认为，改革开放之后，我国进入高速的社会转型期，在这一时期，社会的宏观因素对每个人的影响是非常巨大的，对个体犯罪行为的产生、发展也起着主要的作用。在改革开放后的社会转型期中，我国的经济体制、文化体制和社会体制都不断发生变化，每个人的行为方式、生活方式、价值体系也在随之发生着快速的变化。在这种历史的洪流面前，每个个人都只能不断地去主动或被动适应社会的急速变革。因此，在这一时期，相对于个人因素，宏观社会因素无疑对犯罪现象的发展变化有着重要的影响，甚至可以说起着决定性的作用。基于此，本书采取宏观的分析视角，探讨经济发展、现代化进程、社会变迁等因素对我国犯罪问题的影响。

西方犯罪社会学理论作为犯罪学理论的重要组成部分，能够为我们的分析提供很好的分析视角。犯罪社会学理论在西方犯罪学理论体系中占据着重要的地位。西方犯罪学研究的情况表明，对20世纪西方犯罪学发展作出最大贡献的是社会学的理论和方法以及将这些理论和方法应用于犯罪研究的社会学型犯罪学家们。犯罪社会学的发展与对社会转型的研究密切相关。从19世纪后期迪尔凯姆的犯罪学理论到20世纪芝加哥学派的社会解组理论，以及社会失范理论和社会控制理论，大多是在研究工业化、都市化、移民、社会变动、社会结构、社会阶层、文化冲突等因素与犯罪的关系。这些理论都可以为我们分析我国改革开放后社会转型期间的犯罪现象提供重要的理论分析基础。因此，本书将选择犯罪社会学的理论，以及已有的相关研究成果作为分析的理论基础。

本书基于改革开放后我国犯罪现象以及社会宏观因素的变化，以西方犯罪社会学理论为分析视角，采用理论整合的方式，提出了改革开放后我国犯罪问题加剧的宏观理论模型。该模型认为：首先，改革开放后，我国经济的快速发展和现代化进程在宏观层面上触发了社会失范的产生。在社会失范的影响下，追求物质和财富的积累成为社会设定的成功目标，社会中的每个个人都面临着这一压力，从而在个体层面造成了紧张。其次，在这一时期，发展的不平衡导致我国的社会控制被削弱。这里的社会控制包括非正式社会控制和正式社会控制。社会控制作为中介因素决定着经济发展和现代化对犯罪问题的最终影响，而我国改革开放后社会控制的削弱，加剧了经济快速发展和现代化带来的社会失范，导致物质和财富的积累成为判断成功的核心标准，同时又促使一部分人不择手段地去追求这一目标，这必然导致犯罪行为的增多。最后，需要强调的是，经济的快速发展和现代化进程并不必然导致犯罪行为的增多或减少，社会控制在中间起着重要的中介作用，如果社会控制有效，就能够控制并缓解它们带来的社会失范，保证社会的稳定和谐，反之，就必然会加剧社会失范，造成犯罪率的上升。

提出上述宏观分析模型后，本书又对这一理论模型进行了实证检验。具体来说，在实证研究中，选取 GDP 代表经济的发展指标，选取人均 GDP 作为工业化指标，选取城市化率作为城市化指标，选取基尼系数、城镇失业率、高校生师比、离婚率、腐败立案数来代表社会控制状况。实证检验的研究结果显示：首先，经济的增长、工业化和城市化存在显著的正相关关系，说明它们之间是存在相互影响的关系的。其次，本书采用回归分析的方法分别考察了经济发展、工业化和城市化对犯罪问题的影响。结果表明，与经济发展和工业化指标相比，离婚率和高校生师比对刑事立案数的变化具有更强的解释和预测能力。另外，城市化和城镇登记失业率对刑事立案数的变化也具有较强的解释和预测能力。这与我们的研究假设基本一致，也就是说经济发展和现代化进程需要通过中介因素起作用。而相对于经济发展和工业化，城市化与犯罪问题的变化更为密切。最后，在上述分析的基础上，本书又作了更为深入的分析，也就是考察了我们提出的中介因素的中介效应。研究结果表明，城镇登记失业率、离婚率、高校生师比和基尼系数，能够在经济发展、工业化与犯罪问题的变化之间起到中介因素的作用。而由于城市化率自身对犯罪问题的变化具有显著的预测作用，所以只有城镇失业率在城市化率与犯罪问题的变化之间起到中介作用。但是这也基本上符合我们的研究假设，也就是城市化仍然需要通过一定的中介因素才能影响犯罪行为的产生。综上所述，实证研究的研究结果总体上印证了本书提出的宏观分析模型，证明了经济发展和现代化进程并不会必然导致犯罪问题的加剧，如果存在有效的社会控制，就能够缓解并控制经济发展和现代化进程带来的负面影响。

最后，基于上述研究结果，本书对今后的犯罪防控提出了建议。首先，要消解物质主义泛滥带来的失范压力。一方面，要在宏观层面上树立正确的社会发展理念；另一方面，要在国家层面确立全面的发展指标，在个人层面设立多种类型的成功指标。其次，要从正式社会控制和非正式社会控制两个方面入手，加强我国的社会控制。正式社会控制方面，要注重提高国家的治理能力，消除贫富差距，健全社会保障体系，同时提高政府的效率，建立切实有效的腐败犯罪防控体系；非正式社会控制方面，要继承发扬优秀的传统文化，强化中国特色社会主义文化的主导作用，从而最终加强文化的引导和规范作用。同时，还要强化教育和家庭的非正式社会控制功能，消解社会失范的压力，最终实现非正式社会控制层面的增强。

按照恩里科·菲利（Enrico Ferri）的犯罪饱和理论，每一个社会都有与其相适应的犯罪，改革开放以来我国犯罪问题的加剧，只是我国社会发展过程中的阵痛之处。毋庸置疑，经济发展和现代化是我国建设中国特色社会主义的必由之路，只要我们在社会发展的过程中，注重社会的全面发展，同时不断提升国家治理能力，加强社会控制，我国的犯罪数量会回归到合理的水平，国家的长治久安也终会实现。我们坚信，在中国共产党的正确领导下，我国会最终成为富强、民主、文明、和谐的社会主义强国。

目　录
CONTENTS

引言

INTRODUCTION

改革开放是新中国具有里程碑意义的事件，改革开放之后我国发生了翻天覆地的变化，取得了斐然的成就，进入了一个崭新的时代。首先，改革开放以来最为瞩目的成就就是我国经济的高速发展。当今的中国，已经成为世界第二大经济体、最大货物贸易国、第三大对外直接投资国、世界第一大制造业国、世界上第二大消费市场，人均国内生产总值接近 8000 美元。其次，在经济高速发展的基础上，我国的物质条件极大改善，人民生活水平逐步提高，正在稳步实现从温饱向小康社会的转变。最后，改革开放以来我国社会的转变是建立在经济发展和现代化基础上的整体性转变，我国因此步入社会转型期，整个社会由封闭半封闭的社会向全面开放的社会转变。总之，改革开放以来我国的各项事业取得了举世瞩目的伟大成就，人民生活水平不断提高，综合国力和国际地位明显提升，现代化进程进一步加快，对当今的世界格局乃至人类历史进程都产生了深远的影响。可以确定无疑地说，改革开放是新中国最正确的选择。

目前，我国的改革正处于攻坚期和深水区，同时，中国特色社会主义也开始进入新时代，我国社会主要矛盾已经由人民日益增长的物质文化需要同落后的社会生产之间的矛盾转化为人民日益增长的美好生活需要和不平衡不充分的发展之间的矛盾。2018 年，我们也将迎来改革开放 40 周年，在这一重要的时期和时间点，我们在为改革开放取得的伟大成果而欢欣鼓舞的同时，还需要对其中的不足和缺陷进行反思和总结，只有这样才能够进一步深化改革，并最终实现“两个一百年”奋斗目标，最终把我国建设成为富强民主文明和谐的社会主义现代化国家，实现中华民族的伟大复兴。改革开放后，虽然我国经济取得了巨大的进步，但是整个社会的发展是不平衡的、不充分的，这种不平衡、不充分的发展也间接导致了许多社会难题的出现，犯罪问题的加剧就是其中一个较为突出的难题。改革开放以来，我国的犯罪数量不仅大幅上升，而且居高不下，同时犯罪危害性也不断加大，这给社会的稳定和谐带来了巨大的挑战。深入分析改革开放以来我国犯罪问题的发生、发展规律，对后续的犯罪防控具有直接的理论和实践意义，对推进国家治理体系和治理能力的现代化以及社会的和谐发展也具有间接的深远影响。

犯罪问题是每个社会都要面对的难题，因为犯罪问题是由多种复杂的原因诱发的。随着犯罪学研究的发展，学者们已经普遍认识到，犯罪的原因体系不会是由单一的因素构成的，而是一个较为复杂的原因系统。从犯罪原因的研究水平上看，可以分为宏观因素和微观因素两个大类。一般来说，宏观因素是指政治、经济、文化、教育等，而微观因素则更多地关注犯罪人自身，包括犯罪人的生理因素、心理因素、成长因素等等。这些因素互相作用、互相影响，纵横交错而有机结合在一起。犯罪的产生是社会影响与个人的个性特征两大类因素综合作用的结果。但是，两者在犯罪产生中的作用并不是同等和并列的关系，而是决定与被决定的关系。研究犯罪现象原因的基本原则是：把犯罪作为群体社会现象，放在社会背景下，在把社会作为犯罪现象产生的总根源的前提下，再把引起犯罪的社会和个人因素结合起来进行辩证研究。[1]

在历史的洪流面前，个人永远是渺小的，不过是被裹挟的一粒微不足道的泥沙。改革开放之后，我国用几十年的时间完成了其他国家几百年的发展历程。在这几十年间，我国一直处于高速的社会转型时期，经济体制、文化体制、社会体制等都不断发生着巨大的变化。社会转型也主要表现在经济体制转型、社会结构变动以及社会形态变迁。在这种高速的社会转型中，人们的行为方式、生活方式、价值体系也随之发生着高速的变化。每个个体都在不断地主动或被动地适应着社会的急速变革。在这种适应的过程中，有的人踏浪弄潮，有的人退却畏缩，但是他们的种种行为都带着时代的烙印，具有典型的时代特征。在这种社会急速变革的情况下，宏观社会因素对每个社会个体的影响是非常巨大的，从某种程度上来说，这一时期犯罪问题产生变化的主要原因或者决定性因素，更多的是宏观的社会因素。因此，本书将研究的重点聚焦于改革开放后我国政治、经济和文化方面出现的社会变革和转型对犯罪问题的影响，在现有犯罪学理论和研究的基础上，分析改革开放后我国犯罪现象的发生、发展规律，并尝试提出其在宏观层面上的发生模型，最后对这一模型进行一定程度上的实证检验。当前，我国正处于全面深化改革阶段，全面深化改革的总目标是，完善和发展中国特色社会主义制度、推进国家治理体系和治理能力现代化。国家治理体系和治理能力的水平是一个国家有序运行、健康发展、持续上升的重要条件。对改革开放之后我国犯罪问题发生发展规律的宏观研究，有助于我国今后制定科学的犯罪防控和犯罪治理政策以及社会政策和政治经济文化政策，进而会有助于促进社会的和谐稳定。

---

〔1〕 王牧：《新犯罪学》（第3版），高等教育出版社2016版，第115页。

第一章
改革开放以来我国犯罪问题的基本状况

犯罪现象作为一种社会现象是与社会环境的变化密切相关的。改革开放后，在社会快速转型的同时，我国的犯罪问题也呈现出较为明显的态势和特征。本章将在描述改革开放各个阶段我国犯罪问题的基本态势的基础上，对其基本特征进行概括分析。

第一节　我国犯罪问题的历史分期

犯罪问题作为一种社会现象，不是孤立地存在的，它具有一定的时空性，是随着政治、经济、社会和文化等因素的变化而变化的。因此，同一个地域在不同的历史时期、不同的社会环境下，犯罪问题所呈现出来的特点和发生、发展规律都不一样。要想更为科学准确地研究犯罪问题，应当分不同的历史时期来进行研究。改革开放前后我国犯罪问题的具体特征和发生规律是有一定的差别的，研究改革开放以来的犯罪问题具有更为重要的理论和现实意义。

关于1949年之后我国犯罪的历史分期，主要存在以下四种观点：

第一种分期方法是康树华的“五时期论”。[1]该分类方法依据新中国成立之后政治、经济的发展变化以及社会治安情况

〔1〕 康树华：“新中国成立以来的犯罪发展变化及其理性思考”，载《中国刑事法杂志》1998年第3期。

的变化来进行分期。具体分为：①基本完成社会主义改造时期，时间跨度为从 1949 年 10 月新中国成立到 1956 年。在这一时期，我国的犯罪率是呈现出急剧下降的发展趋势，而且这一时期犯罪活动以反革命破坏活动和破坏社会主义经济秩序的犯罪为主。②开始全面建设社会主义时期，时间跨度为 1957 年到 1965 年"文革"前夕。这一时期的犯罪呈现出大起大落的发展趋势，且侵犯财产犯罪较为突出。③"十年动乱"时期，时间跨度为 1966 年到 1976 年。这一时期的刑事犯罪活动有许多与政治上的大动荡交织在一起，因此侵犯公民人身权利和民主权利的犯罪、流氓犯罪、青少年犯罪等较为猖獗。④粉碎"四人帮"反革命集团以后到 1983 年"严打"期间，时间跨度为 1976 年 10 月到 1983 年。这一时期的刑事案件急剧上升，存在严重的文化大革命后遗症特征，同时青少年犯罪较为突出。⑤改革开放以来，时间跨度为 1978 年以后。这一时期中，犯罪数量明显上升，犯罪质量日趋严重，社会治安状况恶化，严重危害了社会秩序和社会安定。

第二种分期方法是张小虎的"四阶段论"。张小虎在其著作《当代中国社会结构与犯罪》一书中将我国 1949 年以来的犯罪问题划分为四个阶段：第一阶段为新中国成立后至"文化大革命"前，时间跨度为 1950 年至 1965 年；第二阶段为"文化大革命"后期至改革开放前，时间跨度为 1972 年至 1977 年；第三阶段为改革开放后的社会转型初期，时间跨度为 1978 年至 1987 年；第四阶段为改革开放后社会转型深化期，时间跨度为 1988 年至现在。作者在后续的论述中，又将前两阶段统一划分为"改革开放前"这一阶段来进行讨论，从而又进一步形成了"改革开放前""社会转型初期"和"社会转型深化期"三个历史阶段。

第三种犯罪分期方法是"五高峰论"。"五高峰论"的分期方法主要依据犯罪的统计数据来进行分期。“五高峰论”是国内学术界较为流行的描述新中国成立之后的犯罪问题演变的论点，其中冯树梁学者的论述较为全面。具体来说：第一个犯罪高峰期出现于新中国成立初期，时间跨度为1949年至1956年。这一时期我国社会主义改造基本完成，犯罪的峰值出现在1950年，当年刑事立案53.1万起。第二个犯罪高峰期发生在“三年经济困难时期”，时间跨度为1957年至1961年，峰值出现于1961年，当年刑事立案42.2万起。“第三个犯罪高峰期”出现于“文化大革命”期间，时间跨度为1966年至1976年，峰值出现于1973年，当年立案53.6万起。“第四个犯罪高峰期”时间跨度为1978年至1981年，峰值出现于1981年。这一时期的犯罪出现了新的特点，就是青少年犯罪占比较大，以及新的犯罪类型不断涌现。“第五个犯罪高峰期”发生于1989年以后，峰值出现于1991年。这一时期，改革开放逐步深入，社会矛盾不断暴露，导致犯罪类型增多，案件增加幅度较大，其危害程度远超前几次犯罪高峰。

第四种分期方法是“四时期论”。我国学者吴鹏森在其文章《中国刑事犯罪60年：犯罪与社会的互动——兼论当代中国犯罪历史分期》[1]中，依据政治、经济、社会和文化因素的影响，将当代中国犯罪史划分为四个历史时期：第一个历史阶段为“新政权建立时期的犯罪”阶段，时间跨度为1949年至1952年。这一时期的刑事犯罪呈现出普通刑事犯罪与反革命犯罪交织在一起的特点。第二个历史阶段是“计划经济体制下的犯罪”阶段，时间跨度为1953年至1977年。这一时期的刑事犯罪整体维持在很低的水平。但是，由于期间发生了“文化大革命”，此

---

〔1〕 吴鹏森：“中国刑事犯罪60年：犯罪与社会的互动——兼论当代中国犯罪历史分期”，载《安徽师范大学学报（人文社科版）》2012年第3期。

阶段的犯罪数据无法获得。第三个历史阶段是“新旧体制过渡时期的犯罪”阶段，时间跨度为1978年至2001年。这一时期我国逐渐进入改革开放新时期，呈现出新旧体制的此消彼长，而该时期的刑事犯罪数量急剧增长，进入一个快速增长期。第四个阶段是“市场经济体制下的刑事犯罪”阶段，从2001年开始。在这一时期，我国逐步进入比较典型的市场经济体系。这一时期的刑事犯罪增速有所减缓，但是总量一直维持在高位。

通过上述几种分期方法，我们可以看到，在我国犯罪问题的研究中，改革开放是一个重要的分界点。犯罪问题本质上是一种社会现象，受到多种因素的影响。犯罪的产生和发展不仅会受到微观层面上的个体人口统计学因素、个体生理因素、个体心理因素、家庭环境因素等的影响，还会在宏观层面上受到政治因素、经济因素、文化因素等的影响。犯罪问题的发生和发展与社会的发展和变迁存在直接的联系。任何上述因素的变动都会对犯罪问题整体产生一定的影响。因此，由经济体制转变而开始的改革开放可谓是新中国发展过程中一次重大而深刻的变革，这种变革影响并改变着整个国家的方方面面，对犯罪问题的影响也不例外。所以，改革开放前后的犯罪问题在发生发展规律和特点上都是存在一定的差别的。相对于改革开放前，改革开放以来我国的政治、经济、文化状况已经发生了翻天覆地的变化，所以对改革开放后犯罪问题的研究，具有更为现实和深远的意义。

改革开放是新中国成立后在社会发展过程中的一个重要的转折点。一般来说，改革开放是20世纪70年代末我国开始实行的经济改革政策和对外开放政策，实质上包含了对内改革和对外开放。改革开放前，我国积贫积弱，经济极度落后，社会整体也极度不发达。改革开放后，我国的经济飞速发展，经济的年均增长速度长期保持世界第一。2010 年，我国 GDP 总量跃居世界第二。在经济发展的带动下，综合国力大幅提升，人民生活水平稳步提升，我国的国际地位和影响力显著增强。可以确信无疑地说，改革开放是当时的中国最为正确的选择，而且这一选择为我国带来的重大成就也是举世瞩目的。从整体上看，1978 年以来的中国改革开放和现代化就是一次公认的重大而深刻的社会转型，并表现在社会生活的各个方面和各个领域。这主要表现在以下几个方面：①经济方面，改革开放后，我国的基本经济制度由单一的公有制转变为以公有制为主体、多种经济成分共同发展的经济制度，经济体制也由计划经济转变为市场经济。②政治方面，由“革命政治”转向“发展政治”，也就是由“以阶级斗争为纲”转向“以经济建设为中心”。③文化方面，西方文化与本土文化出现强烈的碰撞，在这种碰撞的过程中，以个人主义为核心的西方个体价值观逐渐占据了重要的地位。西方社会的消费主义、物质主义价值观对我国社会的精神生活造成了极大的冲击。另外，随着经济改革的逐步推进，我国正在步入以社会改革为主题的转型阶段。在这一过程中，社会矛盾凸显，各种社会问题不断出现，成为制约社会进步的重要阻碍。

改革开放前后的犯罪问题具有重要的差异。新中国成立后至改革开放前，我国处在计划经济体制之下，社会高度一元化，相对封闭，社会关系也相对简单；另外，这一时期我国的刑法典尚未制定，犯罪行为的确定，以及刑事案件的统计，很大程度上受政策和政治因素的影响。〔1〕改革开放后我国的犯罪现象呈现出较为复杂和严重的趋势：一方面，犯罪率和犯罪数量持

〔1〕 参见卢建平：《中国犯罪治理研究报告》，清华大学出版社 2015 版，第 27~34 页。

续快速增长，各种影响社会稳定的越轨行为不断增多；另一方面，犯罪的类型、性质和社会危害程度也发生了很大的变化。

研究改革开放后我国犯罪问题的发生原因具有重要的理论和现实意义。首先，改革开放后，我国社会的变迁和随之而来的社会犯罪问题的发展变化，为我国乃至世界犯罪学的研究提供了很好的研究样本和基础。对这一时期的犯罪问题进行深入的研究，能够更好地了解社会的政治、经济、文化变迁中，这些宏观社会因素对犯罪问题的影响规律。其次，有助于预测、预防以及控制犯罪行为的发生。对改革开放以来犯罪问题进行宏观层面的研究，能够使我们深刻理解诱发犯罪的宏观社会因素，以及因素间的相互影响机制，从而能够帮助我们准确地预测犯罪，且有效地控制犯罪。再次，有助于特殊预防。研究分析犯罪的原因能够帮助我们采取相应的措施，对犯罪人进行管理、教育、感化和挽救，最终从根本上消除犯罪。最后，也是最为重要的，对改革开放后的犯罪现象的研究能够帮助我们反思之前存在的问题，从而制定更好的社会政策和社会改良计划，缓和并消除社会矛盾，最终促进社会的和谐稳定。也只有这样，才能够有效地继续深化改革，进一步促进国家的繁荣昌盛。

第二节　改革开放以来我国犯罪问题的基本态势

一、整体状况

1978 年以后，中国经历了一场广泛而深刻的社会变革，中国的经济基础、社会结构、思想方式和价值观念都发生了重大的变化。[1]正如犯罪学家恩里科·菲利所言：人之所以犯罪，

〔1〕参见卢建平：《中国犯罪治理研究报告》，清华大学出版社 2015 版，第 35 页。

并不是因为他要犯罪，而是由于他处于一定的物质和社会条件下。改革开放之后，随着社会的快速变革，我国的犯罪问题也发生了急剧的变化，逐渐呈现出严峻性和复杂性的特点。

（一）刑事案件状况

刑事案件状况是反映一个国家犯罪状况最直接也是最重要的指标。图 1 是 1978 年以来我国的刑事案件立案数的变化情况。我们可以看到，改革开放后我国的刑事案件数总体上快速增长，并且逐渐上升到高位，之后一直居高不下。1978 年到 2014 年间，我国共出现了四次犯罪高峰，而且总量的攀升速度惊人。第一次高峰是在 1981 年，刑事案件数达到 89. 03 万起；第二次高峰在 1991 年，刑事案件数达到 236. 57 万起；第三次高峰是在 2001 年，刑事案件数达到 445. 76 万起；2013 年是第四次犯罪高峰，刑事立案数达到 659. 82 万起。虽然中间出现了几次短暂的降低，但是这都跟历次的“严打”紧密相关。

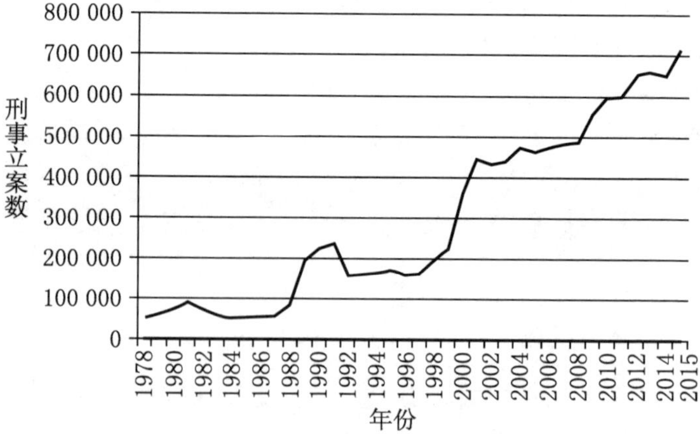

图 1　改革开放以来历年公安机关刑事立案数（1978~2015 年）

（二）治安案件状况

治安案件状况也是反映我国社会治安状况的一个重要指标，

因为我国目前实行的是二元制的刑事立法模式。二元制的立法模式是指根据行为的反社会性程度不同划分为违法与犯罪，并分别建立不同性质的制裁体系。情节较轻的一般社会危害行为被界定为行政违法行为，适用《治安管理处罚法》规制；严重的社会危害行为被界定为犯罪，适用刑法典规制。

如图 2 所示，我国每年治安案件立案数比刑事案件的立案数要多很多，并且治安案件的上升速度也要比犯罪案件快很多。如 1986~2004 年，全国治安案件以年均 10.4%的速度在增加。[1] 虽然 2014 年有所下降，但是其数量仍然惊人。如果参照许多国家的做法，即把治安案件也作为轻罪案件纳入犯罪统计当中，那么我国的犯罪问题将更为严重。[2]

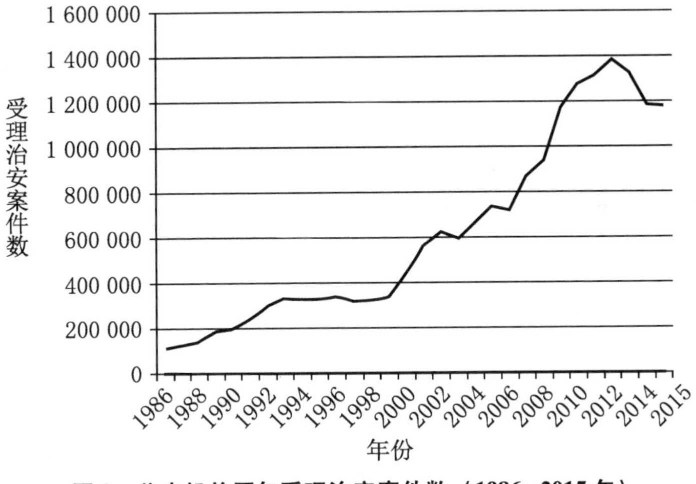

图 2　公安机关历年受理治安案件数（1986~2015 年）

〔1〕参见卢建平：《中国犯罪治理研究报告》，清华大学出版社 2015 版，第 52 页。

〔2〕参见卢建平：《中国犯罪治理研究报告》，清华大学出版社 2015 版，第 51 页。

（三）越轨行为状况

这里所说的越轨行为，主要是指违反社会所普遍遵从的基本道德准则和规范的行为。按照美国社会学家道格拉斯的“越轨漏斗理论”，这里主要是指其第六层所指的内容。[1]也就是说，这些行为违背了普遍的道德或者普通大众所谓的“良心”，或者违背了自身所属组织、团体、宗教等的道德准则和道德价值。这些行为虽然没有达到需要法律来进行规制的程度，但是它们对社会的基本道德准则和规范造成了一定的冲击，对社会的和谐秩序或者普世价值观造成了一定程度的破坏。因此，对这些越轨行为的考察，也是衡量社会稳定状况的一个重要的参考指标，尤其是从犯罪学意义上来讲。

改革开放以来，社会的各个领域都出现了大量的越轨行为，并且成蔓延之势。一个处在社会急剧变动、社会体制转轨的现代化之中的社会，往往充满着各种社会冲突和动荡。[2]改革开放后，我国的经济、政治、文化、社会都处于复杂化的状态，社会风气也随之呈现出多样化的趋势，出现了一些负面现象，如个人主义与利己主义价值观的滋生、信仰缺失、社会疏离感严重、消费主义至上、社会责任义务意识淡漠、价值观念上盲

---

〔1〕 美国社会学家道格拉斯的越轨漏斗理论将越轨行为分为十层：第十层主要指骇人听闻的极其残酷的暴行；第九层则是针对人性来说的，比如父母杀害自己的亲生儿女；第七层和第八层主要是针对违反法律规定的越轨行为，也包括与违反法律规定内容极为相似的行为；第六层是指违反社会所普遍遵从的道德规范；第五层是介于法律和常识性之间的区域，其最大的特点是没有对和错，是和非，对于民众来说有着非常大的讨论空间；第一到第四层则是民众对社会上的越轨行为的一种感性上的认知，也就是我们常说的民众常识性判断，它包含了很多社会上时尚、怪异的行为。参见黄松：“越轨行为在犯罪学中的定位及其社会控制机制研究”，安徽大学2012年硕士学位论文，第4页。

〔2〕 ［美］塞缪尔·P. 亨廷顿：《变化社会中的政治秩序》，王冠华等译，生活·读书·新知三联书店1989版，第40~41页。

目“西化”等不良社会风气。[1]在上述不良风气的影响下，各个领域的越轨行为急剧增多，并且毫无底线。经济领域，为攫取不正当利益，坑蒙拐骗、背信弃义、买空卖空、掺杂作假、操纵物价等行为层出不穷。例如，各种食品安全事件让人触目惊心。家庭领域，亲情淡漠，利益为上，传统的家庭美德没能被很好地继承。教育领域，大量的不道德行为存在，如学术不端、功利主义倾向严重等。上述这些行为对社会造成了一定的冲击，有些甚至转化成典型的社会问题，如诚信缺失、食品安全、环境污染、医疗安全等问题的频频出现，对整个社会都造成了非常大的伤害。

二、阶段性分析

改革开放是一场深刻的革命，这也决定了其必然是一个漫长且曲折的过程。在改革开放过程中，我国政府进行了不断的探索和尝试，并于不同的阶段结合我国的实际国情，做出相应的政策调整。与之相伴的是，在不同的国家政策的影响下，社会的方方面面也会随之改变，犯罪问题也不会例外。因此，根据改革开放的不同阶段来考察犯罪问题，能够更详细地了解我国改革开放后犯罪问题的发展变化规律。

（一）改革开放以来的历史阶段划分

关于改革开放的阶段划分，存在较多划分方法，但是主流的方法有以下两种。第一种划分方法将其分为四个阶段：第一阶段，从 1978 年党的十一届三中全会召开到 1982 年党的十二大召开的四年，是“拨乱反正和改革起步”的阶段；第二阶段，

---

〔1〕参见段妍：《改革开放以来中国社会风气的嬗变》，东北师范大学出版社 2014 版，第 83~101 页。

从1982年党的十二大召开到1992年初邓小平同志南方谈话发表的十年，是“开始全面改革，确立中国特色社会主义根本道路、基本路线并大胆探索改革目标”的阶段；第三阶段，从1992年党的十四大的召开到2002年党的十六大之前的十年，是“经受住政治和金融风波考验而更加坚定奋进，有系统地确立指导理论、基本纲领和社会主义市场经济的改革目标，实现改革开放新的历史性突破”的阶段；第四阶段，从2002年党的十六大召开到现在，是“在新的历史起点上，进一步明确界定当代中国和中国共产党的历史方位，更高地举起中国特色社会主义伟大旗帜，开始全面建设小康社会”的阶段。[1]第二种方法也是将其划分为四个阶段，但是时间点稍有不同：第一阶段自1978年至1992年，第二阶段自1992年至2001年，第三阶段自2001年到2012年，第四阶段自2012年起至今为开启改革开放的新阶段。[2]

结合上述阶段划分，笔者认为可以将1978年至今划分为五个阶段：第一阶段为改革起步阶段，时间跨度为1978年12月党的十一届三中全会召开至1982年党的十二大召开。1978年召开的十一届三中全会做出了改革开放的伟大决策，把工作的重心转移到社会主义现代化建设上来。从此我国拉开了改革开放的大幕，进入发展的新时期，直至1982年党的十二大召开。这一阶段的改革主要是进行拨乱反正和一些局部改革。第二阶段为全面改革的开启阶段。1982年党的十二大鲜明地提出“走自己的道路，建设有中国特色的社会主义”命题，制定全面开创社会主义现代化建设新局面的行动纲领。党的十二大提出了社会

---

〔1〕 中共中央党史研究室第三研究部：《中国改革开放史》，辽宁人民出版社2002年版。

〔2〕 吕乃基：“政府、资本、社会与中国改革开放的四个阶段”，载《东南大学学报（哲学社会科学版）》2015年第4期。

主义现代化建设的根本指导思想，标志着党成功地实现了具有重大历史性意义的伟大转变，开始把中国带入建设有中国特色的社会主义的新的政治轨道，并以全面开创社会主义现代化建设的新局面而载入史册。[1]这一阶段持续到1992年邓小平南方谈话。在这一阶段中，城乡经济体制改革继续深入，国民经济水平有了较大提高，对外开放不断扩大，城乡人民生活进一步改善。但是，随着新旧体制转轨的深入，经济发展中的许多深层次矛盾和问题日渐突出，并于1989年至1992年进行了三年的治理整顿工作。第三个阶段为改革开放和社会主义现代化建设的加速发展阶段。1992年1月，改革开放总设计师邓小平视察南方并发表重要谈话。此次谈话是把改革开放和社会主义现代化建设推向新阶段的开始。在南方谈话的基础上，1992年10月召开的中国共产党第十四次全国代表大会做出了三大历史决策：其一，确立邓小平建设有中国特色社会主义理论在全党的指导地位；其二，明确我国经济体制改革的目标是建立社会主义市场经济体制；其三，要求全党抓住机遇，加快发展，集中精力把经济建设搞上去。这一阶段持续到2002年党的十六大召开，在这一阶段中，我国经济体制改革全面推进，社会主义市场经济体制初步建立。以公有制为主体、多种所有制经济共同发展的格局基本形成。第四阶段为全面建设小康社会的开始阶段。2002年党的十六次全国代表大会召开，提出我国进入全面建设小康社会、加快推进社会主义现代化的新的发展阶段。并于2003年党的十六届三中全会提出要树立和落实全面发展、协调发展和可持续发展的科学发展观。这一阶段持续到2013年。第五阶段为全面深化改革阶段，时间是2014年至今。2013年11

---

〔1〕 曹普：《当代中国改革开放史》，人民出版社2016年版，第272页。

月，党的十八届三中全会召开，会议审议通过了《中共中央关于全面深化改革若干重大问题的决定》，提出了全面深化改革的系统方案，标志着我国全面建成小康社会，深化改革阶段的开始。

（二）各个阶段的犯罪问题分析

本书的分析主要集中于前四个阶段，因为第五阶段，也就是深化改革阶段才刚刚开始不久。2014 年被视为中国全面深化改革元年，而一般社会政策想要对社会产生全面的影响需要一定的时间。我们对前面四个阶段犯罪问题的分析，也能更好地为深化改革保驾护航。

1. 改革起步阶段的犯罪问题（1978～1982 年）。在这一阶段，由于改革开放刚刚起步，我国突然由封闭型的社会转变为开放型的社会，新的制度、法律体系和价值观念都还没有建立起来，导致我国的犯罪数量也开始大幅上升，并于 1981 年达到了改革开放后的第一个犯罪高峰。1979 年我国刑事立案数为 63.6 万起，比 1978 年增加了 18.7%；1980 年刑事立案数 75.7 万起，比 1979 年上升了 19%；1981 年达到 89 万起，比 1980 年上升了 14.1%。之后，因为我国 1980～1982 年开始依照《刑法》和《刑事诉讼法》连续开展打击刑事犯罪活动的斗争，[1] 所以 1982 年我国的刑事立案数稍微有所下降，达到 74.8 万起。但是我们可以看到，这一数值仍然远远高于 1978 年的 53.6 万起。

这一阶段的犯罪问题主要有以下几个特点。第一，从犯罪类型看，以传统的刑事犯罪类型为主，如强奸、流氓、抢劫、盗窃等案件较为突出。第二，从犯罪主体看，大部分是青少年。从当时抓获的作案成员来看，14～25 岁的青少年案犯高达 70%～

〔1〕 康树华：《当代中国热点与新型犯罪透视》，群众出版社 2007 年版，第 19 页。

80%。这些青少年目无国法，经常在光天化日之下结伙起哄，寻衅闹事，严重扰乱社会正常的工作秩序和生活秩序，威胁人民群众的生命财产安全。[1]第三，实行对外开放政策后，经济领域的不正之风和违法乱纪行为开始逐渐泛滥，贪污贿赂犯罪和走私犯罪日益严重。特别是广东、福建实行特殊政策后，走私活动十分猖獗。由于长期的计划经济导致我国的商品极为紧缺，所以在暴利的驱使下，广东、福建、浙江三省沿海出现了严重的走私贩私。甚至有些领导干部也不同程度地参与走私贩私，严重干扰了经济秩序，败坏了党的形象，并且有愈演愈烈之势。[2]中共中央在1982年的《广东、福建两省座谈会纪要》中提出：经济领域中的走私贩私、投机诈骗、贪污受贿、把大量国家和集体财产窃为已有等严重违法活动，已经比1952年“三反”“五反”时严重得多。[3]

2. 全面改革开启阶段的犯罪问题（1983~1992年）。这一时期，我国的刑事犯罪因为为期三年的严打经历了短暂的小幅回落，但是之后又出现了快速的反弹。80年代头三年，我国的犯罪活动越来越猖獗，特别是1983年的头几个月，案件数量继续猛烈上升，并且发生了多起影响恶劣的恶性案件，如2月中旬的“二王”案件、5月的劫机事件等。面对这一形势，1983年8月，中央作出了《关于严厉打击严重刑事犯罪活动的决定》。同年9月，全国人大常委会作出了《关于严惩严重危害社会治安分子的决定》。从此开始一直到1986年底，我国进行了为期三年的“严打”斗争。严打的对象主要为：一是流氓团伙

---

〔1〕 康树华：《当代中国热点与新型犯罪透视》，群众出版社2007年版，第19页。

〔2〕 参见曹普：《当代中国改革开放史》，人民出版社2016年版，第282~283页。

〔3〕 曹普：《当代中国改革开放史》，人民出版社2016年版，第284页。

分子；二是流窜作案分子；三是杀人犯、放火犯、爆炸犯、投毒犯、贩毒犯、强奸犯和重大盗窃犯；四是贩卖妇女、儿童的人贩子，强迫、引诱、容留妇女卖淫的犯罪分子和制造、复制、贩卖内容反动、淫秽的图书、图片、录音带、录像带的犯罪分子；五是有现行破坏活动的反动会道门分子；六是劳改逃跑犯、重新犯罪的劳改释放分子和解除劳改人员以及其他通缉在案的罪犯；七是书写反革命标语、传单、挂钩信、匿名信的现行反革命分子，以及有现行破坏活动的林彪、"四人帮"反革命集团残余分子。三年严打期间，共抓获违法犯罪成员 227 万人，其中犯罪团伙 14.7 万个。[1]此次严打一定程度上控制了恶性犯罪的严重程度，稳定了社会秩序。如 1984 年和 1985 年我国的刑事立案数分别为 51.4 万和 54.2 万，相比于 1983 年的 61 万有显著的下降。但是，事实上，到了 1985 年，我国的犯罪案件数量又开始缓慢上升，并且在 1989 年公安机关大力改正立案不实的情况后，立案数达到 197.2 万之多。这之后，我国的犯罪形势又更加严峻，并于 1991 年达到改革开放后的第二次犯罪高峰，是年，我国的刑事立案数达到 236.6 万起。1992 年，由于我国调整了盗窃案件的立案标准，所以当年盗窃案件立案数大幅下降（下降了 78 万起），当年的刑事立案数也随之下降为 158.3 万起。可以看出，当年的犯罪形势仍然十分严峻。

这一阶段的犯罪现象具有以下特点：第一，犯罪数量持续大幅增加。如果考虑到三年严打的短期效应，以及我国刑事政策的调整或者说犯罪统计标准的调整，实质上在这一时期中，犯罪问题并未有效地得到控制，而是在持续加剧。以 1992 年为例，虽然当年的立案总数下降到 158.3 万起，但是实际上除了

---

〔1〕 参见康树华：《全面建设小康社会进程中犯罪研究》，北京大学出版社 2005 年版，第 103~104 页。

拐卖人口犯罪有所下降外，凶杀犯罪、伤害犯罪、抢劫犯罪、强奸犯罪、伪造货币票证犯罪等都有所增加，如抢劫犯罪增加24.6%，仿造货币票证犯罪增加17.3%。第二，经济犯罪与不正之风交织在一起，相互影响、相互作用，来势凶猛，十分猖獗。[1]这主要体现在经济犯罪案件增多，经济管理部门人员利用手中权力和工作之便索贿受贿，滥收好处费、手续费，特别是贪污贿赂犯罪的增加速度惊人。如1986年，我国的贪污、贿赂案件总数达到49 657件，达到改革开放后贪污贿赂犯罪的第二个高峰。第三，在犯罪的地域分布上，开始呈现出地域差异。经济活跃的地区，犯罪的增长率要高于其他地区，如广东省的犯罪增长速度居于全国之首，沿海地区的走私犯罪等经济犯罪较为严重。

3. 改革开放加速阶段的犯罪问题（1993~2002年）。这一阶段，由于改革开放的加速，社会转型继续深入，导致各种矛盾显现，最终致使我国的犯罪问题继续加剧，刑事案件数量居高不下。1993年至1996年，我国的刑事犯罪立案数持续攀升，分别为161.6万起、166万起和169万起，每年以平均2.2%的涨幅上升。事实上，1986年严打之后，我国的犯罪数量就一路攀升，再没有出现真正意义上的下降。这期间，我国恶性事件频发，犯罪团伙和黑社会势力增多，重大刑事案件呈较大的增长之势。人民群众对社会治安的满意程度1993年只有14.5%，1994年为18.3%。[2]基于上述原因，中央决定从1996年4月开始进行全国范围内的严打。在1996年严打结束之后，公安部又

〔1〕 卢建平：《中国犯罪治理研究报告》，清华大学出版社2015年版，第40页。

〔2〕 康树华：《当代中国热点与新型犯罪透视》，群众出版社2007年版，第26页。

决定于1996年12月至1997年在全国开展“严打整治冬季行动”。经过1996年4月严打和1996年12月至1997年2月近两年的严打斗争，我国的社会治安一度有所好转。但是进入1998年以后，犯罪态势又日趋严重，各类刑事案件数量上升，严重刑事犯罪和经济犯罪活动继续增多，犯罪的性质也更趋严重。其中，由于我国在这一阶段确定了“以公有制为主体，多种所有制经济共同发展”的基本经济制度，私营经济迅速壮大。在这一过程中，在相关领域出现了较为突出的犯罪问题，如偷税漏税、制假售假、不正当竞争、非法经营“黄赌毒”，同时黑社会性质犯罪也更加突出。针对这种情况，公安部决定在2000年12月至2001年10月在全国范围内开展“打黑除恶”专项斗争，重点打击黑社会性质的有组织犯罪和黑恶势力。自2000年12月至2001年3月，“打黑除恶”专项斗争取得了初步的成效。截至2001年3月30日，全国公安机关共查获黑社会性质组织66个，涉案成员1466名，破获刑事案件2342起；查获黑恶势力团伙695个，涉案成员3224名，破获刑事案件5262起。虽然2000年12月开展的“打黑除恶”专项斗争取得了一定成果，但是全国治安情况依然十分严峻。所以根据中央的决策，公安部决定“从2001年4月开始到2002年12月，在全国范围内迅速掀起一场声势浩大的严打整治斗争，依法从重从快严厉打击严重刑事犯罪活动，大力整治社会治安秩序，维护社会稳定，保障改革开放和社会主义现代化建设的顺利进行”。这场全国性的严打整治斗争，以两年为期，分三个阶段：第一阶段（2001年4月~5月），在继续开展“打黑除恶”专项斗争的同时，迅速启动“严打整治”斗争。第二阶段（2001年6月~2002年6月），以“打黑除恶”专项斗争为龙头，在全国范围内组织三条战线的“严打整治”斗争。第三阶段（2002年7月~2002年底），对社会治安状况进行深入检查，发现社会治安的重点问题和治安仍然较差的地区，进一步组织开展“严打整治”行动。经过一年的努力，虽然2001年我国的刑事立案数达到了改革开放以来的第三次高峰，但是整体上还是取得了一定的成效。2002年全国的刑事立案数比2001年下降了2.8%。

这一时期我国犯罪现象的主要特点如下：第一个特点是，团伙犯罪、有组织犯罪十分突出。一方面，在一些农村地区，流氓黑恶势力犯罪比较突出，有的以家族、亲属为纽带，称霸一方；有的甚至篡夺农村基层政权，运用手中的权力网罗党羽，进行犯罪活动，使当地治安秩序混乱，严重危害社会安定。另一方面，自20世纪90年代中后期以来，我国的黑社会性质犯罪不断加剧，进入了一个新的阶段。〔1〕在这一阶段，很多地方的黑恶势力已经发展为初具规模的黑社会性质组织，黑社会性质组织发展为黑社会组织。这些组织集多种犯罪于一身，犯罪手段凶狠残暴。他们横行乡里、欺压百姓：或欺行霸市，强取豪夺；或从事赌博、色情等非法行业，攫取巨额非法财产；或仇视政府，藐视法律，公然以武力对抗执法机关；或拉拢腐蚀党政干部和政法干警，编织关系网，寻求“保护伞”，有的甚至控制基层政权，与政府分庭抗礼。另外，港澳台地区及境外黑社会也在不断地向我国内地进行渗透。第二个特点是，重大刑事案件多发，治安形势十分严峻。这一阶段我国的重大刑事案件数量继续呈现出较为明显的增长态势。如，仅1996年全国第一季度就立抢劫案件3万起，其中大案达到2.3万起。再如，1996年2月2日凌晨，全国人大常委会副委员长、民革中央主席李沛瑶在住所被执勤哨兵图财伤害，这也是新中国成立以来首次发

---

〔1〕 康树华：《当代中国热点与新型犯罪透视》，群众出版社2007年版，第108页。

生国家高级领导人遇害事件，举国震惊。[1]另外，进入20世纪90年代以后，盗窃枪支案、犯罪分子持枪作案明显增加，重大爆炸案件比重直线上升；带有恐怖色彩的谋杀、绑架人质案件时有发生；武装贩毒、走私、抢劫，特别是“车匪路霸”活动猖獗。[2]第三个特点是，从犯罪目的方面看，以谋取金钱、财物为目的的犯罪较为突出。这一阶段是我国私营经济开始快速发展的时期，相应地，经济类的犯罪或者以获取金钱和经济利益为动机的犯罪也必然日渐增多。因此，我们可以看到，在这一时期，无论是抢劫、绑架、谋杀等重大恶性案件，还是黑社会组织的犯罪，大多是为了直接或间接地获取物质和金钱。

4. 全面建设小康社会阶段的犯罪问题（2003~2013年）。这一阶段我国的刑事犯罪仍然处于高发状态，刑事案件一直处于稳定增长状态。与前两次严打相比，2001~2002年的严打只是取得了更为短暂的效果。严打一结束，刑事犯罪又开始反弹，2003年刑事立案数比2002年增长了1.3%，到了2004年上升幅度加大，比2003年增长了7.4%。2005年4月，根据中央领导的指示精神，全国公安机关开展了打击“两抢一盗”犯罪专项斗争。此次专项斗争使“两抢一盗”犯罪多年来首次出现下降。在此次专项严打的影响下，2005年我国刑事立案数出现了小幅的下降，达到464.8万起。但是，2006年刑事案件数又开始反弹，达到了474.4万起。自此之后，我国的刑事案件数一路攀升，分别于2009年突破500万大关，达到557.99万起，于2011年突破了600万大关。截至2013年，我国刑事案件数已经

〔1〕 康树华：《全面建设小康社会进程中犯罪研究》，北京大学出版社2005年版，第107页。

〔2〕 康树华：《全面建设小康社会进程中犯罪研究》，北京大学出版社2005年版，第111页。

达到659.8万起。虽然公安部于2010年6月至2010年底进行了为期7个月的“2010严打整治行动”，但是依然没有较为明显的犯罪防控效果。总而言之，这一时期的犯罪问题仍然极其严峻，并且上升到了一个新的水平。

这一时期的犯罪现象具有如下特点。第一，刑事犯罪处于高发状态，主要体现在两个方面：一方面，在这一阶段除了2005年刑事立案数比2004年同比下降1.5%外，其余每年的刑事案件数都在稳定上升。其中2009年的刑事立案数更是增长了14.2%之多。另一方面，刑事案件的总数一直处于高位，且屡创新高。这一阶段的刑事案件数从439.4万起开始，不断突破高位，最终达到659.8万起。这与1978年的53.6万起相比，增长了12倍之多。第二，群体性事件、恶意报复社会事件频发。这一时期各种社会矛盾更加凸显，导致群体性事件增多。2005年到2012年期间，几乎每年都有群体性事件发生，如2005年安徽池州群体性事件、2007年四川达州事件、2007年广东河源事件、2008年贵州瓮安事件、2009年宁夏海源事件、2010年黑龙江富锦长春岭事件、2010年安徽马鞍山事件、2011年广东潮安县古巷事件、2011年广东增城市事件、2012年重庆万盛事件等。同时，一些恶意报复社会的恶性刑事案件也频繁发生。如2010年，仅仅38天内就分别在福建南平、广东雷州、江苏泰兴与山东潍坊发生了四起校园屠童事件。另外，从2004年开始，几乎每年都有恶意报复社会的事件发生，如纵火、爆炸、驾车冲撞人群等等。第三，谋财型犯罪仍然十分猖獗。其中最为突出的是腐败犯罪。这一时期我国的腐败犯罪逐渐呈现出涉案官员级别高、贪腐数额大、群蛀现象严重等特点。腐败犯罪的严重态势不但严重影响了政府的公信力，同时也极大地损害了国家和人民的利益。

第三节　改革开放以来我国犯罪问题的典型特征

一、从犯罪数量看，不断增多，且居高不下

改革开放以来，我国的犯罪数量不断增多，虽然经过了多次的全国严打，但在量上依然居高不下。这也是一个最为直观的特征。1978 年以前，我国的犯罪数量一直处于较低的水平，每年的刑事案件发案数一般是在 20 万~40 万之间浮动，最高为 1977 年的 54 万，最低为 1956 年的 18 万。[1]但是，改革开放后，形势急转直下，犯罪数量出现剧烈的增长。从每年的立案数据可以看出，基本上每隔 10 年左右就会出现一次犯罪高峰，如 1991 年、2001 年、2013 年。并且，其中大多数的年份犯罪数量的增幅都较大，如 1985~1988 年，平均每年增加 52.67 万起，年递增率约为 20.73%。同时，虽然我国政府先后多次实施全国范围内的严打整治斗争，但是其效应越来越不明显，并且如果单纯从数量上看，每次严打之后都会出现不同程度的反弹。

从实质上看，我国的犯罪数量可能还要更多，问题还会更严重，这主要是因为以下三个方面的原因：第一，犯罪“黑数”问题。虽然从世界犯罪来看，犯罪统计的真实性和可靠性是一个较为普遍的问题，但是这一问题在我国更为突出。一直以来，我国公安机关的立案不实问题一直饱受诟病，存在有案不立、不破不立、大量的被害人没有选择报案、统计失误等诸多问题。[2]有学者通过相关数据估计认为，我国刑事立案数只占实际发案

---

〔1〕 康树华：《全面建设小康社会进程中犯罪研究》，北京大学出版社 2005 年版，第 106 页。

〔2〕 参见卢建平：《中国犯罪治理研究报告》，清华大学出版社 2015 年版，第 278~279 页。

数的 1/3 左右。可见，我国的犯罪“黑数”问题较为严重，这同时也反映出实际的犯罪数量可能要更为巨大。第二，刑事法规的调整。这期间我国经历了多次刑事法规的调整，这些调整都不可避免地影响了犯罪数据。首先，我国多次调整了盗窃罪的入罪标准。1984 年盗窃罪立案标准修改，城市从 25 元提高到 80 元，农村由 15 元提高到 40 元；1991 年又对上述标准作了修改，盗窃罪的立案标准提高到 300~500 元，少数经济发达地区提高到 600 元；1998 年 3 月，又将“个人盗窃公私财物数额较大”，调整为以 500 元至 2000 元为起点。这些调整实质上都在一定程度上造成了犯罪率的下降，特别是 1991 年的调整导致 1992 年我国的犯罪率出现大幅下降。其次，1997 年 10 月 1 日起我国开始实施全面修订之后的新刑法。虽然 1997 年刑法的罪名由原来的 100 多个增加到 413 个，但是罪刑法定原则的确立使其去除了认定犯罪的含糊性和不可预测性，这实际上提高了入罪的要求，从总体上限缩了犯罪圈。因此，可以说 1997 年刑法的实施客观上降低了我国的犯罪率，反过来说，如果不是 1997 年全面修订刑法，1998 年至 2000 年这三年的犯罪率上升速度会更快，第二次严打之后的反弹幅度也将更大、更明显。[1]第三，治安案件。我们前面一直在以刑事立案数为分析对象，并没有把治安案件数纳入讨论范围，而事实上，在西方国家，治安案件一直是作为轻罪来进行处理的。因此，如果将治安案件数也纳入犯罪数量的考察范围，那么最终的犯罪数量是惊人的。

二、从犯罪性质看，日趋严重、危害极大

改革开放之后，我国的犯罪问题在保持数量居高不下的同

---

〔1〕 参见卢建平：《中国犯罪治理研究报告》，清华大学出版社 2015 年版，第 65 页。

时，犯罪的性质也日趋严重，造成的社会危害也十分巨大。这主要体现在以下几个方面：第一，严重暴力犯罪较为突出。改革开放以来，我国的暴力犯罪在数量上和发案率方面都呈大幅上升态势，如 1981 年至 2011 年期间，暴力犯罪增加了 3 倍多，[1]特别是 20 世纪 80 年代初至 21 世纪初，我国的暴力犯罪现象尤为严重，这一方面体现在数量上，另一方面体现在暴力案件的严重程度上。这一时期的暴力案件严重性十分突出，如在抢劫、入室盗窃、强奸等犯罪活动中，犯罪分子动辄将受害人置于死地；持枪作案明显增加；重大爆炸案件大幅增加；武装贩毒、走私、抢劫等活动十分猖獗。这些严重的暴力犯罪对我国的社会治安和人民群众的人身、生命、财产安全构成了严重的威胁，犯罪分子的气焰十分嚣张。第二，团伙犯罪、有组织犯罪较为突出。1979 年以前，我国实行计划经济，国家对社会实行高度集中的统一管理，呈现出经济关系的一元性与社会结构的简单性的特点，不存在黑社会性质组织生存的土壤与条件。经济体制改革后，经济关系多元化与社会结构的复杂化使黑社会性质组织开始出现并发展。在这一过程中，一些内地犯罪团伙和黑恶势力逐渐向黑社会性质的组织或黑社会组织发展，再加上港澳台以及国外黑社会的渗透，最终导致我国具有黑社会性质的组织或团伙急速增加。这些犯罪团伙或黑社会性质的组织反社会性极强，手段残忍，作恶多端，如抢劫、绑架、走私贩毒、敲诈勒索、欺行霸市、垄断一方，同时还会千方百计拉拢腐蚀党政干部以寻求保护。虽然从发展过程看，每个阶段的有组织犯罪形式和性质会有所差异，但是它们的犯罪手段以及对社会的严重危害性都是相同的。第三，社会危害性极大。

---

〔1〕 参见卢建平：《中国犯罪治理研究报告》，清华大学出版社 2015 年版，第 82~83 页。

在改革开放以来的犯罪问题中，无论是严重的暴力犯罪，还是有组织犯罪，还是贪腐、诈骗等经济类犯罪，对整个社会的危害都极其严重，极大地影响了社会的稳定，阻碍了社会的文明发展。

三、从犯罪类型看，侵财犯罪、经济类犯罪日益增多

改革开放以来，我国的刑事犯罪类型也在不断地发生着变化。具体表现为：传统的暴力犯罪趋缓；侵财犯罪、经济类犯罪日益增多，犯罪与经济的联系日益紧密；新型犯罪大量出现。[1]首先，以传统的侵财犯罪为例。盗窃罪在我国的刑事犯罪构成中占据了绝对的比重。盗窃不仅是侵财犯罪中占比例最大的犯罪类型，也是所有刑事犯罪中占比重最大的犯罪类型，其占刑事犯罪总数的比例一直稳定于70%以上。[2]抢劫罪在侵财犯罪中居第二位。虽然因国家严打政策的实施，抢劫罪的案件数有所起伏，但是从抢劫罪的走势可以看出，我国的侵财犯罪确实急速膨胀。再如诈骗罪，1981年以来，诈骗罪一直处于增长的趋势中，而且其占犯罪总数的比例也一直在扩大。其次，经济犯罪的严重性还体现在经济犯罪类型的增加上。改革初期的经济犯罪主要表现为贪污、贿赂、走私、投机倒把、利用合同诈骗等等，后来逐渐出现了制作销售假冒伪劣商品，假冒注册商标，偷税漏税，骗取国家出口退税，制造、贩卖、虚开、伪造、非法销售增值税专用发票，制贩伪币，非法集资诈骗，金融票

---

〔1〕 吴鹏森：“改革开放以来的中国城市化与犯罪变化——基于一种比较的视角”，载《江苏行政学院学报》2012年第6期。

〔2〕 参见卢建平：《中国犯罪治理研究报告》，清华大学出版社2015年版，第80页。

据、信用证、信用卡诈骗，侵犯知识产权，洗钱，证券犯罪等等。[1]进入21世纪后，随着网络技术的发展，利用网络技术进行的经济类犯罪也日益增多，如网络诈骗、网络传销等等。最后，贪腐类案件不仅数量巨大，而且大案要案频出，性质较为恶劣，社会危害十分巨大。改革开放以来，在不断的社会变革中，贪腐犯罪十分突出。从形式上看，权钱交易、官商勾结较为普遍；从数量上看，分布广泛，且成爆破式、集中式增长，贪腐窝案频生，塌方式腐败高发；从涉及领域看，大多涉及经济建设领域，如矿产资源、土地出让、工程建设等领域；从社会危害程度来看，贪污数额惊人，社会影响巨大，犹如毒瘤。

四、从犯罪主体看，不同主体犯罪特征明显

（一）流动人口犯罪增加

流动人口是指现居地不是其常住户口所在地的人口。改革开放以前，我国实行严格的二元社会制度。20世纪80年代开始，由于我国经济发展的地域性和不平衡性，以及城市化、工业化进程的推进，我国形成了大规模的流动人口群体。我国的流动人口呈现出从经济不发达地区流向经济发达地区、从西部流向东部、从贫穷地区流向富裕地区的特点。从国家层面上看，人口流动的活跃程度和犯罪率成正相关的关系，二者的增长速度基本一致。另外，我国流动人口犯罪数也快速上升。从地方层面上看，经济发达地区和东部省份的流动人口问题更为突出。例如，东部沿海地区流动人口犯罪比例较非沿海地区更高，经

〔1〕 康树华：《全面建设小康社会进程中犯罪研究》，北京大学出版社2005年版，第123页。

济发达地区流动人口犯罪率上升速度更快。[1]

（二）青少年犯罪居高波动

青少年犯罪一直是我国一个较为突出的问题。改革开放以来我国的青少年犯罪在70年代末迅速上升到高峰，在1983年严打之后虽然有所下降，但是随后又出现反弹。进入90年代后虽然有所下降，但是整体上仍然处于高发态势。而且，对于青少年犯罪下降的解释也存在着不同的观点：一种观点认为，这是近年来实行宽严相济刑事政策对未成年人刑事案件发挥作用的结果；另一种观点认为，近年来中国青少年犯罪比例的下降主要是人口结构变动造成的，青少年人口在总人口中的比例下降是青少年犯罪比例下降的主要原因。[2]还有学者认为青少年的犯罪很多属于数额较小的盗窃犯罪，由于立案标准的提高，这些犯罪便被排除在立案范围外，从而导致青少年犯罪比重的下降。[3]我国青少年犯罪率的居高不下也是存在多种原因的，但是较为主要的原因在于市场经济带来的急剧变迁、社会机制以及个人机制的弱化、学校教育弊端的影响、多元文化和不良媒体文化的影响以及人文主义的缺失。[4]

（三）老年犯罪增多

改革开放后，随着我国生活水平和医疗条件的提高，人口的平均寿命增加，同时我国也逐步迈入了老龄化社会，老龄人

---

〔1〕参见卢建平：《中国犯罪治理研究报告》，清华大学出版社2015年版，第71~72页。

〔2〕鞠青：“中国青少年犯罪演进的定量分析”，载《青少年犯罪问题》2007年第5期。

〔3〕吴鹏森：“改革开放以来的中国城市化与犯罪变化——基于一种比较的视角”，载《江苏行政学院学报》2012年第6期。

〔4〕李婧华：“谈青少年犯罪现状及发展趋势”，载《经济研究导刊》2012年第8期。

口不断增多。在这一过程中，我国的老年人犯罪问题也变得日渐突出，成为不可忽视的社会问题。改革开放以来我国老年人犯罪变化的主要特点为：[1]第一，老年人犯罪持续增长。第二，老年人犯罪的类型依然主要为传统犯罪类型。从统计数据看，老年人的犯罪类型主要有三类，一是财产型犯罪，二是暴力犯罪，三是性犯罪，这三类犯罪占了老年人犯罪的绝大部分。第三，老年人犯罪结构不断变化。前述三类主要犯罪类型在老年人犯罪中一直占据主要地位，但其地位逐渐下降，也就是说非传统的老年人犯罪类型在逐年增加。第四，老年人性犯罪与整个性犯罪的发展趋势相反，呈不断上升的趋势。

老年人犯罪增多的原因也是多方面的。除了老龄化人群的不断增多、老年犯罪人文化素质低下和法律意识淡薄之外[2]，还有一些社会变革中产生的宏观因素，例如：社会转型时期复杂的社会矛盾为老年人犯罪提供了较多的机会，养老体制不健全，[3]以及“空巢”老人增多等。

（四）女性犯罪增加

改革开放之后，随着女性参与社会活动机会的增加，女性犯罪的数量也呈现出增长的趋势。“文化大革命”以前，女性犯罪占犯罪总数的2%左右。20世纪70年代至80年代，女性犯罪约占整个犯罪的6%~7%，现在则高达10%~20%。[4]这与世界

[1] 邓小刚：“近30年来我国老年人犯罪现象的发展变化”，载《中国犯罪学年会论文集（2010年度）》。

[2] 段贤尧：“老年犯罪案件增多　少爱缺保障是原因”，载《人民法院报》2016年8月29日第6版。

[3] 邓小刚：“近30年来我国老年人犯罪现象的发展变化”，载《中国犯罪学年会论文集（2010年度）》。

[4] 张弦、高长富：“女性犯罪的现状、成因与对策”，载《湖北警官学院学报》2013年第9期。

其他各国在现代化过程中的变化趋势是一致的，也就是在世界各国城市化进程中，女性犯罪的数量和种类都在增加，发展中国家妇女的犯罪率增长更快。[1]除了在量上的变化，女性犯罪在犯罪类型和犯罪的行为方式上也发生了很大的变化，具体表现在：[2]第一，从犯罪类型上看，女性犯罪的广度和深度增加。改革开放之后，随着国民经济的飞速发展、女性社会参与的扩大和参与程度的加深，女性犯罪层面的特点也应势而变，犯罪类型突破过去几十年来比较集中、比较单一的局面，已涉及金融领域犯罪、经济领域犯罪、网络犯罪、贪污贿赂犯罪等多个方面，几乎覆盖《刑法》中绝大多数的罪名。第二，从犯罪行为方式上看，随着近年来女性犯罪人数量的增加、犯罪广度和深度的扩张，女性犯罪行为方式也呈现出明显的时代特征：犯罪手法多样化、犯罪领域复杂化、侵害对象多元化。

（五）白领犯罪增加

“白领犯罪”是由美国著名的现代社会学家和犯罪学家萨瑟兰提出的概念。萨瑟兰认为白领犯罪是“上等社会经济阶层人们的违法行为”，将白领犯罪定义为：由具有体面身份和较高社会地位的人在其职业活动过程中实施的犯罪行为。在萨瑟兰之后，白领犯罪的内涵随着社会的发展不断扩展，当前，广义的白领犯罪将高智能犯罪、法人犯罪甚至法人的某些违法行为都涵盖其中。[3]

改革开放后，随着我国社会主义市场经济的深化改革，白

---

〔1〕 吴鹏森：“改革开放以来的中国城市化与犯罪变化——基于一种比较的视角”，载《江苏行政学院学报》2012年第6期。

〔2〕 山东省女子监狱课题组：“女性犯罪发展态势与管理型矫正模式构建”，载《中国司法》2016年第6期。

〔3〕 陈可倩、龚自力：“白领犯罪前沿问题——白领犯罪国际研讨会会议综述”，载《交大法学》2016年第2期。

领犯罪逐渐成为我国一个突出的法律问题和社会问题，主要表现在：[1]第一，权钱交易突出，大案要案增多。改革开放以来，白领犯罪活动加剧，权钱交易日益突出。犯罪分子大多在主管项目、指标、资金、物质等实权部门或者是各类企业中从事公务的人员，他们利用手中的权力去索贿要贿、收受回扣、损公肥私。同时，白领犯罪案件中的大案、要案不断增多，犯罪数额十分惊人。例如，在证券业领域，“银广夏”在实际亏损2.2亿元的情况下，通过编造虚增利润7.7亿元的业绩报告，从证券市场圈走5.74亿元资金。在税收领域，在北京市公安机关侦办的陈学军特大倒卖虚开增值税专用发票案件中，仅公安机关查证虚开的10万元电脑版增值税专用发票3380份，价税合计就达31亿元，税额4.5亿元[2]。第二，个体作案、窝案并行增多，犯罪的组织性、预谋性增强，侵害面扩大。在企业内部作案的白领，往往会利用自己的职务之便，依靠自己娴熟的技能，采用秘密的手段作案，具有较大的隐蔽性；在企业外部或政府机关，白领们作案则越来越多地向窝案发展；同时，白领犯罪案件的种类也在逐年增加，侵害的领域不断扩大。据统计，全国公安机关经侦部门侦办的案件种类由1999年的40多种上升到2007年的78种，新增加了非法转让土地使用权案件、侵犯商业秘密案件、损害商品声誉案件等新的罪种。侵犯的领域逐步由金融、税收和商贸等经济领域向就业、体育、教育、网络等领域渗透和扩展[3]。第三，白领犯罪主体的智能性较高，反侦查能力强。白领犯罪的主体一般都受过中等以上的正规教育，大

〔1〕 王慧博：“社会学习理论视角的我国白领犯罪解析”，载《河南社会科学》2012年第8期。

〔2〕 于滨：“经济犯罪呈现十个新动向”，载《瞭望》2003年第43期。

〔3〕 于滨：“经济犯罪呈现十个新动向”，载《瞭望》2003年第43期。

多具有一定的文化水平，拥有丰富的金融、财税、会计或法律等方面的专门知识，还有令人羡慕的职业、职务或社会地位，因而他们犯罪前后总是想方设法变换作案手段，以隐瞒其罪行，逃避法律制裁。

无论从对社会的直接危害还是间接危害方面看，白领犯罪对整个社会的影响和侵害都是非常恶劣的。首先，与一般的刑事案件相比，如与盗窃和抢劫等侵犯财产的案件所造成的经济损失相比，白领犯罪造成的经济损失往往比其他犯罪造成的损失高出几倍甚至几十倍。其次，正如萨瑟兰指出的："白领犯罪所带来的经济损失虽然很大，但与它对社会关系造成的危害相比，就是小巫见大巫了。白领犯罪违背诚实信用原则，必然会造成人与人之间的不信任。它降低社会公德，在很大程度上造成社会混乱。"在社会组织中，不轨行为最为有害的影响是对信任和信心的冲击，领导者滥用权力乃至实施犯罪会对其他人产生极大的负面影响和示范作用。在我国，相当一部分白领犯罪是国家公务员、国企管理人员等利用职务上的便利，实施危害国家正常经济活动的犯罪。可以说，白领犯罪已成为中国社会发展的一大危害，是权钱交易和腐败滋生的温床，不但破坏了公平竞争的社会主义市场经济原则，破坏政府形象及其社会管理功能，而且会引起社会道德水准的普遍下降和腐败风气盛行，严重危害了执政党党风和国家政权的稳定。[1]

五、从地域看，地域差异明显

（一）地区分布存在差异

改革开放之后，由于我国地域广阔，以及国家政策影响，

---

〔1〕 金强："白领犯罪及防治策略研究"，载《上海公安高等专科学校学报公安理论与实践》2009年第2期。

导致我国地域之间的发展不平衡，相应地，犯罪的数量和类型也存在一定的地域差异。首先，从地理分布上看，主要存在以下差异：东部沿海地区经济发达，犯罪数量和犯罪率整体高于中西部经济欠发达地区；东南沿海地区财产犯罪、经济犯罪突出，卖淫、嫖娼等性犯罪屡禁不止，贪污、受贿等职务犯罪突出，大案要案集中。而中西部地区则是传统的暴力犯罪和财产犯罪突出。就财产犯罪而言，中西部地区以盗窃、抢劫、拐卖妇女儿童为主，诈骗方式也存在差异；新型经济犯罪多产生于东南沿海地区，而后逐步向中西部内陆地区渗透和转移。其次，从城乡差异看：城市犯罪与农村犯罪的类型有所不同，城市犯罪中财产犯罪、经济犯罪、贪污贿赂犯罪较多，农村犯罪则以财产犯罪和暴力犯罪居多；犯罪手段不同，农村的财产犯罪以传统的盗窃、抢劫犯罪居多，城市的以盗窃、抢劫、诈骗居多；犯罪动机方面，城市犯罪表现出较多的贪财性，侵犯财产的盗窃、抢劫、诈骗以及各种经济犯罪、贪污贿赂犯罪都是以财产利益驱动，而农村多是以报复、泄愤为驱动。[1]

（二）城市内部存在分布差异

大城市内部发展的不平衡导致了城市内部也存在犯罪分布的差异。犯罪学的研究揭示，城市规模越大，治安和犯罪问题就越多，大城市的犯罪往往呈现高发态势。[2]然而，犯罪在大城市中的分布并不是平均的，无论是犯罪的数量还是犯罪的种类，都有一定的区域性特点，如芝加哥学派的犯罪生态学研究。大城市内部犯罪区域分布差异的原因就在于城市规模不断扩大的同时，城市内部区域的构成和功能等也不完全相同，财物分

---

〔1〕 参见康树华：《全面建设小康社会进程中犯罪研究》，北京大学出版社2005年版，第132~135页。

〔2〕 肖建国："大城市犯罪区域分布之研究"，载《公安学刊》1999年第6期。

布、地理环境、人口构成、管理状况等必然会有很大的区别，这些因素导致罪犯会研究和选择相对于自己较为有利的环境和场所，这就会在客观上造成城市内部犯罪分布的差异。一般来讲，城市发展越迅速，城市规模越大，城市内部就越可能形成发展的不平衡，犯罪区域分布的特点往往也就越明显。

随着改革的深化和建设步伐的加快，我国的城市化进程也越来越快，城市的规模也越来越大，大城市的治安问题越来越突出，犯罪区域分布的特点和规律也开始显现出来。一般来讲，具有以下特征：首先，我国大城市商业繁华地区的治安无论是白天还是夜晚，一般都要好于其他地方，这是因为市中心有比较强的或正式的、非正式的社会监督力量。市中心商业繁华地区的犯罪多是以侵害钱财为主的偷扒、诈骗、买卖毒品、出售淫秽物品，倒卖外币及假发票、流氓淫乱等违法犯罪，并且有增多的趋向。其次，随着改革开放的深入，在火车站、机场、港口等交通门户地区，外来人口大量集中，从各地来的外来人口，由于没有固定的工作和居住地，一些不法分子也混迹其中，导致抢劫、强奸、拐骗等犯罪活动高发。在高层建筑区，案件比较多见的是高楼和多层楼的低层和顶层，前者因为犯罪分子容易翻墙进入，后者因为犯罪分子作案不易被旁人察觉。最后，在大城市的城乡接合部、城中村，是犯罪较为高发的地点。在城中村和城乡接合部，大量流动人口聚集，社会治安管理难度很大。这些地区的管理薄弱，基础设施落后，同时政法干警力量不足，这些因素都会给治安管理和犯罪防治带来困难。另外，由于二元社会政策，大量农村人口进入城市后无法稳定地在城市生活，从而形成一个规模庞大的流动人口群体。这些人中的大部分由于收入水平、消费观念和共同的生活处境，被迫聚集到各个城市的城乡接合部。在这些流动人口聚集区，一些潜在的犯罪者混迹其中，一旦时间、空间和条件具备，他们就会实施犯罪，从而导致这种城乡接合部逐渐成为中国城市中的犯罪高发区。

六、犯罪现象的变化与国家政策的调整变动有较为密切的关系

犯罪现象具有社会性特征，是一种与社会持续互动的社会现象，它是随着社会因素的变动而变化，而国家政策的变化势必会引起政治、经济和社会结构等因素的变化，所以国家政策对犯罪现象的影响是不容忽视的。马克思主义认为，犯罪同阶级、国家和法一样，是一定历史条件下必然的、不以人的意志为转移的产物，是一个重大社会历史现象。从犯罪产生的原因、条件、所造成的危害以及实施犯罪行为的人来看，犯罪都是社会的。特别是特定社会的犯罪现象，总是同该社会的经济结构、社会结构、政治形势、文化背景等有着极为密切的联系，从而使犯罪既具有一定的阶级性，又具有一定的社会性。[1]所以，不同时期的国家政策对犯罪问题的影响也是不同的。

从改革开放以来我国不同时期国家政策的调整变动，以及这些时间段犯罪现象的变化可以看出，犯罪现象的变化与国家政策的调整变动有较为密切的关系。这些国家政策不但包括国家的刑事政策，还包括国家的社会政策、经济政策等等。也就是说，很多的时候，经济政策、社会治理政策的转变会对犯罪问题产生明显的影响。而且，从实质上看，我国的大多数国家政策的设计、颁布和实施，都带有很深的计划经济色彩，仍然以权威政治作为组织保证。比如，当我国出现重大政策调整时，

---

〔1〕 康树华：《新中国犯罪学研究形成与发展》，北京大学出版社 2011 年版，第 273 页。

犯罪数量就会出现一定幅度的波动。而且，从上述分析我们可以明显看出，随着改革开放的不断推进，社会转型的深化加速，犯罪数量的变动是较为明显的。这一特征也恰恰说明了，改革开放后，我国的宏观社会因素对我国犯罪问题的影响是巨大的，而这种背后的影响规律也正是本书要研究的重点。

第二章
宏观分析的理论基础

根据犯罪学理论的解释层次，可以将犯罪学理论分为宏观层次的犯罪学理论和微观层次的或者个体层次的犯罪学理论。一般认为，微观层次的犯罪学理论力图深度解释为什么个体会从事犯罪行为，而宏观层次上的犯罪学理论致力于解释不同社会或者不同地理区域犯罪率的变化。[1]本书的主要目的是对改革开放以来的犯罪问题进行宏观层面上的分析，因此在本章中，将抽取相关犯罪学宏观理论进行介绍，然后基于这些理论对我国改革开放后的犯罪问题进行分析。在众多的犯罪学宏观理论分支中，犯罪社会学是主要致力于研究人类社会与犯罪现象的关系的分支。具体来说，犯罪社会学理论主要关注的是宏观社会环境，如社会政治制度、经济发展、社会规范、社会动乱、社会变迁和社会变革，以及相对微观的社会环境因素，如家庭、邻里、学校、单位、社区、社会结构、组织、群体等对犯罪的直接和间接影响。[2]因此，在本章中，将重点选取与本研究的初衷和目的相关的宏观犯罪学理论进行简要的介绍。

---

〔1〕 Piquero A. R., *The Handbook of Criminological Theory*, West Sussex: John Wiley & Sons, Ltd., 2015, p. 446.

〔2〕 参见夏玉珍：《犯罪社会学》，华中科技大学出版社 2014 年版，第 10 页。

第一节 犯罪学理论概述

一、西方犯罪学理论发展概述

科学的犯罪学诞生于欧洲，并于20世纪繁荣于美国。一般认为，作为学科的犯罪学形成于19世纪。19世纪后期意大利犯罪学家龙勃罗梭的研究对现代犯罪学的诞生起到了关键性的作用，他也被称为“现代犯罪学创始人”或者“现代犯罪学之父”。1885年加罗法洛以“犯罪学”命名出版的著作，表明了“犯罪学”作为学科正式登上了学科舞台。之后，犯罪学在西方国家得到了较快的发展。这里的西方国家，主要是指欧洲、北美和大洋洲的一些国家。特别是进入20世纪以后，由于受到第二次世界大战的影响，许多欧洲的犯罪学家流亡到美国，导致美国犯罪学的繁荣和发展，使犯罪学研究的中心从欧洲转到美国。西方犯罪学经过多年的发展，已经形成了较多的理论流派和分支，概括起来主要存在犯罪人类学、犯罪生物学、犯罪心理学、犯罪社会学等理论流派。

西方犯罪学的发展大致可以分为五个阶段。[1]第一阶段为18世纪中期以前的犯罪学。这一时期的西方国家还没有现代意义上的犯罪学，只是存在一些可以称为犯罪学思想的论述，主要是古希腊和古罗马的一些思想家们的简单论述，如柏拉图、亚里士多德等。第二阶段为18世纪中后期的犯罪学。这一时期西方犯罪学的发展进程加快，出现了贝卡里亚、边沁、费尔巴哈等人。这一时期的犯罪学主要从犯罪原因、刑罚学说和刑事立法问题等方面进行探讨。第三个阶段是19世纪的犯罪学研

〔1〕 参见王牧：《新犯罪学》，高等教育出版社2016年版，第48~54页。

究。19世纪是犯罪学最终产生和继续发展的重要历史时期，在这一时期，作为学科的犯罪学正式形成。这一时期的犯罪学研究注重将犯罪作为一种社会现象，同时注重使用实证主义方法来开展研究。第四阶段为20世纪上半期的犯罪学研究。进入20世纪以后，西方犯罪学的研究在多个方向展开，呈现出全面发展的格局。在这一时期，犯罪生物学、犯罪心理学、犯罪社会学等理论分支快速发展，同时，一些国际性犯罪学研究组织成立，为犯罪学研究的深入发展和实际应用发挥了重要的作用。第五阶段是20世纪后期的犯罪学研究。这一时期的犯罪学研究继续快速发展，呈现出多样化发展、整合性发展以及重视实证研究的特点。

二、我国犯罪学理论发展概述

我国的犯罪学思想源远流长，但是，在中国传统哲学和传统文化背景下很难自然地产生科学犯罪学。[1]我国有着五千多年的文明史，在中国文化的孕育下，也有着较为丰富的犯罪学思想。概括起来主要有以下特点：[2]第一，注重从人性的角度探讨犯罪的原因。对于中国古代的思想家来说，人性可以用来很好地解释犯罪的内在原因。综合起来，存在孟子的“性善论”（人无有不善，水无有不下）、荀子的“性恶论”（人之性恶，其善者伪也）、董仲舒的“性三品说”（圣人之性、中民之性和斗筲之性）、朱熹的“性二元论”（天命之性和气质之性）。他们依据这些学说探讨犯罪的发生原因，并以此来确定犯罪对策。第二，重视从经济角度分析产生犯罪的原因。如孔子认为“贫

〔1〕 王牧：《新犯罪学》，高等教育出版社2016年版，第55页。

〔2〕 艾永明：“中国古代犯罪学思想的主要特点”，载《南京大学法律评论》1995年第1期。

而无怨难”。管仲提出“仓廪实而知礼节，衣食足则知荣辱”。孟子认为“民之为道也，有恒产者有恒心，无恒产者无恒心。苟无恒心，放辟邪侈，无不为己。及陷于罪，然后从而刑之，是罔民也”。东汉思想家王充认为“为善恶之行，不在人质性，在于岁之饥穰”。董仲舒认为“大富则骄，大贫则忧。忧则为盗，骄则为暴，此众人之情也”。这些思想都是注重从不同的角度来探讨经济与犯罪的关系。第三，注重后天因素在犯罪产生方面的作用。在人性论的基础之上，很多的思想家注重后天因素对犯罪行为的影响。孔子认为人的天性相近，但是后天的因素会导致人与人之间产生重要的差别。荀子强调“君子居必择乡，游必就士，所以防邪僻而近中正也”。董仲舒认为“积习渐靡，物之微者也。其入人不知，习忘乃为，常然若性”。王充认为“夫中人之性，在所习焉。习善而为善，习恶而为恶也”。西晋思想家傅玄更是提出了著名的论断“近朱者赤，近墨者黑”。综上所述，我国存在丰富的犯罪学思想，并且这些思想在今天仍然有一定的理论价值。但是，这主要是一种“前科学”的理解，还远未形成系统性的知识体系和学科框架。〔1〕

我国犯罪学的历史，是从介绍和引进西方犯罪学开始的。〔2〕现代中国的犯罪学诞生于20世纪20年代。20世纪二三十年代，我国出版了第一批西方犯罪学译著。随后，在我国出现了一个短暂的犯罪学研究活跃期。在国民党统治区内公立、私立大学的法学院、法律系先后开设了犯罪学课程，出版了第一批由中国学者撰写的犯罪学专著和教材，但是这些专著和教材大多是以西方犯罪学著作为蓝本撰写的。一些学者还对中国社会的犯

〔1〕张旭：“犯罪学的西方理论与中国现实”，载《吉林大学社会科学学报》2008年第6期。

〔2〕王牧：《新犯罪学》，高等教育出版社2016年版，第55页。

罪问题做了较为扎实的实证研究，如严景耀先生。新中国成立后，由于法律虚无主义和左的指导思想的影响，犯罪学的研究一直处于停滞状态，而且这一状态持续了30年之久。改革开放之后，新中国的犯罪学研究才开始起步。在这一阶段中，“西学东渐”成为犯罪学研究的一种发展趋势，西方理论构成了我国犯罪学研究的重要资源，我国有关犯罪原因和犯罪预防的很多思想皆受到西方理论的启示。

三、分析理论的选择

犯罪的产生是多种因素相互作用的结果。首先，影响犯罪产生的原因是多种多样的。具体而言包括：社会学因素，如政治、经济、文化、人口、社会政策、社会结构、教育、家庭等等；生物学因素，如基因、染色体、内分泌、体质生物学因素、中枢神经系统机能异常等等；心理学因素，如人格因素、精神病学因素、挫折应对、道德发展、人际成熟水平、犯罪学习等等。这些因素相互影响、相互作用，共同导致了犯罪行为的产生。任何一种引起犯罪的因素都不可能单独地引起犯罪的产生。其次，同样的因素在不同情况下的作用可能是不同的。某些因素只能引起一定种类的犯罪，而另一些因素则可能引起更多的犯罪种类。也就是说，不同类型犯罪的引起因素是不一样的。但是不同类型犯罪的引起因素之间也不是机械孤立地联系在一起的，而始终是作为一个综合体在起作用，各种因素相互作用，存在结构性的联系。[1]

不同的影响犯罪的因素，在不同的空间和时间的作用大小

---

〔1〕 参见王牧：“犯罪原因论概述——兼论犯罪学的基本范畴”，载《吉林大学社会科学学报》1991年第4期。

有所不同。如前所述，从性质上讲，犯罪行为的产生是多种因素相互作用的结果。但是，就像各种因素对具体犯罪类型的影响力是存在区别的一样，在不同的时间和空间点，各种因素的影响作用也是有区别的。也就是说，各种因素对产生犯罪的影响力是有区别、分层次的，既有联系远近的区别，也有影响大小的区别，既有量上的区别，也有质上的不同。[1]具体来说，质上的不同表现在，在不同的时间和空间点上，犯罪原因的层次结构会有所不同，有些因素能够起到作用，但是也会有一些因素的作用较为微弱；量上的不同表现在，在不同的时间和空间点上，不同因素的作用大小也不会相同。在某些时间点和空间点上，可能一些因素要比另外一些因素的作用更大。概言之，犯罪原因的体系结构并不会是一成不变的，无论是宏观层面还是微观层面。宏观层面上，不同的时间点和空间点犯罪原因的体系结构会有所差异；微观层面上，不同的犯罪类型，乃至不同犯罪人产生犯罪的原因体系结构也是不同的。

社会转型时期犯罪率的上升并不仅仅是我国社会发展中所独有的问题，西方发达国家在发展的过程中也出现了同样的社会问题，例如，治安混乱、犯罪猖獗等等。如美国学者路易斯·谢利在其名著《犯罪与现代化》中，通过大量资料考察了 19 世纪的英国、法国、德国和瑞典以及 20 世纪初期苏联的犯罪情况，得出了这样一个结论——尽管各国由于各有其社会、文化、政治和经济的重要特点而有所不同，但几乎没有一个国家能够避免作为最显著结果之一的犯罪的增长，随着现代化的开始，这些原来犯罪率很低的国家突然受到了惊人的犯罪增长的痛苦折磨，犯罪对城市秩序和社会发展形成了严重的威胁。即使是

〔1〕 参见王牧：“犯罪原因论概述——兼论犯罪学的基本范畴”，载《吉林大学社会科学学报》1991 年第 4 期。

作为头号世界经济强国的美国，也是犯罪率很高的国家。〔1〕很显然，我国也并未避免这一现象的出现。改革开放后，我国处于典型的社会转型期，在这一时间段中，社会学因素对犯罪问题的加剧无疑起着主要的作用。在社会发展的历史洪流中，个人的力量是微弱和渺小的。改革开放以来，我国社会急速转型，经济体制改革、政治体制改革、现代化建设、城市化建设持续进行。在对内改革对外开放的历史洪流下，我国的经济、政治、文化都发生着急剧的变化，这些变化冲击着社会的方方面面，同时也冲击着每个人的思想和行为。在这一时期，相对于个人因素，宏观层面因素对犯罪问题的加剧具有更重要的影响作用。因此，深入了解西方国家在发展过程中犯罪问题加剧的原因，能够为我们提供实践经验；深入学习在这些实践基础上发展起来的犯罪社会学理论，又能够为我们提供很好的理论支撑。

西方国家犯罪社会学理论的发展和完善很好地为我们提供了分析的理论基础。犯罪社会学理论是指运用社会学的理论和方法研究犯罪问题中提出的理论和观点的总称。犯罪社会学理论在西方犯罪学理论体系中占据着重要的地位。西方犯罪学研究的情况表明，对20世纪西方犯罪学发展作出最大贡献的，是社会学的理论和方法，以及将这些理论和方法应用于犯罪研究的社会学型犯罪学家们。而且，毫无疑问，在20世纪，特别是20世纪70年代以前，主流的犯罪学理论是犯罪社会学理论。〔2〕犯罪社会学的发展与对社会转型的研究密切相关。从19世纪后期迪尔凯姆的犯罪学理论到20世纪芝加哥学派的社会解组理论

---

〔1〕 章友德：《犯罪社会学理论与转型期的犯罪问题研究》，广西师范大学出版社2008年版，第5页。

〔2〕 参见吴宗宪：《西方犯罪学》（第2版），法律出版社2006年版，第323页。

以及社会失范理论和社会控制理论，大多是在研究工业化、都市化、移民、社会变动、社会结构、社会阶层、文化冲突等因素与犯罪的关系。这些理论都可以为我们分析我国改革开放以来社会转型期间的犯罪现象提供重要的理论分析基础。因此，本书将选择犯罪社会学的理论以及已有的相关研究成果来作为分析的理论基础。

第二节　犯罪社会学理论概述

一、犯罪社会学的发展历史

犯罪社会学理论是指在运用社会学的理论和方法研究犯罪问题中提出的理论和观点的总称。从其本质上来讲，犯罪社会学研究的是犯罪产生的社会原因、社会条件和社会机理等，同时也从上述层面提出犯罪的防控思路和具体策略。从 19 世纪 30 年代开始，西方国家的人们开始把犯罪作为一种社会现象来研究。早期的犯罪社会学理论研究主要在欧洲展开，进入 20 世纪后，犯罪社会学研究的中心转向了北美洲，特别是在美国，犯罪社会学得到了迅速、广泛的发展。从其发展过程看，大致可以分为以下三个阶段。

（一）萌芽阶段

萌芽阶段的犯罪社会学出现于 19 世纪以前。犯罪社会学的思想最早可以追溯到古希腊的一些哲学思想。[1]如柏拉图认为，犯罪受人的本性和环境的影响；亚里士多德认为，生活条件对犯罪的产生会起到一定的作用；中世纪，英国的摩尔认为，犯罪的原因在于社会本身；意大利的空想社会主义者康帕内拉认

〔1〕 参见夏玉珍：《犯罪社会学》，华中科技大学出版社 2014 年版，第 27 页。

为，所有犯罪的根本原因是私有制。到了 18 世纪中后期，有些古典犯罪学派的学者在分析犯罪问题时，也涉及了社会学方面的因素，比如贝卡里亚认为，犯罪的产生是由罪恶的社会制度本身造成的。上述这些有关犯罪的社会学因素的表述，都可以被称为犯罪社会学思想的萌芽。

（二）形成阶段

19 世纪，学者们开始关注社会因素对犯罪的影响，在这一阶段出现了重要的学术人物，以及一些重要的犯罪社会学思想，这一定程度上促进了犯罪社会学的形成。从 19 世纪 30 年代左右开始，一些欧洲学者开始把犯罪看成主要受社会环境因素影响的社会现象而不是把犯罪看成一种个人现象。因此他们主要用社会环境因素来解释犯罪现象，这样的解释大致分为三种类型：〔1〕第一种类型是侧重于应用统计资料和统计学方法研究犯罪问题的统计学派。统计学派的学者主要使用统计方法研究犯罪与各种社会环境因素间的关系，如社会经济条件的变化与犯罪和少年犯罪波动的关系、犯罪方式和犯罪产生不同地区的分布。第二种类型侧重探讨经济因素特别是私有制、经济不平等、贫穷、失业等问题与犯罪的关系，这主要是指以抨击资本主义经济制度为重要特色的马克思主义犯罪学。第三种类型侧重于以一种超然的态度研究社会变迁、社会失范与犯罪的关系。这一类型重要的代表人物是迪尔凯姆。迪尔凯姆的研究涉及了社会失范、社会变迁、社会控制、现代化等因素与犯罪的关系，对现代犯罪学有着重要的贡献。

同时，在这一时期的欧洲国家特别是德国和法国的犯罪学家，出现了犯罪社会学学派（又称刑事社会学派）。这一学派的

---

〔1〕 参见吴宗宪：《西方犯罪学》（第 2 版），法律出版社 2006 年版，第 65～88 页。

人员组织较为松散，但是随着犯罪社会学这一术语以及理论观点、研究方法的产生、传播和发展，一些人逐渐倾向于用犯罪社会学的方法研究犯罪，用犯罪社会学的观点解释犯罪原因和寻找犯罪对策，使犯罪社会学逐渐形成了一些比较一致的理论观点。[1]犯罪社会学派的代表人物主要有恩里科·菲利、弗兰茨·冯·李斯特、塔尔德等人。虽然学术界对这一流派有多种不同的界定名称，如法律社会学派、刑事社会学派、统计社会学派等等，但是从本质上看，这一学派还是认为犯罪是一种社会现象，并且主要利用社会学的理论和方法研究犯罪原因，并且把社会环境因素作为犯罪的主要原因。如菲利认为社会因素在犯罪产生中起着重要作用，并且他也是第一个以“犯罪社会学”为题进行著述的人。

（三）现代犯罪社会学理论阶段

现代犯罪社会学理论主要是指 20 世纪以后的犯罪社会学理论。进入 20 世纪之后，美国芝加哥大学社会学系的研究奠定了现代犯罪社会学的基础，在此基础上，犯罪社会学在西方社会逐渐发展完善，并且形成了理论方向明显的几大犯罪社会学流派。现代犯罪社会学理论认为，犯罪人是心理上正常的人，他们有违法的动机，而这些动机是由各种犯因性社会条件造成的。[2]现代社会学理论植根于 19 世纪欧洲学者们的研究，并于 20 世纪初在美国发展起来。19 世纪末 20 世纪初，随着美国社会的发展，都市化、移民、人口增长和社会、地理方面的变动等因素导致美国犯罪和少年犯罪数量增加，客观上产生了研究犯罪规

---

〔1〕 参见吴宗宪：《西方犯罪学》（第 2 版），法律出版社 2006 年版，第 157 页。

〔2〕 参见吴宗宪：《西方犯罪学》（第 2 版），法律出版社 2006 年版，第 323 页。

律的需要。因此，美国的研究者开始借鉴模仿欧洲的犯罪学研究。现代犯罪社会学理论流派较多，如紧张理论、失范理论、控制理论、文化越轨理论等等。但整体来看，这些理论主要考察的是社会结构、社会过程以及社会冲突与犯罪现象的关系。这一阶段具有代表性的犯罪学家也非常多，如罗伯特·默顿、罗伯特·帕克、特拉维斯·赫希、埃德温·萨瑟兰等等。

二、犯罪社会学理论的基本观点与分类

犯罪社会学曾经一度成为西方犯罪学思想的主流，在当代的犯罪学研究中，犯罪社会学仍然处于相对主导的地位。当代西方犯罪学的一个显著特征是广泛运用各门社会学科特别是社会学的理论和研究方法去研究犯罪问题，犯罪社会学理论处于主导地位，大多数犯罪学家认为生物学与心理学因素只有最终与社会因素结合才能发挥作用，一些影响比较大的理论几乎都是犯罪社会学理论。〔1〕

（一）犯罪社会学理论的基本观点

虽然西方的犯罪社会学理论存在很多的流派，但是他们的基本观点大致相同。这些基本观点可以概括如下：〔2〕

第一，犯罪行为是一种社会现象，是由犯因性的社会条件造成的，其中不合理的社会制度、社会结构和社会过程所起的作用尤为明显。第二，犯罪行为的模式与犯罪人的社会经济地位、种族、性别和年龄密切相关。任何忽视了社会因素的理论模式，都不可能对犯罪行为提供一个完整的解释。第三，社会变迁与犯罪行为有关。社会学型犯罪学家们试图说明变化着的

---

〔1〕 许章润：《犯罪学》（第2版），法律出版社2004年版，第38页。

〔2〕 参见吴宗宪：《西方犯罪学》（第2版），法律出版社2006年版，第323~324页。

规范、价值观、制度和结构影响个人和群体的犯罪行为的方式。他们认为现代社会中结构的变化，对人际关系和群体之间的关系有巨大的影响，而这种影响又对犯罪行为起着制约作用。第四，技术的发展及其对社会制度的影响，对犯罪的发生有重要的作用。第五，群体之间和人们之间的相互作用对犯罪的发生有着重要的影响。犯罪社会学家们相信，理解个人与其家庭、同辈朋友、学校、工作单位和刑事司法机关之间的相互作用是理解犯罪原因的重要方面。某一社会阶级或群体与另一社会阶级或群体之间的关系，或者某一社会阶级或群体与控制国家的法律和经济制度的线性权力结构之间的关系，也与犯罪的发生有密切的关系。

（二）犯罪社会学理论的分类

关于现代犯罪社会学理论的分类，存在两种较为主要的分类方法。[1]

第一种分类方法是特拉维斯·赫希的分类方法。他在《少年犯罪的原因》一书中将已有的犯罪社会学理论分为三类：第一类是紧张理论或动机理论。这类理论认为，人是有道德的动物，生来就有遵从社会准则的愿望，因此，当人们被迫进行违反这种愿望的行为时，就会体验到很大的压力或者紧张，这种压力或紧张是由个人的合法愿望引起的；越轨和犯罪行为是违背个人合法愿望、实现个人的合法价值观和目标的行为。赫希认为，紧张理论的最典型代表是默顿的失范理论。第二类是控制理论或联系理论。这一类理论认为，人们进行越轨和犯罪行为是自然而然的事情，人们之所以不犯罪是社会控制的结果，或者说是个人与社会的联系较为牢固的结果。因此，当个人与

---

〔1〕 参见吴宗宪：《西方犯罪学》（第2版），法律出版社2006年版，第326~329页。

传统秩序的联系破裂时，个人就会进行犯罪行为。赫希自己的控制理论就是这一类理论的代表。第三类是文化越轨理论。这一理论认为，越轨和犯罪行为是人们遵从与传统社会或更有权力的社会所承认的价值观和标准不同的另一类价值观和标准的结果。最有影响力的文化越轨理论是萨瑟兰的不同交往理论。

第二种分类方法是美国犯罪学家拉里·西格尔的分类方法。他在《犯罪学》这一教科书中，综合已有的社会学理论分类，提出了迄今为止最为全面的犯罪社会学理论分类体系。他将现有的犯罪学理论分为四类。第一类是社会结构理论，其将下层阶级在整个社会结构中所处的不利经济阶级地位，看成是犯罪的首要原因，认为在下层阶级的社会环境中起作用的一些力量，推动他们中的一些人进行犯罪行为。社会结构理论又可以分为三个相互交叉的分支：社会解组理论、紧张理论和文化越轨理论。第二类是社会过程理论，认为社会化经历是犯罪行为的主要决定因素，犯罪是个人的社会以及个人与不同的社会组织、制度和社会过程产生社会心理互动的结果。社会过程理论也包括三个分支：社会学习理论、社会控制理论和标定理论。第三类是社会冲突理论。社会冲突理论认为，犯罪是几乎在任何社会中都存在的冲突的一种结果。这是因为，规定犯罪的刑法是统治阶级的信念和价值观的表现。刑事司法制度是统治阶级的社会控制手段，犯罪是对社会中存在的财富和权力不平等分配的一种反应。冲突理论大体上可以分为两类：冲突理论和马克思主义犯罪学。第四类是整合理论。整合理论是在整合上述理论观点的基础之上提出的综合性理论学说。上述各种理论都具有一定的合理性，但是在解释犯罪行为方面都有一定的缺陷，对犯罪行为的解释能力都是有限的。因此，一些犯罪学家将其合理成分加以整合，以提高其解释力。整合理论大致可以分为五组：多因素理论、潜在特质理论、生命过程理论、相互作用理论和随年龄变化理论。

（三）犯罪社会学理论的选择

本书的立足点是在借鉴西方犯罪社会学理论的基础上，对我国改革开放以来的犯罪问题进行本土化分析，确立导致改革开放后我国犯罪问题加剧的宏观因素，以及这些影响因素的影响模式以及它们之间的互相影响关系，为后续的犯罪防控提供理论借鉴。结合这一研究目标，本书选择了社会解组理论、失范理论、社会控制理论和文化冲突理论作为宏观分析的理论基础。一方面，这些理论流派已经经过很长时间的发展和检验，并且在很多的文化和地域中都具有一定的解释力；另一方面，这些理论所研究的内容基本上都涉及社会的变迁或社会变革对犯罪问题所带来的影响。因此，在本章其余篇幅中，将对这四个主要的犯罪社会学理论做简要的介绍。

第三节 社会解组理论

社会解组理论是美国犯罪社会学学者较早提出的对犯罪问题的解释。该理论以芝加哥大学社会学系的研究为中心，不断发展成熟。社会解组（social disorganization）是指一个社区无力实现其成员的共同价值追求并维持有效的社会控制。如科恩豪泽（Kornhauser）所描述的，“当一个社区的结构和文化无法实现和表达自身居民的价值追求时，社会解组就会在第一时间出现”。[1]社会解组理论作为美国最早发展起来的犯罪社会学理论之一，和其他主要的社会学理论一样，注重考察社会结构和环

〔1〕 Kornhauser，R.，*Social Sources of Delinquency*，Chicago：University of Chicago Press，1978，p. 63.

境对犯罪行为产生的作用，而不太关注个体的差异。按照上述第二种分类方法，社会解组理论是社会结构理论中的一种。该理论主要考虑的是为什么会存在犯罪的区域性差异，特别是社区和邻里之间，并据此提出了影响区域差异的因素以及相应的因果关系模型。社会解组理论认为，犯罪并不是在所有区域都是随机分布的，而是倾向于在一些地方集中发生。正是因为如此，居民常常能很容易辨别出一个城市里哪些区域是“好”地方，哪些地方是“坏”地方。因此，社会解组理论关心的两个核心问题是：第一，为什么一些社区的犯罪率要高于其他社区；第二，是不是这些社区具备的某些自身特征导致了犯罪行为的产生。[1]

一、社会解组理论的产生及发展

（一）社会解组理论的产生

社会解组理论和其他许多理论一样，是时代的产物。社会解组理论发端于20世纪初，是在美国工业化、城市化的大背景下发展起来的。20世纪二三十年代，美国芝加哥大学的研究者们开始关注并研究逐渐发生的工业化、城市化和移民等因素是如何影响城市发展和社会的组织性的，其中较为突出的是罗伯特·埃兹拉·帕克和欧内斯特·沃森·伯吉斯。他们在人类生态学背景下，将城市的发展与生态学竞争联系到一起，认为像动物为了空间和生存而进行竞争的自然生态学模式一样，人类也会为了稀有的或自己想要的东西而产生社会生态学意义上的竞争。在此基础上，帕克和伯吉斯提出了“同心圆理论”。这一

---

〔1〕 See Marvin D. Krohn, Alan J. Lizotte and Gina Penly Hall (eds.), *Handbook on Crime and Deviance*, South Carolina: Springer Science+Business Media, 2009, p. 225.

理论认为城市的发展像一个由不同环状区域组成的同心圆一样，这些环状区域体现了城市发展中的“入侵、统治、接替”过程，所以每个区域都会有自身的都市生态学意义上的特征。在自然界中，一种新的物种可能侵入某个区域，并且进而会统治该区域，将其他生物驱赶出来，接替其他生物生活在该区域，而在人类社会中也存在同样的过程。[1]他们将芝加哥市分为五个主要的同心圆环状区域：中心商业区、过渡区域、工人住宅区、中产阶级居住区和郊区（卫星城）。[2]这些区域的形成不仅仅是建筑物的变化，也包括了习俗和价值观的变化。他们认为城市可以根据社会解组的程度来划分相应的区域。在一些区域里，特别是过渡区域或“间隙区域”，居民熟识度较低、人口流动性大、社区凝聚力较弱，就会导致社会解组现象，而社会解组又会导致社区内大量社会问题的产生。

之后，肖和麦凯扩展了帕克和伯吉斯的理论，并将其应用于青少年犯罪的研究中。他们主要研究以下问题：不同社区的经济、社会和文化特征在多大程度上会影响青少年违法行为？在特定区域中，一定时期的人口和种族构成是如何影响青少年犯罪行为的？在什么样的经济和社会条件下，犯罪会发展成为一种行为传统并具体化在罪犯的价值体系里？不同类型社区犯罪率的不同对犯罪的预防和应对有什么启示意义？在上述问题的引导下，肖和麦凯使用少年法庭的案例以及针对芝加哥社区的调查数据，对“少年犯罪区”和少年犯罪生涯进行了大量的研究。他们的研究结果发表在《城市地区中的少年犯罪》一书中。他们的研究结果显示，少年犯罪率的高低与工业和商业区域的分布以及人口的构成成分有紧密的关系，如贫困率、住所

---

〔1〕参见吴宗宪：《西方犯罪学》，法律出版社2006年版，第332页。

〔2〕参见吴宗宪：《西方犯罪学》，法律出版社2006年版，第333页。

流动性和种族异质性。之后，在他们研究的基础上，美国政府发起了美国乃至是世界上第一个重大犯罪预防计划——“芝加哥区域计划”（Chicago Area Project，CAP）。

芝加哥学院的研究为社会解组理论的形成奠定了深厚的基础。整体来看，芝加哥学派的两个关键发现具有突出的贡献。首先，研究者们发现在芝加哥社区中，社会弊病与犯罪是共生的关系。换言之，一般来讲，少年犯罪、犯罪和越轨行为与其他社会问题是存在紧密联系的，这些社会问题包括贫困、失业、住所流动等等。这一发现纠正了对犯罪行为的生物决定论和理性选择论解释，后两者一直占据着支配地位。其次，芝加哥学派的研究者证明了高犯罪率区域的持续存在。一些邻里会倾向于成为高犯罪率和高越轨率的地区，无论其居民的成分和特征。事实上，在某些邻里一直存在较高的犯罪率和较高的越轨行为发生率。

（二）社会解组理论的发展

社会解组理论提出之后，并没有快速地发展成熟，而是在不断地面临着挑战。这些挑战主要来自于以下几个方面：第一，如何对社会解组进行概念化和操作化。从实际上讲，并不能统一地概括出社会解组的概念，同时对社会解组自身的测量问题也是一个非常关键的问题。比如，犯罪率的上升到底是社会解组的原因还是社会解组的结果？第二，对“邻里”（neighborhood）这一概念进行界定和操作化处理。对邻里的定义和操作化处理一直是社会解组理论的难题，因为每个人都会对邻里有自己不同的理解。第三，社会解组理论的研究结果太依赖官方的数据。对社会解组理论的验证大多使用官方档案资料。每个地域的统计标准可能是存在差异的。第四，不能够解释在没有发生社会解组的地区，为什么也会发生犯罪行为。因为，实际上，在没有出现社会解组特征的邻里或地区也会出现青少年的犯罪行为。第五，不能够确定并测量发生社会解组的社区犯罪率升高的社会机制。这也是社会解组理论最为关键的问题，因为芝加哥学派早期的理论家们，局限于当时数据分析技术的不发达，大多通过城市中的犯罪空间分布图，来验证社会解组理论。这种验证的最终结果是将邻里特征与犯罪率联系起来。这类研究大多能够证明，在贫困、人口流动性强和种族异质性大的邻里中，犯罪率最高。但是，由于上述原因的存在，这类研究存在一个重要的局限，就是不能解释清楚这种联系的内在机制。由于这些问题的存在，大大地限制了社会解组理论的发展。虽然其中的一些问题得到了不同程度的解决，但是其中最为关键的问题，也就是不能解释调节社区特征影响的中介机制这一问题的存在，成为阻碍社会解组理论发展的重要难题。

由于上述局限性的存在，社会解组理论在被芝加哥学派提出之后的几十年间，并没有取得相应的进展，这种困境直到桑普森和格罗夫斯的研究发现才有了进展。一方面，他们构建了邻里生态学特征的测量指标，如使用社会经济地位、种族异质性、住所流动性、家庭破裂和城市化作为邻里生态学特征的测量指标；另一方面，他们还对社会解组理论的中介维度进行了测量，如本地社交网络、无人监管的青少年同伴群体、组织参与度等指标。他们的研究结果也证明，那些具备较强社会纽带和非正式控制能力的社区的犯罪率和少年犯罪率都比较低。这实际是首次证明了生态学特征本身是不影响犯罪的，而是因为这些特征会引起社会解组，社会解组又进而会影响犯罪行为的产生。他们的研究发现是非常重要的，研究者们开始将注意力转移到全面识别、了解并用经验性的方法去证明那些连接结构性特征与犯罪的社会互动机制。从这些研究的实质看，这一时期的相关研究主要考察的是社会纽带和非正式社会控制的中介作用，也就是说邻里的生态学特征会通过影响社区的社会纽带和非正式社会控制来导致犯罪率的上升。

最近几年，随着社会解组理论的持续发展，学者们开始引入另外的理论概念，这些概念都借鉴了社会纽带和非正式社会控制这两个概念，但是又远远超出了它们。这些理论概念包括：集体效能、社会资本。这些概念的引入，对促进社会解组理论的发展和完善，有着重要的意义。如，社会资本能够使我们更好地理解社区中社会控制的形成；另外，已有越来越多的研究证实，集体效能能够有效帮助缓和包括犯罪和暴力行为问题在内的多种邻里问题。最后，最近有学者认为邻里文化或者亚文化可能会与社会解组理论的主体作用有关，因为早在肖和麦凯的时代，他们就发现经济地位较低的地区中的规范和行为标准具有多样性特征，而不具有统一性。因此，从一开始，邻里、亚文化就被认为是社会解组理论的重要成分，只是后来由于犯罪学界对文化理论的摒弃，才导致亚文化的缺失。但是，随着文化理论的复兴，学者们不但开始从理论上探讨文化对社区犯罪率的潜在影响，而且还逐渐开始通过经验性的方法来考察不同社区中文化与犯罪的关系。可以说，对这些中介因素的研究进一步完善了社会解组理论的理论模型，增强了这一理论的理论完整性和可操作性，也因此扩大了社会解组理论的影响。

如上所述，社会解组理论提出之后，在不断的挑战中逐渐成熟。这一理论也在不断吸收其他概念的基础上更加完善。特别是对中介机制的研究，更是丰富充实了社会解组理论的内容和解释力。在这样的发展过程中，社会解组理论的外延更加广阔，理论更加细化，理论的深度也在不断加强。

二、社会解组理论的核心论点

社会解组理论强调的是，当社会系统的平衡机制在社会变迁过程中受到干扰时，社会解组就会发生，在社会解组的情况下，社会的控制会减弱，违法行为就会随之而来。也就是说，首先社会变迁会导致社区或邻里的结构性特征发生变化，会导致社会控制的减弱，原有的规范得不到遵守，在缺少约束和监督的环境里，人们就会实施各种越轨行为。在这里，社会变迁所导致的社区结构性特征的改变是通过社会控制这一中介因素起到影响犯罪行为产生的作用的。

（一）社会解组理论的因果关系要点

社会解组理论本质上认为犯罪是社区各种不利状况的产物，违法犯罪行为是在区域群落不能实现居民的共同价值或者不能有效解决居民遇到的公共问题的情况下才产生的。社会解组理论的因果关系模型可以表示为：外显性的社区（邻里）特征→社会控制→犯罪行为。[1]具体来说：首先，社区中的一些不利的生态学特征，如较差的社会经济状况、家庭破裂、居所流动和建筑物密度等，会削弱非正式社会控制网络；其次，微弱的社区居民间的社会联结，较低的社区归属感，陌生人的进入，被削弱的监督监护能力，阻碍整个社区的非正式社会控制，社区的非正式社会控制能力严重削弱；最后，其他的因素，如贫困、种族异质性、人口流动等，也会间接地影响社区的非正式控制。相比较而言，居住在典型的家庭破裂、人口流动性高和建筑物密度大的社区中的居民，将会较少地去实施非官方监护

〔1〕 See Alex R. Piquero (ed.), *The Handbook of Criminological Theory*, West Sussex: John Wiley & Sons, Ltd, 2016, p. 123.

活动，较少地去向官方部门报告一般异常活动、干预调停公众纠纷和冲突以及承担青少年的监督责任，这就会导致整个社区对越轨行为的无限度容忍，以及公众规范对居民社会控制的无效。以上这些都是社区非正式社会控制薄弱的表现。最终，在上述因素的影响下，非正式社会控制的减弱就会导致违法和越轨行为的产生。

根据上述对社会解组理论的描述，其中有两个核心要点是我们需要注意的。首先，社会解组理论是基于区域水平（主要是社区水平）的一种理论。社会解组理论考察的是社区特征对犯罪行为的影响，而不是个人的生物学或者心理学特征。所以，社会解组理论中社区的结构特征是其核心的维度，这一维度的一端是社区结构的有组织性，另一端是社会解组，而不能说是居民的解组。因此，社区解组理论不能够适用于解释所有类型的犯罪，而最适用于对社区水平上街头犯罪的解释。其次，社区特征，如社会经济状况、种族异质性、家庭破裂、住所流动性、人口流动、住宅密度等，只能间接地影响犯罪行为。而中间起到中介作用的就是社区的非正式社会控制。在社会解组理论的发展过程中，学者们提出了多种中介指标，并且对这些指标也尽可能地确定其操作化定义并尝试进行量化。在这一思路的引导下，对中介变量的研究也逐渐深入。如从最开始对社区的社会联结的研究到后来对集体效能和社会资本等指标的研究，这些指标目前也都较为普遍地被用来测定社区非正式社会控制状况。其中，社会联结也叫社会纽带，是指社区居民间互动的频率和相互间的信任、亲密程度；集体效能是指整个社区为了社区的共同价值和利益投入社区建设和社区干预的意愿及能力；社会资本是指社区地方组织对社区居民共同价值以及目标的传播、整合和促进作用，还有利用整合多种资源去跟社区违法行为作斗争的能力。

（二）社会解组理论中的核心要素

从上述分析我们可以看到，社会解组理论的核心要素包括理论的前端要素和中端要素。前端要素指的是社区的结构性特征，如贫困、失业、人口流动性、种族构成等等；中端要素是指那些在社区的结构性特征和犯罪行为中间具有中介和调节作用的因素。中端因素主要是指社会控制因素。社会控制包括了正式社会控制、机构性社会控制和非正式社会控制。早期的社会解组理论更强调非正式社会控制，后期的研究者则逐渐关注到其他两个方面的社会控制。具体而言，社会控制的具体因素包括：社会纽带、集体效能、社会资本等因素。

1. 前端要素——结构性特征。社会解组理论中的社区的结构性特征主要是指城市的生态学特征，包括空间分布特征、人口变动特征以及经济特征等。早期的芝加哥学派的学者们，根据警察和法院的记录，绘制了一系列的犯罪空间分布图，然后分析不同区域的生态学特征，从而希望从中间发现社区（邻里）的结构性特征与犯罪率的关系。如按照帕克和伯吉斯的同心圆理论，在城市中存在一些新居民迁入而旧居民迁出的“间歇区域”，在这些间歇区里，社会传统和社会控制被削弱或瓦解，因而会产生大量的社会问题。[1]其中较为著名的是肖和麦凯的“少年犯罪区”研究。肖和麦凯在他们的被认为是集犯罪生态学研究之大成的经典性著作《少年犯罪与城市区域：少年犯罪率与美国城市中当地社区的不同特征之间关系的一项研究》中证明了少年犯罪区的存在，并且研究发现了少年犯罪区的一些典型特征。这些特征包括：从自然状况看，少年犯罪率最高的邻

〔1〕 吴宗宪：《西方犯罪学史》（第2版），中国人民公安大学出版社2010年版，第1012页。

里位于重工业区或商业区内，或者与其毗邻的区域，这种区域就是伯吉斯所说的“过渡区域”或者“间歇区域”；从经济状况看，经济状况最差的地区的少年犯罪率最高；从人口构成看，少年犯罪率最高的区域一直与国外出生的父母和黑人家长的高度集中有关，但是，这并不是说与他们父母的生物学特征有关，而是与少年犯罪人在发育期所处的社会条件有关。

概括起来，社会解组理论中的社区（邻里）结构性特征主要有以下几种：社会经济特征，包括社会经济地位或经济状况，如贫困、失业等。社会解组理论证实经济状况差的地区的犯罪率会较高。人口特征，包括种族异质性、人口流动性、家庭解组（家庭破裂）。按照社会解组理论的观点，具有较高的种族异质性、家庭解组比例较高以及人口流动性（一般通过住所或居住流动性来衡量）较高的邻里或社区犯罪率会较高。地理特征：建筑物密度。社会解组理论认为，建筑密度高的社区犯罪率较高。

2. 中端要素——中介因素。如前所述，邻里的生态学特征并不会直接导致犯罪，这些特征只能通过某种社会互动机制或者邻里过程对犯罪行为产生影响。也就是说，存在一些受邻里生态学特征影响的中介因素，这些中介因素会更为直接地影响犯罪行为的产生。综合起来，在社会解组理论中，调节生态学特征影响的中介因素有社会纽带、集体效能、社会资本。

（1）社会纽带和社交网络。社会纽带这一概念在社会解组理论的发展过程中，长期占据着重要的地位。因为早期社会解组理论的一个核心假设是，发生社会解组的社区缺少能够激活非正式社会控制的社会纽带。也就是说，当出现犯罪问题时，当地居民不能够通过传播信息、实施监管行为、调动资源以及协调公众事件的方式，有效地做出回应。从本质上讲，早期的社会解组理论认为，非正式社会控制的形成和维持，需要较强的社会纽带将居民相互联系起来。因此，犯罪学家们也一直在研究社会纽带与犯罪率的关系。研究者们对社会纽带的测量主要基于两种指标：社会纽带的数量以及社会纽带的内容。这些信息可以通过收集调查对象与邻居进行社会交换和互动的信息数据来查明。第一个指标反映的是，充分的社会联系与非正式社会控制机制的激活具有高度的一致性。第二个指标认为，居民间社会纽带的类型（例如，家庭、朋友、熟人或者陌生人）具有不同的预防犯罪的能力。根据这一理论，可以认为，那些代表了情感投资并反映了频繁互动的社会纽带是较强的，而那些表现出较少熟悉度和互动的社会纽带则是较弱的。相应地，人们认为，邻里纽带的强度对犯罪的非正式社会控制是非常重要的。

但是，从实际的研究情况来看，社会纽带的作用是两方面的。一方面，一些研究表明，社会纽带是有效打击犯罪的社会行动的催化剂。其中较为著名的就是桑普森和格罗夫斯的重要研究。他们使用英国的全国性调查数据，构建了一种当地友谊网络的社区测量。他们的社交网络测量指标，包含了许多以频繁互动和情感投资为特征的社会纽带。桑普森和格罗夫斯的研究也显示，在排除（外因性的）邻里特征的情况下，当地友谊网络的中介维度对犯罪和少年犯罪有独立的影响。这一研究结果表明，邻里网络似乎能够激活并维持非正式社会控制机制。另一方面，也有不少的研究得出了不一致的结果。例如，沃纳和朗特里使用来自西雅图的调查数据进行的研究显示，对社会纽带的犯罪减少作用的支持是混杂的。〔1〕他们对社会纽带的测量，或者他们所说的“当地纽带”，反映的是调查对象实施下列

〔1〕 See Alex R. Piquero (ed.), *The Handbook of Criminological Theory*, West Sussex: John Wiley & Sons, Ltd, 2016, pp. 131~132.

行为的程度：第一，向邻居借工具或者食物；第二，和邻居共进午餐或者晚餐；第三，帮助邻居解决问题。沃纳和朗特里发现，在西雅图的邻里中，当地纽带与攻击行为的低发生率有关。但是，与此形成对比的是，这些纽带又与较高的盗窃率存在联系。此外，还有一些研究直接显示了相反的结果。这些研究结果显示，社会纽带实际上可能充当了犯罪人的社会资本的来源，并因此增加了进行犯罪行为的可能性。布朗宁、范伯格和迪茨在他们关于集体效能和社会纽带对芝加哥邻里暴力犯罪率的影响的研究中，得出了这一结论。[1]他们利用桑普森的芝加哥邻里人类发展项目（PHDCN）的调查数据发现，虽然集体效能与暴力行为发生率的降低有关系，但是，社会纽带和居民间的交流似乎也会减弱邻里的社会控制。布朗宁与其同事还断定，“集体效能对暴力行为的调节效力，在具备高水平的互动网络和互相交流的邻里中，大大减弱了”。

综合上述研究，我们可以知道，社会纽带可以既促进非正式社会控制，也破坏非正式社会控制。也就是说，社会纽带能够使一个社区加强对青少年的监管、陌生人的识别以及对社区组织的调动，从而减少犯罪。但是，同时，社会纽带常常将守法居民和犯罪人联系到一起，从而使社区更难根除犯罪活动。之所以发生这种情况，是因为居民不愿意公开地指责或者从法律上处罚那些与他们有密切联系的人（即使面对非法行为时也如此）。对此，桑普森列出了邻里网络不能等同于有效的社会控制的三个原因：[2]第一，弱纽带同样能够激活非正式社会控制；

---

〔1〕 See Alex R. Piquero (ed.), *The Handbook of Criminological Theory*, West Sussex: John Wiley & Sons, Ltd, 2016, p. 132.

〔2〕 See Alex R. Piquero (ed.), *The Handbook of Criminological Theory*, West Sussex: John Wiley & Sons, Ltd, 2016, p. 133.

第二，强纽带也会破坏社会控制获得；第三，社会纽带可能会将守法公民和犯罪人联系在一起，或者相反，将犯罪人与守法公民联系在一起。因此，在扩展和完善社区解组理论的社会纽带和邻里网络的概念的时候，研究者们必须要考虑这些事实因素。

（2）集体效能。集体效能的提出发展了以前的理论。学者们对集体效能的研究，是因为他们逐渐认识到，虽然具备强纽带或者密集的社交网络，但这本身并不能够实现充足的社会控制功能。如前所述，早期的社会解组理论，特别是桑普森和格罗夫斯的研究，强调的是建立和利用社会纽带，进行犯罪防控。但是，随后学者们意识到，最为关键的因素是如何才能够激活社会纽带并调动资源去加强非正式的社会控制。这个时候，桑普森、兰登布什和伊尔斯等提出了集体效能这一概念。集体效能是指社区居民间相互信任的联结以及为了共同利益而进行干预的意愿。集体效能实质上是将居民间的相互信任、凝聚力以及文化驱动的邻里动力（也就是对控制的共同期望）结合在一起，其核心应当是指邻里解决犯罪问题的预期能力。

集体效能包含两个重要的成分。〔1〕第一个组成成分是居民为了邻里的公共利益而去主动进行干预的意愿。这种意愿是建立非正式社会控制的必要先导，或者是居民愿意采取实际行动处理和预防犯罪的程度。在桑普森和他同事的研究中，他们通过调查社区居民在一些场景中的干预可能性来测量集体效能，如，孩子逃学并正在街头闲逛、孩子们正在建筑物上涂鸦、孩子们正在对成年人实施不敬行为。这一实验的假设是，那些在集体干预意愿方面得分较高的邻里在面对这些以及类似的场景时，更有可能进行干预行为，而这些人在社区中进行犯罪的可

〔1〕 See Alex R. Piquero (ed.), *The Handbook of Criminological Theory*, West Sussex: John Wiley & Sons, Ltd, 2016, pp. 125~126.

能性也会因此有所降低。集体效能的第二个成分是凝聚力和互相信任的结合体。居民的共同价值追求和相似目标的重要性，可以追溯到社会解组理论最早期的研究。当社区居民大多是自私的而且通常很少关心社区的时候，邻里自身很难获得资源并去激活社会纽带预防犯罪。但是，当居民间存在相互信任和凝聚力时，居民就会很有可能认识到社区中存在的问题，并将会就如何处理这些问题形成共识，而且也将会以更加集体性的方式解决问题。

在桑普森与其同事引入这一概念后的几年里，芝加哥和其他地区对集体效能的研究的数量激增。大体上来说，那些效仿桑普森与其同事的研究表明，在控制其他因素后，具备较高水平集体效能的社区发生犯罪和暴力行为的比率较低，而且集体效能影响生态学特征对犯罪和暴力行为的效果。此外，由于对目的性行为的强调，普遍的研究假设已经变成这样，即集体效能的解释能力不再仅仅局限于某些形式的犯罪或者暴力行为。研究者的研究表明，集体效能对伴侣暴力、公共住房的女性被害率等都具有抑制作用。从本质上来讲，越来越清楚的是，集体效能很可能会影响一系列的犯罪和少年犯罪行为，也会产生其他相关结果，例如社会秩序混乱。

近年来，集体效能的研究者们将他们的注意力转移到了同伴的作用，以及父母对青少年同伴群体的监督在多大程度上可以影响犯罪。迈蒙和布朗宁再一次利用“芝加哥邻里人类发展计划”的调查数据去确认集体效能是否能减轻非结构型同伴社会化对暴力行为的影响。[1]他们的多层次模型证实了集体效能对暴力行为有消极的独立影响。更为重要的是，他们发现，“在

---

〔1〕 See Alex R. Piquero (ed.), *The Handbook of Criminological Theory*, West Sussex: John Wiley & Sons, Ltd, 2016, p. 127.

高集体效能的邻里中，个人和同伴一起的非结构型社会化很少会导致暴力行为”。他们的研究结果提供的证据表明，集体效能可以减弱其他社会压力对犯罪的有害影响。同时，与其他宏观水平的犯罪预测因子相比较，集体效能的加权效应大小（在23个预测指标中）排名第四。总之，上述研究成果都足以说明，集体效能是犯罪率的一个强有力的预测因子。但是，目前仍需要更多的实证研究来证明其对犯罪的影响，需要继续探索集体效能在不同的时间点和不同的社会背景中是怎样影响犯罪的。

（3）社会资本。在社会解组理论的发展过程中，学者们逐渐意识到了地方性组织对社区或者邻里犯罪率变化的影响。社会解组理论认为，地方性组织，如民间协会、青年组织、慈善机构、政治团体、教会等组织，能够促进居民共同价值观和目标的分享，从而提高传播信息、调动资源以及利用社交网络与犯罪行为作斗争的集体能力，从而增强邻里的非正式社会控制。在此基础上，学者们提出了社会资本这一概念。社会资本是指，具有预期收益的社会关系方面的投资。换言之，社会资本是指个体或团体之间的关联，如社会网络、互惠性规范和由此产生的信任，是人们在社会结构中所处的位置给他们带来的资源。对公共关系的投资，可以反映在居民对民间和社会组织的参与中。在较大社区中，亲社会（prosocial）互动起源于组织环境内部并延伸至其他的环境，最终提供预期收益：形成或者增强非正式社会控制。从这个意义上来说，社会资本是指有效社会行动的潜力，因为它不直接涵盖目的性行为。

在犯罪学中，早期的研究大多使用下列指标来测量社会资本：[1]第一，邻里中民间组织以及社会组织的基本数量；第二，

---

〔1〕 See Alex R. Piquero (ed.), *The Handbook of Criminological Theory*, West Sussex: John Wiley & Sons, Ltd, 2016, p. 128.

居民对这些类型的组织的参与度；第三，居民间的相互信任水平。基本数量反映了邻里在居民参与到社会组织环境中的有效性和机会方面的投资。居民的组织参与程度意味着在这些组织中的真实投资。最后，居民的信任水平体现了人际关系背后的情感投资。一些研究通常会在有代表性地吸收这些指标后对社会资本进行一种综合性的测量，或者只选用其中一个指标进行单一测量结构的测量。迄今为止，普特南的研究可以说是最为规范的对社会资本的研究。普特南认为，[1]社会资本是一个多维度的概念，并且反映在两个一般形态中：信任和社会参与。这一概念主要以政治参与、公民参与、宗教参与、职场关系、非正式社会纽带、慈善、利他主义和志愿活动等为指标。而且，普特南的研究结论与社会解组理论相一致的是，在其他条件一样的情况下，公众活跃型社区有着更好的解决和预防犯罪的能力。

在上述研究的基础上，很多的研究者开始通过多种对社会资本的测量指标来进行分析。这些指标包括：公民参与的宗教构成；宗教团体的数量，还包括民间社团、体育职业联盟以及特别兴趣团体的数量；社区康乐中心和图书馆。利用这些指标进行的研究得出的结果是大致相似的，即大都认为，对公众参与程度的提升会降低或者缓解犯罪行为的发生概率。但是，社会资本虽然可以依照几个维度以及使用多种方法路径进行理论化，但仍然存在的一个比较紧迫的问题是，需要通过不同的分析单元确认社会资本对犯罪率的一般作用。普拉特和卡伦通过对与社会资本有关的若干研究进行（准）定量综合研究，开始解决这个问题。他们明确地聚焦于非经济设置的影响，重点选

---

〔1〕 See Alex R. Piquero (ed.), *The Handbook of Criminological Theory*, West Sussex: John Wiley & Sons, Ltd, 2016, pp. 128~129.

取那些考察社区内宗教与政治参与水平的研究，因为这两个指标经常被应用于社会资本的运作中。他们发现，非经济设置的加权效应大小（在23个中）位列第一，而且，和预测相一致的是，这些机构与犯罪呈现负相关。尽管他们的测量只是社会资本的替代指标，但是其效应大小表明，社会资本是低犯罪率的一个潜在的强预测因子，所以对理解社会控制的形成有重要的作用。[1]

如前所述，目前的研究大都支持社会资本与犯罪的反向关系，但是因为目前的研究在分析单位、研究设计、时间周期和预计结果方面存在极大的差异，所以我们还不能得出十分肯定的结论。此外，人们逐渐开始关注社会资本在理论上能多大程度地与集体效能以及社交网络区分开来。学者们已经确认，相互信任是社会资本和集体效能的一个维度。类似地，相互信任也可能会决定社交网络与犯罪的关系。总之，尽管社会资本给我们提供了更好地理解社区中社会控制形成的机会，但是在它全面融入社会解组理论之前还需要进行更多的研究。

第四节　失范理论

失范理论自1897年由迪尔凯姆提出以来，经过默顿以及其他学者不断的修正和扩展，已经成为最为重要的犯罪学理论之一。例如，美国著名犯罪学家弗兰西斯·卡伦和罗伯特·艾格纽认为，犯罪学理论被三种主要的理论视角主导：控制理论、不同交往/社会学习理论、失范理论。很多的其他理论要么借鉴了这

---

〔1〕 See Alex R. Piquero (ed.), *The Handbook of Criminological Theory*, West Sussex: John Wiley & Sons, Ltd, 2016, p. 130.

三种理论视角，要么向这三个理论视角的反方向发展。[1]另外，著名犯罪学家特拉维斯·赫希也将社会学的犯罪理论分为三类：失范/紧张理论、控制理论和文化越轨理论。[2]

一、失范理论的发展历程

（一）概述

“失范”一词来源于希腊词语“anomia”，意思是“没有法律的状况”。法国社会学家迪尔凯姆在他的著作《社会劳动分工论》中首次引入了这一概念，四年之后又在其另一著作《自杀论》中进行了发展，用来解释自杀、犯罪等越轨行为。[3]迪尔凯姆将失范描述为社会准则和规范的崩溃，并认为失范伴随着社会的急速变迁而发生。这些社会变迁包括社会从机械社会（mechanical society）向机能社会（organic society）的变化以及社会经济衰退或快速增长的变化。在这些情况下，社会道德意识的力量大大减弱，社会调控个体本能欲望的能力遭到破坏，最终导致社会处于一种失范的状态。

1938年，美国社会学家默顿在其著名论文《社会结构与失范》中修正并扩展了迪尔凯姆的失范理论。默顿认为犯罪不是因为个人的原因，而是源自于社会因素的影响。他认为美国社会的文化过于强调金钱成功这一目标的实现，而弱化对实现手段的重视。同时，实现文化目标的手段和机会在社会结构中的

---

〔1〕 Francis T. Cullen and Robert Agnew (eds.), *Griminological Theory: Past to Present, Essential Readings*, 2nd ed., Los Angeles, CA: Roxbury Publishing Company, 2003, p. 99.

〔2〕 参见［美］特拉维斯·赫希：《少年犯罪原因探讨》，吴宗宪等译，中国国际广播出版社1997年版，第2~9页。

〔3〕 参见［美］特拉维斯·赫希：《少年犯罪原因探讨》，吴宗宪等译，中国国际广播出版社1997年版，第2~9页。

分布又是不平等的。这种文化和社会结构的状况，造成了社会失范的出现，进而导致美国社会犯罪和越轨行为的增多。默顿是失范理论的集大成者，同时也为失范理论后续的发展打下了坚实的基础。[1]默顿的失范理论从20世纪50年代起一直到60年代末期都深受研究者的广泛关注。这些关注一方面帮助默顿逐渐完善了自己的理论，也促使一些研究者在扩展默顿最初的理论基础上融合其他犯罪学思想提出了一些自己的解释理论。其中较为著名的是克洛沃德和奥林的《少年犯罪与机会》以及艾伯特科恩的《少年犯罪人》。这两个著名的理论是从失范理论的微观视角出发对青少年的犯罪和越轨行为进行解释的。

除了理论研究之外，还有大量的实证研究在这一时期出现。这些研究将默顿的失范理论适用于广泛的越轨行为的范围中：包括犯罪、青少年犯罪、药物成瘾、精神疾病和酗酒。对宏观水平分析感兴趣的研究者提出了客观的失范指标去解释整体犯罪率，而对个体水平感兴趣的研究者编制出了测量主观失范体验的社会心理学量表。另外，默顿的失范理论的影响不仅仅局限于学术界，当时很多重要政策的发起都依赖于失范视角。

20世纪70年代和80年代，研究者对失范理论的关注度急剧下降，失范理论也受到了严厉的批评，如鲁斯·科恩豪译在其有影响力的专著中直接舍弃了紧张理论这一被许多犯罪学理论给失范理论命名的标签。她认为，失范理论有严重的缺陷，并且甚至直率地建议其他研究者将注意力转向别处。虽然这一时期失范理论遭受了很多的攻击，但是不能将失范理论的衰落归因于其主要观点的不确定性或者其他优越的可替代理论的出现，这很大程度上是由当时的社会和政治状况决定的。

---

〔1〕 Steven F. Messner and Richard Rosenfeld, *Crime and the American Dream*, 5th ed., Belmont, CA: Wadsworth, 2012, p. 15.

但是，从20世纪80年代后期开始直到现在，失范理论又重新引起了犯罪学家们的关注。失范理论的复兴一部分是因为对其主要假设和观点的接受，还因为人们逐渐认识到一些令人备受折磨的社会问题——如无家可归、持续的贫富差距、长期性失业等，还需要通过社会的基本特征来解释，而不是个人的缺陷。另外，微观水平上，1992年罗伯特阿格纽扩展了紧张视角，提出了一般紧张理论。一般紧张理论认为，个体消极的人际关系会产生负性情绪，而负性情绪会导致犯罪和青少年越轨行为的产生。这一理论也代表了目前失范理论在微观视角上的最高发展。[1]

通过上述考察我们可以看到，失范/紧张理论从发生到发展经历了创设期—休眠期—黄金时期—衰落期—复兴期这五个主要阶段。[2]随着人们对这一理论的不断认识和发展，失范理论已经充分显示出其作用，并奠定了其在众多犯罪学理论中的突出地位。

（二）失范理论的缘起——迪尔凯姆的失范理论

如前所述，社会失范理论最早缘起于迪尔凯姆关于失范的论述。迪尔凯姆在他的著作《社会劳动分工论》中首次引进了这一概念。他认为法国社会的工业化以及所引起的劳动分工，破坏了传统的团结。同时，社会还未能及时形成足够的调整其活动的机制，这种情况下就会导致社会异常现象的产生。四年之后他在其讨论自杀类型以及自杀的本质特征的著作《自杀论》中又发展并推广了这一概念，并将这一概念用来解释自杀、犯

〔1〕 Francis T. Cullen and Robert Agnew (eds.), *Criminological Theory: Past to Present, Essential Readings*, 2nd ed., Los Angeles, CA: Roxbury Publishing Company. 2003.

〔2〕 赵若辉：《社会迷乱决定因素研究》，人民出版社2009年版，第15页。

罪等越轨行为。在这一著作中，迪尔凯姆发现，在经济衰退时期和经济增长时期，自杀率都会急剧增长。迪尔凯姆认为这是因为存在失范的缘故。因为在失范的状态下，社会不能调整人们正确认识自己的需要并用恰当的方式满足自己需要的状态。

迪尔凯姆认为犯罪的增加是社会从机械社会向机能社会变化的结果。机械社会是基于社会相似性存在的。机械社会中，劳动分工水平较低，社会团体之间相对独立且自给自足。每个社会团体都处在相似的环境下，做着相同的工作，共享着相同的价值。因此，机械社会的团结是基于其成员的一致性。与之相反，机能社会是基于社会差异而存在的。机能社会的各部分在高度劳动分工的环境下相互依赖，人们的工作高度专业化，而且人们被鼓励以个人的身份而不是作为集体成员的身份去追求个人欲望。机能社会的团结不再基于社会个体的一致性，而是基于社会各部分功能的多样性。在这种情况下，人们的欲望变得无法满足，社会道德意识的力量大大减弱，社会调控个体本能欲望的能力被破坏，最终导致社会处于一种失范的状态。

总而言之，迪尔凯姆将失范描述为社会准则和规范的崩溃。另外，失范伴随着社会化进程中社会的急速变迁而发生，这些社会变迁包括社会从机械社会向机能社会的变化和社会进入经济衰退或萧条的变化。在第二种情况里，迪尔凯姆认为在经济下降和增长时期都会提高失范的水平，而且，失范的水平在经济繁荣的时期可能会比经济萧条时更高，因为经济的繁荣会激发个人的欲望，而对这些欲望的控制在这时已经被破坏。

（三）失范理论的建立——默顿的失范理论

1938 年，默顿在其著名论文《社会结构与失范》中扩展了迪尔凯姆的“失范”的概念。默顿的文章发表以后，并没有立刻在犯罪学和社会学领域得到关注，15 年之后，也就是到了 20

世纪50年代，才引起了许多理论家和研究者的注意。大量的研究者开始探讨默顿的观点和论述，他们指出了默顿最初理论中的不明确之处，并提出了具体的修改建议。默顿针对这些问题和建议在其随后发表的一系列文章中扩展并修正了其失范理论。[1]

默顿认为犯罪的动机源自于社会的影响。他将迪尔凯姆的失范理论发展为两个相关但又不同的方向——宏观水平和微观水平。宏观水平上，默顿修正了迪尔凯姆失范的概念，其聚焦点不再是社会的快速变化，而是美国社会自身的特征——美国社会中金钱成功的目标对每个人来说都是有压力的，但是对达到这一目标的合法手段的强调却是微乎其微的。默顿认为失范是社会过于强调金钱或者物质的成功而较少地强调合法手段所产生的后果。[2]当实现目标的手段受到较少或者几乎不受调控时，个体会倾向于使用对他们来说最为方便有利的手段，包括犯罪和越轨行为。

微观水平上，注重解释为什么有些人会从事越轨或者犯罪行为，而有些人却不会。默顿认为美国社会所认同的获得金钱成功的手段，是制度性手段。这些制度性手段是根据美国文化中的“中产阶级的价值观”（如艰苦劳动、接受教育和诚信）来规定的。而在美国，因为社会被分成一种等级结构，每个人所能使用的制度性手段的分布是不平等的，而只有这些阶层里的少数“幸运者”才有权使用这些社会所认同的手段，这样导致的后果就是紧张的压力会相对集中在社会经济地位较低的阶层的人群中。因为相比之下，上层阶级的人只要付出很少的努

---

〔1〕 Messner S. E. and Rosenfeld R., *Crime and the American Dream*, 5th ed., Belmont, CA: WadsworthGroup, 2012, p. 12.

〔2〕 Merton, R. K., “Social structure and Anomie”, *American Sociological Review*, vol. 3, 5 (1938), pp. 672~682.

力就能实现文化规定的目标。而这种传统文化价值和社会阶层结构造成的不协调就会产生导致弱势个体犯罪的压力，从而产生犯罪行为。[1]

二、默顿失范理论的核心要素

默顿的社会失范理论认为，失范是指社会文化所设定的个人目标与合法获取该目标的手段之间的脱节。一个和谐的社会能够保持社会结构和文化结构之间的平衡，但是如果文化规定的目标与社会结构化了的实现该目标的途径间出现脱节，社会就会出现不稳定，产生失范的压力，在失范的压力下，越轨行为就会产生。很明显，在默顿的失范理论中，存在两个核心要素：文化和社会结构。

（一）文化

文化在失范理论中具有重要的作用。默顿认为个人的许多欲望并不一定是"自然的"，而是"文化引起的"。根据默顿的观点，任何文化都具有两个共同特征，也就是确立目标和规定实现这些目标的手段。

1. 确立目标。默顿认为任何社会的文化都会确立一些它认为值得追求的目标，并鼓励每个社会成员为追求这样的目标而奋斗。尽管在不同的社会中，由于文化的不同，这种目标的内容可能有所不同，但是在所有的社会中，都有这样的目标。在美国社会中，最重要的文化目标是获取财富。获取财富似乎是美国人与生俱来的志向。美国文化对这种目标的鼓励，远远超过了这种目标本身所具有的奖励。人们通常把积累起来的财富

---

〔1〕 Merton, R. K., "Social structure and anomie", *American Sociological Review*, vol. 3, 5 (1938), pp. 672~682.

看成是个人的价值的体现和长处，并且给那些有大量财富的人以很高的声望和社会地位。而那些没有财富和金钱的人，即使具有在其他文化中所推崇的个人特征，他们的社会地位也会降低。

2. 规定手段。任何社会的文化都以规范、制度等形式规定了达到目标的手段。所有的人都应该利用这样的手段去达到目标。这些手段是以文化中的价值观为基础的。在美国文化中，用来获取财富的制度性手段，一般被视为是“中产阶级的价值观”或“新教徒的工作道德”，它们包括艰苦劳动、诚实、接受教育和延迟满足欲望。使用武力或进行欺骗可能是获得财富的更有效的手段，但是，这是受到禁止的。根据默顿的观点，当社会成员接受文化上确定的传统目标，并且能够用制度性手段去达到目标时，就不会产生紧张及越轨行为。但是当个人无法利用制度性手段去实现目标时，就会在传统目标与制度性手段之间产生失调现象或者不平衡现象，这就是失范。在失范状态下，人们会体验到心理压力或者失范性紧张，这样人们就会采取一些社会适应方式来缓解压力或者紧张。

（二）社会阶层结构

社会阶层结构在默顿的失范理论中也具有重要的地位。按照默顿的失范理论，文化在整个社会阶层结构中是相对一致的。也就是说，在整个社会阶层结构中，文化所设定的目标和规定的手段都是一样的。但是，获取实现目标的合法手段的机会在整个社会阶层结构中却不是均匀地分布的。换言之，社会阶层结构可能会严格限制或者完全拒绝一部分人接近达到文化所确定目标的合法手段。这时候，就会导致一部分人无法通过合法手段实现文化规定的目标，继而就会出现失范状态。在失范状态下，越轨行为就会发生。在默顿看来，这种目标和手段的冲突会更多地出现在下层阶级群体中，因为下层阶级群体更难具有获得合法手段的机会。

根据默顿的观点，在失范的状态下，个人缓解压力和紧张的社会适应方式主要有五种：第一是遵从。遵从意味着接受文化目标和制度性手段。第二是创新。这是指接受社会认可的目标，但是拒绝使用制度性手段去实现目标的适用方式。而许多犯罪行为正是采用这种适应方式的结果。第三是形式主义。这是指人们拒绝传统的文化目标，但是却接受社会认可的制度性手段。这种人并不希望获取大量的财富，但是却辛勤工作，为人诚实，接受教育，克制自己的欲望。第四是退却主义。这是指有意识地拒绝社会中的文化目标和制度性手段。这种人既不能用社会认可的制度性手段去达到文化目标，也不能用越轨和犯罪行为去达到文化目标，而是退却到一种与世隔离的境界中。第五是造反。这是指个人用新的价值观来取代现行社会的价值观的适应方式。采取这种适应方式的人，拒绝现有社会中的文化目标和制度性手段，用其他的目标和手段来代替。

三、失范理论的宏观新发展——制度性失范理论

制度性失范理论（Institutional Anomie Theory）是失范理论在宏观水平上发展最为详尽和完整的理论分支，无论在理论上还是在实际运用上都显示出持久的生命力。由于本书的研究目的就是要通过对宏观因素的分析，来确定这些因素对我国犯罪变化的影响，而制度性失范理论作为失范理论宏观层面的重要发展分支，对我们的分析具有重要的理论指导意义，所以在这里要做具体的介绍。

（一）制度性失范理论产生的社会背景

制度性失范理论是基于美国社会严重犯罪的整体状况提出

的一种宏观解释理论。这里的严重犯罪主要是指：对人造成严重身体伤害或者威胁的暴力行为以及对个人或者集体造成显著经济伤害的非暴力行为，[1]包括传统严重犯罪（抢劫和杀人）以及白领犯罪。梅斯纳和罗森菲尔德认为国家之间犯罪状况的不同主要体现在严重犯罪状况的差异上，而美国社会严重犯罪的犯罪率以及其对社会所造成的负面影响的严重程度都显著高于其他发达国家，并且具有其典型特征。

1. 传统严重犯罪的状况。无论是横向还是纵向比较，美国社会传统严重犯罪的犯罪率都要远远高于其他发达国家，而且犯罪手段具有无底线性和危险性。

横向比较上，美国社会和其他发达国家相比，存在大量的暴力犯罪，特别是致命的传统严重犯罪。从美国和其它 15 个后工业化国家杀人罪的平均犯罪率的比较上可以看出，美国的杀人罪的犯罪率位居第一且远远高于其他发达国家。美国的杀人罪犯罪率为 6.1 起每 10 万人，而排名第二的芬兰仅为 2.4 起每 10 万人。美国的杀人罪犯罪率更是剩余其他国家平均值的 5 倍还要多。在抢劫罪犯罪率的比较上，美国的抢劫罪犯罪率虽然不是最高的，但是也位居第三，达到 156.7 起每 10 万人，远远高于剩余其他国家的平均值 84.1 起每 10 万人。[2]

纵向比较上，从 1900～2008 年美国杀人罪犯罪率的变化可以看到，美国的杀人罪犯罪率从 1910 年到 20 世纪 30 年代中期增长了两倍之多，达到 9 起每 10 万人。20 世纪 50 年代到 60 年代早期有所下降，但随后的 20 年里又进入了第二个显著增长

---

〔1〕 Steven F. Messner and Richard Rosenfeld, *Crime and the American Dream*, 5th ed., Belmont, CA: Wadsworth, 2012, p. 49.

〔2〕 Steven F. Messner and Richard Rosenfeld, *Crime and the American Dream*, 5th ed., Belmont, CA: Wadsworth, 2012, p. 21.

期，而后虽然在 90 年代有所下降，但是整体的犯罪率依然很高。[1]

犯罪行为方式的比较上，美国社会的犯罪行为方式和其他国家相比带有明显的无底线性和危险性。换句话说，无论是暴力犯罪还是非暴力犯罪，都具有“不择手段”的特征。如在抢劫犯罪中，虽然美国的抢劫犯罪率低于英国和威尔士，但是美国抢劫罪中 30%都是持枪抢劫，而英国和威尔士只占 5%。[2]持枪抢劫意味着更高的伤亡率，也就是说，美国的暴力犯罪更多的是致命犯罪。犯罪行为越无底线，对被害人造成的伤害也就越严重，美国社会的犯罪状况就越显著严重于其他发达国家。[3]

2. 白领犯罪状况。制度性失范理论将白领犯罪也纳入了考察范围，并认为白领犯罪可以被称为“最严重的犯罪问题”。[4]这主要是因为：首先，白领犯罪在美国的发生率在不断升高，具有极大的普遍性。如一项关于白领犯罪受害人的调查显示，大约有 1/3 受访者曾经经历过诈骗。[5]其次，和街头暴力犯罪一样，白领犯罪会对被害人或集体造成灾难性的后果，有些时候其所带来的负面后果甚至要超过传统的街头犯罪。白领犯罪将会导致受害人失去积蓄、家庭和工作，进而极有可能会导致他们生病、受伤甚至死亡。有评估显示，白领犯罪造成的损失

---

〔1〕 Steven F. Messner and Richard Rosenfeld, *Crime and the American Dream*, 5th ed., Belmont, CA: Wadsworth, 2012, p. 26.

〔2〕 Steven F. Messner and Richard Rosenfeld, *Crime and the American Dream*, 5th ed., Belmont, CA: Wadsworth, 2012, p. 22.

〔3〕 Zimring E. Franklin and Gordon Hawkins, *Crime Is Not the Problem: Lethal Violence in America*, New York: Oxford University Press, 1997, p. 34.

〔4〕 Coleman J. William, *The Criminal Elite: the Sociology of White Collar Crime*, 3rd ed., New York: St. Martin's Press, 1994, p. 10.

〔5〕 Steven F. Messner and Richard Rosenfeld, *Crime and the American Dream*, 5th ed., Belmont, CA: Wadsworth, 2012, p. 30.

为每年2.5亿美元，相当于抢劫、盗窃、斗殴和其它犯罪造成损失的14倍。[1]而且还有证据表明，美国每年所谓的“非暴力白领犯罪”比暴力犯罪造成的死伤人数还要多。[2]最后，在经济因素的影响下，对白领犯罪的处罚往往要宽松许多，这也从另一方面导致了白领犯罪的泛滥。

3. 高犯罪率状况下的社会反应和生活状态。梅斯纳和罗森菲尔德认为，美国犯罪状况的严重程度不仅体现在高犯罪率上，还体现在社会对犯罪的反应以及高犯罪率下普通大众的日常生活状态等方面。

社会犯罪的反应方面：美国社会越来越将监禁视为一种控制犯罪的手段，其对监禁的依赖程度在其它国家是闻所未闻的。美国的监禁率是其他发达国家的5~10倍。比如英格兰和威尔士的监禁率为每10万人里有74人被监禁，而美国的监禁率为每10万人里有743人被监禁。美国的高监禁率看似降低了犯罪率，但是并未真正的解决犯罪问题，只是隐藏了犯罪。因为，一方面，监狱中的犯罪并未进入犯罪统计；另一方面，监禁只是暂时减少了罪犯实施犯罪行为的机会。

美国社会严重的暴力犯罪状况使整个社会产生了广泛性的恐惧情绪。在严重犯罪猖獗的环境中，很多人的日常生活都是在害怕、愤怒、受挫和绝望的情绪状态下度过的。这种情况在犯罪高发的社区和时期更甚。如20世纪90年代犯罪率达到一个峰值的时候，暴力犯罪随处可见，生活在美国高犯罪率城市就像生活在充满恐怖和危险的“战区”。尽管近些年来，犯罪率相

---

〔1〕 Steven F. Messner and Richard Rosenfeld, *Crime and the American Dream*, 5th ed., Belmont, CA: Wadsworth, 2012, p. 30.

〔2〕 Steven F. Messner and Richard Rosenfeld, *Crime and the American Dream*, 5th ed., Belmont, CA: Wadsworth, 2012, p. 31.

对有所下降，但是“战区”这一比喻仍然被持续使用。[1]

像生活在“战区”一样的社会状况，不仅会造成个体的伤亡，也会对社会制度造成损害。社会制度的作用是为地方居民提供秩序、价值、目标和保护，一旦被削弱就丧失了对犯罪的有效控制，而迅速上升的犯罪水平就又会继续不断地损害脆弱的制度。制度的削弱或瓦解，使个人暴露于不可预测和不可控制的危险中。学校和家庭本来是为儿童提供基本的社会化帮助和成长监护的场所，甚至可以说是使儿童远离街头暴力的避难所。当学校被犯罪入侵（大量校园枪击事件）时，学生就会感觉到双重的威胁，首先是犯罪本身的威胁，其次是能保证安全的场所的失去。实质上，不仅仅是学生，甚至是学校的工作人员都会感到恐惧。另外，这对执法人员也带来了很大的影响，不仅使他们也将社会视为“战区”，更使他们具有了好战的思维，导致他们将普通民众也视为“敌人”。警察和民众都像是被不能控制的力量包围着，警民之间出现了猜疑和敌对，从而导致出现了很多悲剧结果（很多的警察误杀黑人的事件）。

（二）理论体系——文化、制度结构和犯罪

制度性失范理论是从文化和制度结构层面来解释犯罪问题的一种宏观社会学理论。该理论认为美国梦自身通过培育一个失范的文化环境向社会施加了产生犯罪的压力，在这种环境下人们会怀着不惜一切代价的心态去追求物质成功。同时，由经济制度主导的制度结构破坏了其他非经济制度的活力，使它们难以履行原来的职责，降低了它们对越轨行为的控制能力和对社会赞许行为的支持能力。美国梦的失范特质和美国社会的制度结构模式相互支持、相互补充导致了失范压力的增强、社会

---

〔1〕 Steven F. Messner and Richard Rosenfeld, *Crime and the American Dream*, 5th ed., Belmont, CA: Wadsworth, 2012, p. 36.

控制的削弱、社会支持的消减，最终产生了较高的犯罪率。

1. 美国梦与犯罪。制度性失范理论认为要想很好地解释美国社会高犯罪率的产生，需要去探究更深层次的原因，应该看到文化因素的影响，在更广大的文化和社会背景中寻找答案。这一理论认为，美国的犯罪来源于美国梦自身的负面特征及其造成的社会制度状况。也就是说，正是美国梦主要的优点“雄心壮志”产生了其主要的缺点“越轨行为”。[1]

（1）美国梦的概念及其演变。“美国梦”一词最早由历史学家詹姆斯·特拉斯洛·亚当斯（James Truslow Adams）在1931年引入现代社会分析中，用来描述一个社会向个人成功开放的景象。随着社会的发展，美国梦被定义为一种广泛的文化气质，这种文化气质使人们产生了对物质成功这一目标的信奉，并且使他们相信社会中的每个人都可以通过公开的个人竞争实现物质成功。[2]

在美国社会里，不论经历了什么样的社会变迁，美国梦都一直深入人心。美国梦对美国文化和居民意识的渗透已经足够强大和全面，无论是20世纪二三十年代的经济大萧条、第二次世界大战还是2008年的经济大衰退，都没有动摇美国人对美国梦的信奉。一直以来，美国梦都没有被任何其他的文化信仰取代，人们依然相信能够不论出身和社会地位，通过个人奋斗变得富有。[3]无论是过去还是现在，个人物质成功这一美国梦一直占据人们的视线，并作为美国社会的文化指南针指引着美国大众。

---

〔1〕 Robert K. Merton, *Social Theory and Social Structure*, New York: Free Press, 1968, p. 200.

〔2〕 Steven F. Messner and Richard Rosenfeld, *Crime and the American Dream*, 5th ed., Belmont, CA: Wadsworth, 2012, p. 6.

〔3〕 Seelye Q Katharine, “What Happens to the American Dream in a Recession”, *New York Times*, May 7, 2009.

（2）美国梦的价值基础。美国梦在美国社会具有支配性的力量，因为它具体化了美国社会中很多基本的价值信条。这些价值信条主要有：成就导向、个人主义、普世主义和金钱崇拜。每种价值导向都对美国梦的失范特性有自己的贡献，因为它们都潜在地过于强调文化目标，而弱化使用合法手段去实现目标的重要性。

第一，成就。美国文化的一个典型特征就是强烈的成就导向。虽然其他国家也会强调竞争性成功，但美国的程度远远超过其他国家。在美国社会中，对个人的价值评价是以其获得的成就或拥有的财富为基础的。换言之，成就成了衡量一个人价值的最终标准。就像美国学者弗朗切斯科·迪纳所观察到的那样：美国人对竞争的认可是其他主要的工业化国家无可比拟的。〔1〕在这种价值导向下，未能获得物质成功的所谓"失败"很容易被等同于对社会贡献的失败，这随之就会产生非常强大的文化性压力，促使人们不惜一切代价地追求成功。最终，强烈的成就导向就会导致人们产生这样的想法：关键不在于你是如何玩游戏的，而在于你赢或输。〔2〕

第二，个人主义。美国文化的第二个核心价值导向是个人主义。美国文化极度地致力于个人权利和个人自治的保护。对个人主义的痴迷，再加上美国文化中强烈的成就导向，加剧了失范的趋势。因为人们被鼓励着通过个人奋斗而不是团体合作去实现自身成就，致使社会成员在追求社会奖赏实现自我价值的过程中变成了竞争者和对手。个体竞争愈演愈烈，强烈的个

〔1〕 Duina Francesco, *Winning: Reflections on an American Obsession*, Princeton, NJ: Princeton University Press, 2010, p. 5.

〔2〕 Steven F. Messner and Richard Rosenfeld, *Crime and the American Dream*, 5th ed., Belmont, CA: Wadsworth, 2012, p. 72.

体竞争又会使人们忽视行为规范的限制，尤其当这些限制会妨碍他们实现个人目标时。

第三，普世主义。美国文化的第三种基本价值导向是普世主义。美国社会中的每个人都无一例外地被鼓励着去立志提升社会地位，并且所有人都很容易受到个人成就这一评价标准影响。正因为无人能够豁免于实现个人物质成功这种文化的强制命令，导致失败的危险也同样普遍存在于每个人身上。因此，个人主义的成就导向所带来的失范压力也就不同程度地普遍散布于整个社会中。

第四，金钱崇拜。美国文化中成功的典型表现方式是金钱的积累，金钱在美国文化中有特殊的权力。金钱已经作为一种价值本身被奉为神圣，它的功能也已经超越了其购买消费物品和其他所能实现的最大的本质功用。虽然对物质幸福的强烈追求在很多社会都很常见，但是美国文化的特殊之处在于，金钱在美国社会扮演的是成功的度量标准这一角色。也就是说，金钱自然而然地成为测量成就的度量衡，可以用来评判美国人生活中方方面面的成就高低。[1]但是，金钱积累从本质上来说是无上限的，拥有更多的金钱也就成了人们首要的目标，并且永远没有满足的时候。这等于说，美国梦提供了一个没有结束的起点，它要求人们永不停止地去追求成功，而不断获取金钱的巨大压力也正是怂恿人们不择手段地去追求金钱目标的罪魁祸首。

（3）美国梦之恶。美国社会对美国梦的坚持和追求为美国带来了经济的扩张、技术的不断创新以及较高的社会流动性。但是，美国梦也是一把双刃剑：美国梦在文化上强调物质成就，在促进生产力发展和社会创新的同时也产生了不惜一切代价成

---

〔1〕 Schwartz Barry, *The Costs of Living: How Market Freedom Erodes the Best Things in Life* (New York: Norton, 1994), pp. 55~113.

功的压力；对个人奋斗的颂赞，在培养人们的抱负、野心以及增加社会流动性的同时也导致了家庭的分离和社区意识的削弱；在金钱回报占据主导地位的情况下，加强了对经济的需求，但也严重限制了人们可以追求的其他方面成功的种类。

制度性失范理论认为美国梦的这种黑暗面就是犯罪的社会根源。首先，美国梦过于强调金钱的成功而忽视其他的成功标准，把目标的实现放到首要的位置而不重视追求目标的手段，造成了无法控制的犯因性的文化压力。其次，美国梦缺少对公民义务、责任以及能促进集体利益的政治制度的重视。简言之，美国梦中对物质成就的强调在社会生活中占据独一无二的地位，暗含着对其他方面成就和价值的低估与不重视，这就致使美国梦对成功的概念定义得过于狭窄，从而导致产生超常的压力，在这一压力下，人们会采用最有效也就是不择手段的方式去追求物质成功。

2. 社会制度结构与犯罪。文化不能独立于社会结构而存在，完整的犯罪社会学解释需要融入社会结构因素。和犯罪问题相关的社会结构因素就是社会制度结构，因为社会制度是整个社会构成的基础材料。文化和社会制度之间相互影响、相互促进，一方面，文化影响制度的特征及制度之间的关系；另一方面，社会关系模式组成的制度重现和维持文化的信奉。美国社会的制度结构是以经济制度为主导的平衡模式，这加剧了美国梦所导致的失范压力，更有利于犯罪行为的滋生。

（1）社会制度的本质和功能。社会制度的本质是指通过设立一系列相对稳定规范和价值、设定不同的身份和角色，划分不同的团体和组织来调控人的行为和满足社会的基本需要。〔1〕

〔1〕 Bassis S. Michael, Richard J. Gelles, Ann Levine, *Sociology: An Introduction*, 4th ed., New York: McGraw Hill, 1991, p. 142.

社会制度由价值观和规范构成，是围绕一定的功能焦点而组织起来的权利与义务模式，是制度化了的身份与角色的复合体。社会制度是社会系统的支柱，为了个人和集体的生存，我们必然需要制度，制度依赖对人类社会行为的促进和控制有深刻的意义。

制度性失范理论涉及四种主要的社会制度：经济制度、政治制度、家庭制度、教育制度。这四种制度是影响犯罪行为产生的重要因素，是制度性失范理论对制度考察的核心内容。环境适应是经济制度的主要责任，它的功能是满足人类生存的基本物质需求，如衣食住行的需要。政治体系的功能是调动和分配力量去实现集体目标，如，维护公共安全，负责保护社会成员免受外部入侵，控制内部的犯罪和混乱，同时提供解决利益冲突的途径。家庭制度主要涉及建立和加强对性关系的限制、对儿童的抚养和对社会成员进行主流文化价值目标的社会化。另外，现代社会家庭制度一个重要而独特的功能是为其成员提供情感支持。家庭承担着缓解其他制度领域产生的紧张和压力的作用，可以说是艰苦的外界生活的避风港。和家庭一样，教育制度也承担着大部分的社会化功能，肩负着向下一代传输基本文化标准的责任。同时，在现代社会，学校还具有使青少年向成人角色转换的引领作用，特别是职业角色的转换。

每种社会制度都有其自身主要的活动内容，同时它们的功能又相互重叠，相互依赖，每一种制度的功能对另一种制度的功能又有积极的影响。另一方面，社会制度间相互依赖的同时也可能会相互排斥，一种制度有效运转的需求可能会与另一种制度运转的需求产生冲突。所以，任何社会都有其独特的不同社会制度之间形成的力量平衡模式。

（2）美国社会制度间的力量平衡。制度性失范理论认为，在美国梦的影响下，美国社会制度之间的力量平衡向经济制度倾斜，经济制度占据了主导地位，其他的制度只处于附属地位。对物质回报的过分看重，导致非经济的功能得不到文化的支持，得不到社会公众的认可和重视。这主要表现在以下三个方面：

第一，非经济的功能和角色不受重视。美国社会不重视非经济的目标、职位和角色。

教育方面：受到好的教育在历史上曾被认为是成功的标准之一，但是现在只是被看作获得职业的手段和工具。反过来，教育的价值却被按照其能带来的经济回报进行评估。对教育的低估和不重视，导致相关角色没有被赋予较高的地位：好学生不是那么受他们自己和同学尊敬；和那些经商成功的人相比，好教师也只有微薄的经济收入，获得较少的公众赞许。

家庭方面主要表现在对家庭的主要功能和职责缺少重视，比如缺少对孩子的看护和养育以及为家人提供情感支持等。在美国梦的文化氛围下，父母对子女的关爱和陪伴只占很微弱的位置。好父母的标准主要看能否有为自己的孩子提供更好的物质生活和领先的机会，即经济上成功的机会。在这种情况下，很多父母在孩子很小的时候就重新回到工作岗位，有的甚至一直没有离开过。据 2009 年的统计，有 62%的 6 岁或者 6 岁以下孩子的母亲都有全职或者兼职工作。[1]

政治方面主要表现在：首先，人们参与政治活动的意愿和对政客的尊敬程度也显著下降，比如适龄人群的投票率显著低于其他国家，同时人们也不愿意从事政治工作去为社会服务。其次，政府的功能倾向于概念化为促进个人实现经济成功的能力。政府帮助个人追求物质的成功，而不是公共福利。最后，

---

〔1〕 Steven F. Messner and Richard Rosenfeld, *Crime and the American Dream*, 5th ed., Belmont, CA: Wadsworth, 2012, p. 9.

主要的政党都大肆赞美物质财富的获取和拥有，无论哪个政党当权，都会成为追求个人经济成功的附庸。

第二，非经济的角色服从和迁就于经济需求。经济的需求对其他制度的运行施加了较大影响。

家庭方面主要表现为：首先，工作的时间表、奖惩制度影响着家庭日常生活。比如，受工作的影响，大约有 2/5 的美国工人的作息是不标准的，不是传统的朝九晚五。由于这样的工作作息，越来越多的父母没有时间陪伴孩子，家庭团聚的时间显著减少。[1]其次，还主要体现在用来维系雇员家庭生活的工作报酬上。大量的失业和低收入人群的存在，使家庭很难完整无缺。一方面，美国低收入居民的结婚率显著下降。另一方面，很多地方尤其在失业率高居不下的大城市贫困区，居民的分居率、离婚率、单亲家庭率和未婚生育率都非常高。[2]

教育方面主要表现为：首先，由于人们普遍认为去学校上学很大程度上只是为了找到好工作，所以很多学生追求的是第二天就能派上用场的实用教育。而他们一旦进入劳动市场就很少会完全出于自身原因去追求更高的教育，即使回到了学校，绝大多数也是为了提高工作技术或者获得工作资格证书，进而去获得报酬更高的工作，还有一部分是为失业之后的再就业做准备。其次，还有很多学校为了适应和迁就工作时间将课程安排在周末或者晚上，并且越来越多的学校开始进行网上教育。最后，学校严重依赖于经济资源，私人企业越来越被看作资金短少的公共教育系统的救星，越来越多的学校千方百计地寻求

〔1〕 Steven F. Messner and Richard Rosenfeld, *Crime and the American Dream*, 5th ed., Belmont, CA: Wadsworth, 2012, p. 82.

〔2〕 Steven F. Messner and Richard Rosenfeld, *Crime and the American Dream*, 5th ed., Belmont, CA: Wadsworth, 2012, pp. 83~84.

私人企业的资金支持。但是，经济对教育的支持是有附加条件的。比如，加利福尼亚大学伯克利分校和瑞士诺华制药有限公司签订的一个协议：诺华为伯克利一个系提供 2500 万美元的研究资金，但作为回报，诺华获得该系 1/3 的专利转让权。许多人对此持有异议，认为大学的研究是为公众利益而不是为企业利润服务的。[1]

政治制度也同样依赖于经济的支持。如，竞选和政治党派活动都过度依赖私人捐赠。即使金钱不能保证竞选的结果，任何一个候选人也都希望吸引大量私人来源的资金的支持。为此，政府积极注意培养和维持对私人投资的友好氛围，否则将会有被降级的危险，这就导致本身是要追求集体利益的政治制度成了经济的附庸。

第三，经济的标准渗透到非经济的领域。首先，学习变成个人为外在奖励而进行的竞争，教书育人变成了测试导向。学校依赖外在奖励系统来促使学生完成目标，有些学校将学术表现和收入获利直接挂钩，获得高分或者完成作业时给他们金钱奖励。其次，反映在对商业广告的容忍上。商家的广告在学校随处可见，教育本身也被视为和其它消费产品无异的商品。最后，经济术语渗透到教育的语言中，把学生看作消费者，学术计划也往往是商业计划。

政治方面主要体现在：首先，商而优则仕成为普遍现象。很多美国人倾向于选择商业领袖来担任政府领导。公众普遍认为，如果政客能像商人经商那样开展政治工作，政府会运转得更好。其次，教育也被当作商业来进行运作，选择成功的商业领袖来领导公共教育的趋势也有所增强。

---

〔1〕 Press Eyal and Jennifer Washburn, "The Kept University", *Atlantic Monthly*, 2000, March, pp. 39~42, 44~52, 54.

家庭方面：家庭制度原本可能是抵御经济入侵最好的制度结构，但是即便是这里，经济标准的渗透也是显而易见的。首先，对家庭的贡献的大小主要参照为家庭带来收入的多少来判断，即使对女性来说也是如此。其次，在称谓的变化上，大多数人认为丈夫和妻子的关系只是根据结婚合约而组成的分工不同的管理家庭事务的“合伙人”。〔1〕

（三）犯罪控制策略——强化社会制度、反思美国梦

制度性失范理论认为，美国社会中传统的两种犯罪控制策略都没有能够解决高犯罪率问题，两者都存在严重的逻辑限制。两者实质上都是美国主流文化的俘虏，都毫无保留地信奉美国梦，都没有考虑到导致犯罪的基本原因来自于主流文化自身，却都寻找到了一个外部的“敌人”来战斗。保守派找到的是代表社会危害的邪恶的人，激进派的敌人不是坏人，而是导致人们难以遵守主流规范的不好的社会状况、不完美的社会结构。〔2〕因此，要想持久地减少美国社会的犯罪，需要进行制度改革和文化革新，只有这样才能有效控制犯罪，使社会更加稳定和成熟。

1. 传统的犯罪控制策略及其缺陷。

（1）保守派的犯罪控制策略及其缺陷。保守派的犯罪控制策略可以用“战争”一词来比喻。这一观点认为，罪犯已经占领了街道、街区，有些时候甚至是整个居民区，需要通过实施法律、犯罪起诉、法院判决、制裁政策等犯罪控制措施来收复失地。按照这些策略，警察会迅速地清除街道上的犯罪；检察官会严格地依法起诉且不存在辩诉交易等形式；法官和陪审团

---

〔1〕 Steven F. Messner and Richard Rosenfeld, Crime and the American Dream, 5th ed., Belmont, CA: Wadsworth, 2012, p. 87.

〔2〕 Steven F. Messner and Richard Rosenfeld, *Crime and the American Dream*, 5th ed., Belmont, CA: Wadsworth, 2012, p. 115.

拥有较少的自由裁量权，罪犯的刑期会增加；矫正机构也会因此让罪犯在监狱待较长的时间。因为，一方面，这些罪犯的刑期本身就较长，另一方面，矫正机构没有自由裁量权来进行假释。[1]这些严打政策会通过惩罚的震慑效应或者犯罪学家所说的监禁效应来减少犯罪。因为，通常认为这样可以通过增加犯罪成本，劝阻潜在的罪犯进行首次犯罪，同时也可以防止罪犯重新犯罪。

对犯罪的战争实质上是一种扩大化的惩罚性社会控制，不但未能有效地降低犯罪率，反而产生了一些难以预料的负面后果。首先，直接导致了监禁人数急剧增加，进而使社会付出了极大的代价。从 1980 年到 2010 年，美国不同形式的矫正制裁人数增加了 2.5 倍。从 1982 年到 2007 年，罪犯的矫正费用增加了 3 倍。[2]其次，这种扩大性的惩罚控制破坏了社会系统实现公平正义的能力。大量增加的待处理案件给司法系统带来了极大的压力，增强了人们对案件处理效率的关注，却较少地关注被告辩护的权利。再次，这种扩大化惩罚控制会导致少数群体受到不相称的影响，如黑人青年会仅仅因为肤色就被警察跟踪。最后，因为男性的监禁率高于女性，对社区中的男女比例有很大的破坏，对传统的家庭也造成了极大的破坏。因此，对犯罪开战难以形成一个安全的环境，从某种程度上来说反而导致了问题的恶化，反过来强化了产生犯罪的文化和社会状况。

（2）激进派的犯罪控制策略及其缺陷。激进派强调矫正政策，并试图通过广泛的社会改革来增加实现成功的机会。他们

---

〔1〕 Steven F. Messner and Richard Rosenfeld, *Crime and the American Dream*, 5th ed., Belmont, CA: Wadsworth, 2012, p. 108.

〔2〕 Steven F. Messner and Richard Rosenfeld, *Crime and the American Dream*, 5th ed., Belmont, CA: Wadsworth, 2012, pp. 109~110.

认为，贫穷者和弱势团体也愿意去遵守法律，他们只有在通过合法渠道不能实现目标的时候才会犯罪，而为这些缺少机会的人提供合法的手段能够减少犯罪的诱惑。对于那些已经陷入刑事犯罪的人，激进派主张对他们进行改造和再教育，强调对他们进行技术训练，增加他们重新进入社会参加工作的竞争力。

激进派的策略和保守派的一样，虽然也取得了一些成果，但也没有显著降低实际的犯罪水平。因为，激进阵营的方法完全忽略了美国社会的犯罪从根本上源自于美国梦自身带来的文化压力。机会的增加和经济资源的重新分配不会减少输和赢的重要性，也不会消除不择手段去获得成功的欲望。激进派的策略在缺少基本社会变革的情况下也出现了弄巧成拙的后果。首先，这些做法反过来加强了人们对美国梦自身的信奉，导致其犯因性结果一直持续。其次，社会改革所引发的社会流动性也可能会加重犯罪问题。当富裕的居民前往城市或者市郊时，带走了技术、资源和有助于维护社区稳定的传统行为榜样。他们留下的是缺少平等、不能够为守法行为提供支持、不能够对其成员施加社会控制、不能够保护其自身不受外来者干扰的社区，这会导致原来的社区更容易受犯罪的影响。随着犯罪率的上升，更多的居民会选择离开，而且往往是那些最有发展前景的最先离开。[1]

2. 制度性失范理论的犯罪控制策略。制度性失范理论认为，持续有效的犯罪控制需要来自于内部的变革，即需要社会制度的改革和对文化信奉的重新定位。首先需要激发家庭、学校和政治系统的活力，从而增强这些制度的社会控制能力。这些制度活力的激发反过来也会缓解不择手段追求金钱成功所带来的强大压力。

---

〔1〕 John R. Hipp, "Violent Crime, Mobility Decisions, and Neighborhood Racial/Ethnic Transition", *Social Problems*, Vol. 58, 3 (2011), pp. 410~432.

(1) 制度改革。

第一，家庭和学校的制度改革。家庭方面，通过制定一些经济领域内的政策来加强对家庭的支持。如，规定探亲假、丈夫和妻子共同分担工作、弹性工作时间表、雇主提供的儿童看护等。这些政策将会帮助父母平衡他们面对的经济需求和家庭义务间的关系。在很多家庭里，父母和小孩在一起的时间很少，很多儿童回家面对的是空空的房子，成年人不能对儿童进行有效的管理并施加积极的影响。如果父母能够花费更多时间陪孩子，不但能够增强家庭对孩子行为的控制，提高对儿童社会支持的有效性，而且能够使学校更有效地发挥其功能，会使学校为培养孩子所做的努力达到事半功倍的效果。

另外，需要公开宣传对家庭观念的重视，为家庭提供更多的文化和社会支持，这种支持可以减少对物质的依赖以及经济因素对家庭决策的影响。美国社会中，结婚对美国人的吸引力越来越低，年轻人要孩子的愿望也更为薄弱，这引起了人们极大的担忧。因为婚姻被认为具有连通社会的桥梁作用，婚姻能同时引起夫妻和双方家庭成员以及双方朋友的联系义务，能促进影响社会和文化团结的依恋道德感的提升。就像美国学者默里说的："个人婚姻是社会秩序的铆钉，整个社会结构通过它最终得以有序组合"。[1]

学校方面应当进行下列改革：首先，要使增强学校功能的政策与改善家庭功能的政策设计相呼应。任何一种制度功能的实现都依赖于其它制度的有效运行，家庭和学校制度间衔接的缺少会导致不良的后果。其次，需要改善教育的市场化导向。对教育市场化改革的鼓吹会导致忽视教育的整体目标。学校应

---

〔1〕 David W. Murray, "Poor Suffering Bastards", *Policy Review*, 68 (1994), pp. 9~15.

当致力于营造正规的学习环境这一主要目标，使学校不再是孩子们获取经济成功的手段和工具。最后，应该根据不同工作种类的需要，推行多种层次的教育，如职业教育。

第二，政治制度改革。

其一，改革犯罪控制体系，通过判刑制度改革来控制监禁人数的暴增，减少犯罪控制的成本。美国监禁率高不是因为犯罪的增加，而是因为像强制最低刑期这些判刑政策的实施，这些政策不但增加了监禁人数，而且增加了罪犯的监禁时间。可以通过以下策略来实施判刑制度改革：修改入狱和释放的政策；替代性的毒品犯罪惩罚策略；将落日条款引入强制最低刑期和精确量刑等政策，使更多的罪犯在社区中管理。其中最有希望的是容量敏感准入和年龄敏感释放政策。〔1〕

容量敏感准入政策要求法官考虑监狱容量来决定是让罪犯在监狱服刑还是在社区监管下服刑。年龄敏感释放政策是指应当根据需要将超过40岁的罪犯优先假释或在社区进行监管，除非对社区有明显的威胁或者犯了重罪。这是因为刑事犯罪会随着年龄增大而减少，罪犯会随着年龄的增加而终止犯罪生涯，这种终止现象一般会在40岁初期达到顶峰。〔2〕同时，随着罪犯年龄的增加，会因为医疗服务等导致监禁成本提高。

另外，落日条款〔3〕应当被引入强制最低刑期和精确量刑条例。当犯罪率上升时，这些政策有一些好处，但是犯罪率稳定

---

〔1〕 Steven F. Messner & Richard Rosenfeld, *Crime and the American Dream*, 5th ed., Belmont, CA: Wadsworth, 2012, p. 121.

〔2〕 Steven F. Messner and Richard Rosenfeld, *Crime and the American Dream*, 5th ed., Belmont, CA: Wadsworth, 2012, p. 121.

〔3〕 "落日条款"指规定各种法律规范性文件的有效施行期限的条款，设置了"落日条款"的法律也称为限时法。限时法是指立法者在立法之初即已经预见到法律有效施行的期间，只要时限一到，当然失效的法律。

和下降时，其收益递减，立法者在使用这些政策时要有灵活性，在存在有益证据的情况下可以周期性地重新制定使用。

其二，提倡国民服务。在刑事司法体系改革之外，应该实施更为广泛的可以增强社会参与、社会支持和社会控制的措施。需要通过更广泛的政治制度内的变革来培养集体义务和个体责任，因为这对正式社会控制的有效运行十分关键。制度性失范理论认为建立国民服务团是一个很好的方法。[1]具体来说，是通过为那些已经毕业或者辍学、没有找到适合职业生涯发展的工作、已经脱离父母但是尚未成家的未成年人和刚成年的年轻人提供教育机会、培训其需要的技能以及对其进行有意义的社会控制。简言之，就是在年轻人向成年人过渡的时期，为其提供一个制度锚，对其增强社会控制，促进他们向成熟阶段转变，使那些参与过轻微越轨行为的年轻人因个人的成熟和承担成人义务而远离非法行为。

美国已经在这方面有所尝试，如克林顿建立的美国志愿服务队。美国志愿服务队是一种通过当地和国家的非营利组织开展的志愿社区服务组织，其为这类政治改革提供了一个示范，即通过让年轻人参与社区服务来增强他们对实现集体目标的成就感和责任感，这也是政治制度的核心和特色功能。[2]

第三，社会分层与财富的分配。制度性失范理论认为，应该实施一系列更为宽泛的政策和措施确保社会福利没有和经济功能完全地联系在一起，确保非经济的角色从公共资源层面得到重要的经济支持。因为在经济制度的主导下，美国社会物质

---

〔1〕 Steven F. Messner and Richard Rosenfeld, *Crime and the American Dream*, 5th ed., Belmont, CA: Wadsworth, 2012, p. 123.

〔2〕 Steven F. Messner and Richard Rosenfeld, *Crime and the American Dream*, 5th ed., Belmont, CA: Wadsworth, 2012, p. 124.

回报的分配是同经济功能紧密联系在一起的，如职业角色和资本占有。也就是说，经济产生的财富也专门根据劳动力和资本市场制定的经济标准进行分配。这样就导致弱势阶层的生活状况更加恶化，造成财富分配更加不均和社会更加不稳定。因此，为了支撑家庭、学校以及和经济相关的政治制度等非经济制度，国家财富的分配应当基于非经济的标准而不是经济的标准。

总而言之，重建社会制度间的力量平衡模式，可以使犯罪率显著降低。这种重建需要减少家庭、学校、政治制度以及社会分层体系对经济的附属性，因为从本质和目的上来讲，市场是为国民而不是为其他服务的。[1]

（2）文化革新。在进行制度改革的同时，还需要进行文化革新，即通过对美国梦自身的修正来缓解导致犯罪的文化压力，并维持和促进制度变革。美国梦的犯因性特征来自于其过分强调金钱成功，同时对追求这种成功的手段却不加限制。要减少这种主导文化的犯因性效果，就需要抑制物质主义带来的强大压力，同时培养人们对社会约束的接受能力。

首先，要抑制物质主义的压力，需要将积累财富之外的其他类型的成功目标提升到文化层级中的突出位置。这也就是要求更深刻地认识到目前从属于经济制度的其他制度的功能及其重要性，并对其加以重视，如将子女养育、教育、学习、社区服务等方面的成功变成物质成功的重要替代标准。另外，提升对这些非经济角色的尊重也意味着金钱不再是判断社会成就和个人价值的首要标准。一个成熟的文化应该是鼓励每个人才能全面发展的文化，物质成功应该只是其中的一个发展方面，不应当过于强调和夸大。

---

〔1〕 Steven F. Messner and Richard Rosenfeld, *Crime and the American Dream*, 5th ed., Belmont, CA: Wadsworth, 2012, p. 125.

其次，进行文化革新还需要培养公众对社会约束的接受能力。主流的文化信仰美化个人对物质财富的追求，鼓励人们在个人利益的引导下去最大化个人效能，将别人视为争取经济回报过程中潜在的竞争对手。所以，文化的革新需要将个人利益从属于更大的集体利益，如家庭、邻里和社区。只有强调个体之间相互支持和集体义务，降低对个人利益和权利的过度关注，才有可能减少犯罪。只有重新定位和修正美国梦，才能实现真正的“没有责任就没有梦想”。〔1〕

（四）对制度性失范理论的评价

制度性失范理论弥补了默顿的失范理论在宏观层面上的缺陷，极大地完善和发展了失范理论。制度性失范理论详细考察了社会制度间的关系，肯定了由经济制度主导的社会制度结构对美国社会的绝对影响。这实质上是融合了帕森斯、马克思、波兰尼、迪尔凯姆等人关于社会制度的思想，强调了社会制度对行为的规范作用以及对文化所带来的失范压力的缓和作用。〔2〕这一理论深刻地认识到，社会制度间的力量平衡模式既是文化影响的结果，又对文化有自己的贡献和帮助。〔3〕文化和社会制度结构两者相互影响、相互促进，导致了美国社会的高犯罪率。其次，制度性失范理论作为一种宏观的社会学解释理论，能够很好地解释国家之间的犯罪率差异。〔4〕

---

〔1〕 Steven F. Messner and Richard Rosenfeld, *Crime and the American Dream*, 5th ed., Belmont, CA: Wadsworth, 2012, p. 127.

〔2〕 Francis T. Cullen and Pamela K. Wilcox, *Encyclopedia of Criminological Theory*, London: SAGE Publications Ltd, 2010, p. 625.

〔3〕 Francis T. Cullen and Pamela K. Wilcox, *Encyclopedia of Criminological Theory*, London: SAGE Publications Ltd, 2010, p. 625.

〔4〕 Francis T. Cullen and Pamela K. Wilcox, *Encyclopedia of Criminological Theory*, London: SAGE Publications Ltd, 2010, p. 627.

制度性失范理论提出后，无论是在美国还是在国际上都引起了很多研究者的关注，也随之出现了很多相关的实证研究去验证这一理论。这些验证性实证研究很多是从宏观层面展开的。比如，考察了基尼系数、贫困率、GDP、失业率、竞选投票率、离婚率等与犯罪行为的关系。虽然很多研究具体的指标选择不一样，但是这些研究也都或多或少证实了制度性失范理论的理论以及实用价值。〔1〕还有研究者从个体层面考察了个人对经济制度与非经济制度的信奉与暴力犯罪、盗窃和药物滥用等越轨行为的关系。研究表明，对非经济制度的重视能够有效地减少越轨行为的发生并削弱经济对越轨行为的促进作用。〔2〕这也扩展了制度性失范理论的适用范围。

制度性失范理论特别适用于分析和解释社会转型期出现的社会问题，尤其是犯罪问题。在这些社会里常常伴随着财产犯罪、白领犯罪、腐败以及暴力犯罪等犯罪率的大幅度增加。〔3〕同时，尤其在经济快速发展的时期，犯罪率也有可能快速增长，因为经济的快速发展会强化金钱回报的吸引力，会鼓励人们不择手段地去实现经济上的成功。

制度性失范理论为减少犯罪提供了蓝图。〔4〕如果一个国家能为国民提供足够的经济安全保障、社会福利、养老津贴、医

---

〔1〕 Brian J. Stults and Christi S. Falco, "Unbalanced Institutional Commitments and Delinquent Behavior: An Individual – Level Assessment of Institutional Anomie Theory", *Youth Violence and Juvenile Justice*, Vol. 12, 1 (2014), pp. 77 ~ 100.

〔2〕 Brian J. Stults and Christi S. Falco, "Unbalanced Institutional Commitments and Delinquent Behavior: An Individual – Level Assessment of Institutional Anomie Theory", *Youth Violence and Juvenile Justice*, Vol. 12, 1 (2014), pp. 77 ~ 100.

〔3〕 Tim Newburn and Eugene McLaughlin, *The Sage Handbook of Criminological Theory*, London: SAGE Publications Ltd, 2010, pp. 346 ~ 347.

〔4〕 Larry J. Siegel, *Criminology: Theories Patterns and Typologies*, 9th ed., Belmont CA: Wadsworth, 2007, p. 194.

疗保健服务，他们就较少会受到经济因素的影响，也就不会愿意去从事犯罪行为，从而就会降低整个国家的犯罪率。这为很多国家控制犯罪和维护社会稳定提供了很好的借鉴思路。

第五节　社会控制理论

犯罪的社会控制理论是西方犯罪社会学理论的主要流派之一，具有重要的影响和地位，对犯罪学的发展也一直具有深远和持久的影响。社会控制理论植根于古典思想学派的理论，假设人们会为了自己的利益而采取行动，而一个人采取犯罪行为的主要原因是对行为的控制太小。也就是说，当一个人觉得他能够自由地选择实施犯罪行为时，这种行为就很有可能发生。与其他理论相比，社会控制理论不要求个体具有特殊的或者特别的实施犯罪行为的动机。因此，我们可以看到，从本质上讲，社会控制理论是一种研究“人为什么不犯罪”的问题。换言之，这一理论是在肯定人们普遍存在越轨和犯罪动机的基础上，强调对人们行为的抑制和控制，以此来消除犯罪行为的发生。

一、社会控制理论的思想渊源和发展过程

（一）社会控制理论的思想渊源

社会控制理论的思想渊源可以追溯到霍布斯的人性本恶思想以及迪尔凯姆的失范理论的影响。霍布斯是英国著名的政治哲学家，他坚持的是人性本恶观。霍布斯认为，人生来就是自私自利，趋利避害，无止境追求个人利益。因此，当人们处于自然状态，不受任何约束地按其本性生存时，人们之间因为自私自利而处于一种充满争斗、恐惧不安的状态中，共同的权力会让社会成员产生服从意识和心理，若是这种服从意识被打破，

便会导致上述状态的出现。由于人性是恶的，人们都有自私自利的天性，因此，犯罪、战争都是人性的表现，是在人的本性的推动下产生的。霍布斯认为只有恐惧是能够使人们遵守法律的东西。霍布斯的人性学说不但对古典犯罪学学派的产生具有重要的影响，而且对20世纪中叶犯罪控制理论的产生也有重要的影响。[1]此外，如前所述，迪尔凯姆主张，人的需要不是由躯体而是由其思维所掌控的，一旦人的需要不受外在的控制和约束，个人的需要和欲望就会突破正常的界限而变得无穷尽并且无法控制，所以就需要一种力量对个人需要进行调节和控制。而社会力量如社会规范、社会舆论、道德意识等，能够产生压力，使各阶层的人们意识到自己行为的边界和范围，同时，迫于这种压力，人们也不会随意做出超出正常限度的行为。可是，社会规范、社会舆论和道德意识等在一定情况下会产生混乱，个人的欲望也会迅速膨胀，主要是因为社会很可能会遭受突如其来的严重的危机或变化，这时，社会对个人的调节作用将会急剧减弱，个人的需要会失去控制，失范状态就会产生。这种失范状态导致的后果非常严重，它会导致社会中判断是非对错的标准将破坏而不复存在，个人需要会因缺乏正确的方向和适度的界限而膨胀甚至失去控制，结果大量的自杀等越轨行为会因无规则的混乱状态而产生。赫希社会控制理论将犯罪产生的原因归结为社会联系中断或破坏，这一论点的建立正是借鉴了迪尔凯姆失范理论。

（二）社会控制理论的发展过程

我国犯罪学家吴宗宪将控制理论的发展分为三个阶段：早

〔1〕 吴宗宪：《西方犯罪学史》，中国人民公安大学出版社2010年版，第66页。

期的控制理论；雷克利斯的遏制理论；赫希的控制理论。[1]

1. 早期的控制理论。最早的社会控制理论研究是来自于美国犯罪学家阿瑟·比利的研究。阿瑟·比利认为人之所以犯罪是因为人类有许多先天特质或原始倾向，当人们无法控制它们或者任其自由表现时，他们就会对统一社会中的其他人的福利造成危害。因此，为了使发达社会的最大多数成员过上文明生活，必须制止这些反社会冲动的表现。也就是说，人们在任何时候进行的社会行为，都代表了两种力量之间的一种均衡或者平衡：个人自己冲动的表现力量；社会控制的抑制力量。对于社会中的大多数守法者来说，这两种力量都处于积极的平衡状态之中。但是，在犯罪人中，这两种力量处于消极的平衡之中。造成人们消极平衡和违法犯罪的因素有两类：削弱的社会控制因素和削弱的自我控制因素。因此，在阿瑟·比利看来，有利于犯罪产生的因素可以分为两类，也即是削弱社会控制的因素和削弱自我控制的因素。其中，削弱的社会控制因素包括：不正常的社会；经济制度中的固有缺陷，如贫穷、失业、萧条、剥削等；都市化，如人口流动、城市中的匿名生活；变化着的风俗习惯以及群体冲突；家庭解组，如父母死亡、离婚、生活贫穷、不恰当的管教；社区和邻里解组，如不景气的地区、很差的住房条件、有害的朋友、非法帮伙；相互重叠和冲突的政府；刑法本身的缺陷；刑事司法管理中的不完善；教育活动中的缺陷；不适当的消遣活动；舆论与控制，如对出版、电影、广播和电视内容的控制；人际冲突和群体冲突，如种族、宗教和经济方面的冲突。削弱的自我控制因素包括：先天遗传或后天获得的身体和生理缺陷；身体损伤或疾病；先天遗传或后天

[1] 参见吴宗宪：《西方犯罪学》，法律出版社 2006 年版，第 381~392 页。

获得的心理缺陷，如低能、病态人格、癫痫；心理和身心障碍，如精神病、神经官能症、心理冲突、情绪障碍等；由于无节制而引起的个人混乱，如性欲过度、酗酒、吸毒成瘾、嗜毒等；性格特征，如愚昧无知、天真等。

此外，早期的社会控制理论的研究者还有艾伯特·赖斯和弗朗西斯·伊凡·奈。赖斯在其发表的论文《作为个人和社会控制失败的少年犯罪》一文中研究了与控制理论观点有关的因素。他认为个人控制就是指少年控制自己不用与社会规范和准则相冲突的方式满足其需要的能力。他提到的个人控制因素包括微弱的自我，以及有缺陷的自我，心理和情绪成熟程度、人际关系、对社会行为规范的内化等。他提到的社会控制因素包括是否退学或逃学、所居住的社区的状况、与父母的关系等。奈在其 1958 年出版的著作《家庭关系与少年犯罪行为》一书中认为，家庭是对青少年进行社会控制的最重要的来源。他认为，大多数少年犯罪行为都是社会控制不够的结果，由积极因素引起的少年犯罪行为是比较罕见的。奈的社会控制包括：通过限制手段和惩罚进行直接控制；通过良心进行内部控制；与对父亲和其他的非犯罪人的感情认同有关的间接控制；满足需要的合法手段的可得性，因为如果个人的所有需要都能得到适当的、及时的和合法的满足，那么就不存在违法问题，最低限度的内部控制、间接控制和直接控制就会足以确保遵纪守法。

2. 遏制理论。遏制理论是 20 世纪 60 年代，由犯罪学家沃尔特沃·雷克利斯提出的，与早期的社会控制理论相比，更加完整和完善。雷克利斯在其 1961 年发表的论文《少年犯罪与犯罪的一种新理论》中，将早期研究中提出的许多概念和因素加以整合提出了犯罪的遏制理论。遏制理论的基本观点认为：犯罪是个人内在的控制能力和社会中存在的外部控制因素缺乏的结果，是对推动和引诱个人进行犯罪的驱力和拉力缺乏遏制（检查和控制）引起的。遏制理论的基本假设为：少年犯罪是差的自我概念（Poor self-concept）的结果；不管社会阶级或社会环境条件如何，少年对于自我的积极看法，都会提供一种绝缘体，阻止个人抵抗进行少年犯罪的压力和拉力；行为具有多面性，人是由驱力、压力、拉力以及绝缘体或者缓冲器构成的，所有这些都会同时对个人产生影响作用。

遏制理论主要包括以下四个核心概念：第一，外部压力和拉力，又称为社会压力。外部压力包括贫穷和剥夺、冲突和倾轧、外部束缚、少数民族群体的地位、在社会结构中缺乏获得成功的途径等条件。外部拉力又称为环境拉力，包括精神涣散、引人注意的事物、诱惑、越轨行为榜样、广告、宣传、少年犯罪和成年犯罪人、少年犯罪亚文化群等。第二，外部遏制。外部遏制包括社会中存在着一致的道德状况，明确的社会角色、规范与责任，有效的监督与纪律，规定了合理的活动范围，规定了替代性活动与安全阀，提供了使个人获得接受、认同和归属感的机会，社会规范、目标及期待对个人的强化，健全的家庭和有效的家庭纪律与管理等。这些结构性成分有助于家庭和其他支持性群体对个人的遏制。因此，外部遏制是个人周围的社会环境中存在的结构性缓冲器，他们能有效地约束个人。第三，内部遏制。内部遏制，主要是由自我的成分组成，包括自我控制，良好的自我概念，良好的超我，较高的挫折耐受力，较高的娱乐抵抗力，高度的责任感，目标定向，获得替代性满足的能力，降级紧张的合理化技巧。这些因素都是内部调节器。第四，内部推力。内部推力又称为正常推力，是指推动个人进行活动的身体或心理力量，包括驱力、动机、挫折、不安、失望、反抗欲望、敌意、自卑感等。

雷克利斯认为，外部压力、拉力和内部推力促使人产生越轨行为和犯罪行为，而外部遏制和内部遏制则阻止、中和、抵抗个人产生越轨行为和犯罪行为。当外部压力、拉力和内部推力比外部遏制和内部遏制强大时，个人就会产生越轨及犯罪行为；当外部压力、拉力和内部推力比外部遏制和内部遏制软弱时，个人就不会产生越轨及犯罪行为。遏制理论是当代西方犯罪学中具有一定影响的理论，它吸收了关于犯罪原因的心理学观点和社会学观点的优点，推动了对促使个人实施犯罪的内部人格力量的分析，同时也考察了塑造个人动机和人格的社会文化的力量。

3. 赫希的社会控制理论。特拉维斯·赫希的控制理论是20世纪后半期产生重要影响的犯罪学理论之一，它已经取代雷克利斯的遏制理论而成为社会控制理论的主要形式，可以说是控制理论中最为杰出、影响最为广泛的理论之一。美国社会学家、犯罪学家赫希在其1969年出版的《少年犯罪原因》一书中系统提出了一种少年犯罪的社会控制理论，又称为社会联系理论。这一理论认为，任何人都是潜在的犯罪人，个人与社会的联系可以阻止个人进行违反社会准则的越轨与犯罪行为，当这种联系薄弱时，个人就会无约束地随意进行犯罪行为，因此犯罪就是个人与社会的联系薄弱或受到削弱的结果。

赫希的社会控制理论的核心概念是社会联系。他认为，任何人都有犯罪的倾向，如果不进行控制的话，任何人都会进行犯罪。犯罪的产生与那种把个人和社会联系起来的社会联系的削弱有关。社会联系是指个人与传统社会之间的联系，这种联系一般通过社会机构表现出来。社会联系由下列四种成分或四个方面组成。

第一，依恋。依恋是个人对他人或群体的感情联系。当个人对他人或群体产生依恋时，就会在作出某种决定或进行某种活动时，考虑他人或群体的意见与感情。对正常人来说，这种感情联系是犯罪的重要抑制因素，这种感情联系越强烈，个人在打算进行犯罪行为的时候，就越有可能考虑犯罪行为对这种联系造成的损害。依恋分为三种：对父母的依恋、对学校的依恋和对同辈朋友的依恋。

第二，奉献。奉献是指将时间、精力和努力使用于传统的活动内容上。赫希认为，如果人们为了顺应传统的生活方式而花费时间和精力，致力于传统的生活、财产、教育、名誉等活动中，就不大可能从事危及其传统目标和地位的活动，因而也就不大可能从事少年犯罪即犯罪活动。相反，如果反对传统价值观，则预示着个人具有从事犯罪等危险行为的条件，就会自然而然地用犯罪等其他活动来代替传统活动，个人就会变成犯罪人。赫希认为青少年所奉献的传统活动表现在相互联系的三个方面：向成年人身份的转变；接受教育；获得地位更高的职业。

第三，卷入。卷入是指花费时间和精力参加传统活动。赫希认为，较深入地卷入传统活动，总是全力以赴地忙于各种传统事务，就会缺少从事越轨活动的时间和精力。卷入传统活动的人，总是与暗示进行某种活动、限期完成一定任务、遵守工作时间、贯彻有关计划等联系在一起的，因而很难有进行越轨行为的机会。所以，卷入传统活动，会将个人从犯罪行为的潜在诱惑中隔离开来，使个人没有时间和精力感知诱惑，考虑和从事犯罪活动。因为，犯罪活动总是与游手好闲密切联系在一起的。个人全力以赴参加的传统活动主要有两类：传统的工作、运动、娱乐和业余爱好；与学校有关的传统活动。

第四，信念。信念是对共同价值体系和道德观念的赞同、承认和相信。赫希认为，在社会或群体中存在着一种共同的价值体系和道德观念，生活在这种社会或群体中的人们通常都相信、遵循这些价值体系和道德观念。如果缺乏这样的信念或者使其受到削弱，个人就有可能进行越轨行为及犯罪行为。为什么在具有共同的信念的人中，有些人犯罪而有些人不犯罪。赫希认为可以从两个方面进行解释：对信念的内化程度不同；对越轨及犯罪行为的合理化。

美国犯罪学家拉里·西格尔认为，赫希理论中最重要的结论有七个：强烈依恋父母的青少年很少从事犯罪活动；奉献于传统价值观，如努力接受良好的教育、拒绝饮酒和“游荡”，预示着会从事传统行为；卷入传统活动，如写家庭作业的青少年，较少从事犯罪行为；卷入非传统活动，如吸烟、饮酒的青少年，更有可能进行少年犯犯罪；与人们的关系薄弱而疏远的青少年，更有可能进行少年犯罪；从事非传统行为的那些人，依恋他们的同辈朋友；少年犯罪人与非犯罪少年有着相似的有关社会的信念。

二、社会控制理论的核心假设和关键要素

从社会控制理论发展过程可以看出，社会控制理论是用社会控制的强弱来解释犯罪行为产生原因的一组理论。[1]犯罪控制理论假定，驱使个人进行犯罪行为的动机，是个人人性的一个部分，每个人都是潜在的犯罪人；如果放纵自己的欲望的话，任何人都会自然而然地实施犯罪，因此犯罪学研究的关键问题应该是“大多数人为什么不犯罪”的问题。人们之所以不犯罪，是由于存在着抑制或者控制我们不犯罪的各种力量；人们之所

〔1〕 吴宗宪：《西方犯罪学》，法律出版社 2006 年版，第 381 页。

以犯罪，也是由于抑制或控制人们不犯罪的力量薄弱，而不是由于存在着驱使他们犯罪的力量。

（一）核心假设

社会控制理论具有两个核心假设，一个是个体层面的，一个是社会层面的。在个体水平上，控制理论的核心假设是个体常常会依据自身利益的预期来采取行动。这种自身利益可以是经济层面的、心理层面的，也可以是社会层面的。与紧张理论或文化越轨理论不同，前两者聚焦于使用个体的动机作为犯罪的一种解释，而控制理论则认为每个人在任何时候都有可能犯罪。换言之，绝大部分犯罪的动机都是不言而喻的，而且很多的罪犯并不是只会实施一种犯罪行为。在社会层面上，控制理论引入了一系列的能够阻止或者减少人们为了自身利益而实施犯罪的机会。社会层的干预是反映共同规范和价值的社会秩序，而这种社会秩序又是需要靠一系列的正式或非正式的社会制度来维系的。综合上述两种假设，控制理论认为在高水平的社会控制下，人们将会不太可能去实施犯罪行为；而在较弱的社会控制环境下，人们更有可能去实施犯罪行为，因为他们觉知到的犯罪成本会相对较低。

（二）社会控制的关键要素

如前所述，社会控制理论的关键要素在于社会控制。因为人们的欲望是自然存在的，犯罪行为产生的主要原因在于社会控制的强弱，较弱的社会控制才会导致犯罪行为的产生。根据社会控制理论，社会控制的来源主要来自于两个维度：内部和外部控制；正式和非正式控制。

1. 内部控制和外部控制。内部控制是指在个体内部运行的机制，包括一些个人特征，如自我控制、道德、冲动性。这些特征会影响个人行为的选择，如增加或减少犯罪行为，但是又不被视为犯罪的原因。如缺少自我控制，会使个人难以考虑到长远的结果而只注重眼前的能立即获得的利益。再如道德，一个人如果具有较高的道德性，在实施犯罪行为的时候会与自己的道德观产生冲突，从而避免犯罪行为的发生。外部控制是指法律、政治、文化和社会制度的影响。这些因素会通过直接的监管或监督来提供一种严格的外部控制。人们可能会因为父母、警察的监督巡视，或者担心被发现或被抓捕而不去实施犯罪行为。外部控制还可以表现为个人与一系列社会机构的联系，如家庭、同龄人、学校以及工作单位。每种联系纽带都能够作为一种实际上的监督源，这种监督可以是一种心理上存在的监督，会影响个人行为的选择。而如前所述，这种联系也是赫希的控制理论的核心概念——社会联系（social bonds）。内部控制和外部控制可以有所重合，内部控制和外部控制是一个连续体。如道德感，作为个体犯罪倾向的个体特征，反映的是外部社会规范和价值观（外部控制）在个体心理中的内化程度。

2. 正式控制和非正式控制。控制来源的第二个维度是正式控制和非正式控制。正式社会控制主要指刑事司法系统的作用，以及法律制裁可能会影响行为选择。也就是说，由于刑事司法的威慑作用，人们在选择行为时会考虑犯罪行为的成本和收益。当潜在的成本高于犯罪行为的预期收益时，个体就会倾向于不去采取犯罪行为。而非正式控制是指一系列的社会制度（social institutions），如家庭、学校、工作单位以及朋友和同龄人个体。非正式社会控制对个人的影响作用在于行为的选择对个体以及他们的社会纽带具有影响。按照赫希的理论，个体对传统社会机构的情感依恋和奉献越强烈，越较少地选择犯罪行为。

三、对社会控制理论的评价

从社会控制理论的解释水平看，最早期的控制理论是属于宏观层面的理论，目的在于解释较大社会单位（地理空间）的犯罪和少年犯罪模式，如邻里、城市、州和国家。实质上源自于芝加哥学派的研究工作为此打下了基础。帕克和伯吉斯之前已经概略地提出了社会控制的概念。科恩豪泽认为，社会控制和社会解组在本质上是一样的：反映了社区自我控制调节以及实现共同目标的能力。使用控制理论去解释个体行为出现在20世纪50年代，用来解释青少年犯罪。随着自我报告方法的增加使用，个体层面的控制理论的使用开始增加。个人控制是指抑制个人使用与社区规范或者准则相冲突的方法来满足需要。社会控制是指社会群体或社会体系，主要是指自我控制。如低自我控制具有六个特征：倾向于选择能够获得立即满足的行为；偏好简单的任务；偏好刺激或寻求冒险的活动；偏好体力而不是脑力劳动；对挫折具有很低的容忍度；麻木不仁而且以自我为中心。

控制理论代表的是一系列犯罪的一般理论，而不是某种特定的犯罪理论，因为其假设可以用来解释多种犯罪，甚至是各种类型的反社会行为。控制理论认为犯罪的主要原因是对个人控制的减弱。这一理论可以用来解释个人的犯罪行为，不同地理空间的犯罪率差异，也可以使用邻里或社区水平的特征来做出一种多水平的解释。控制的来源可以是内部的，也可以是外部的，可以是正式的，也可以是非正式的，也可以是随着时间的不同而改变的。此外，控制理论又是一种比较灵活的理论，其核心因果关系假设就是个体较弱的控制会导致犯罪。控制有不同的形式，内部或外部，正式或非正式，或者是分年龄的。

另外，控制理论可以应用到形形色色的犯罪中，不像一些具体的理论，只能针对某种特定的犯罪类型。因此，控制理论是一个综合性的而且是较为灵活的可以解释所有类型的犯罪和反社会行为的理论。这一理论观点可以适用到不同的文化、社会或者历史时期。而且，已有的证据表明，控制理论在非洲、亚洲、欧洲和中东都具有较好的适用性。

第六节　文化与亚文化理论

犯罪的文化理论和亚文化理论是指用文化的观点来解释犯罪现象的犯罪学理论。文化是指一个群体或社会所共同具有的价值观和行为模式，包括这些价值观和行为模式在物质实体上的具体化。犯罪的文化和亚文化理论实质上包含两个研究方向。第一个研究方向是文化变革或文化变迁对犯罪现象的影响，也就是说社会文化的变迁会改变人们的价值观和行为方式，从而影响犯罪行为的产生；第二个研究方向是犯罪的亚文化理论。犯罪亚文化理论认为，任何社会都会存在与社会的主导文化相对应的亚文化，当主导文化和亚文化之间发生价值和规范冲突时，就会导致犯罪现象的产生。

一、文化和亚文化理论的发展过程

文化以及文化对人的行为的影响，一直是社会学家们所关心的问题。从 20 世纪初开始，人们就开始关注在工业化和城镇化的背景下，文化的变革对人们行为的影响。早期的文化解释一度繁荣发展，但是后续随着人们对文化解释理论的批评，文化理论出现了一定程度的衰落。20 世纪末和 21 世纪初，随着人们研究的不断深入，一些较新的文化解释理论出现，使文化理论出现了一定程度上的复兴。

（一）早期的文化理论

1. 古典学派的文化理论研究。文化理论的开始最早可以追溯到古典学派的学者们，例如迪尔凯姆、齐美尔和韦伯等。他们关注的是工业革命以及城市化所带来的文化和人际互动的变化，在这些变化的影响下社会秩序会出现好的或者坏的结果。如齐美尔主张过度的刺激会导致厌世的心理态度，从而会影响社会的文化；韦伯关注的是官僚制所带来的文化变革对人的观念的影响，他认为文化可以决定人的动机性行为的方向；迪尔凯姆认为巨大的社会变革会侵蚀个人与社会之间的道德和团结基础。这些学者们的理论到现在依然具有重要的地位

2. 芝加哥学派的研究。古典学者们的研究之后，芝加哥学派关于文化变迁和社会秩序的研究是较早的涉及文化理论的相关研究。其中影响力较大的是肖和麦凯，他们明确阐述了邻里语境下文化的作用。肖和麦凯以社会解组概念为核心，认为邻里的文化和社会网络都是少年犯罪的根源。而文化是通过面对面的互动传递的，并且能够在社区中传递给后代，而一些犯罪行为的规范性准则也会通过这种面对面的互动传递，植入某些邻里的少年犯罪人心中。此外，肖和麦凯还提出了犯罪率高的社区中的文化的内容：少年犯罪规范与主流行为规范并存；主流文化在犯罪率较高的邻里中也是占有主流地位的。另外，除了芝加哥学派的研究，其他的重要学者，例如，默顿和那些追随失范以及紧张理论传统的学者们，也提出了具有明显文化元素的对人类行为的解释。在宏观层面上，默顿概括地将文化结构作为其制度层面的失范理论的一个部分。

在犯罪亚文化的研究方面，思雷舍是最早研究城市中的少年帮伙的人之一。他的研究证明：第一，帮伙少年的少年犯罪

率与非帮伙少年相似；第二，帮伙少年的价值观与非帮伙少年几乎一样；第三，贫民窟内外的少年犯罪人存在更多人际关系障碍。[1]思雷舍对“帮伙”和“亚文化”的研究，对后续犯罪亚文化的研究发挥了重要的作用。

3. 犯罪亚文化研究。犯罪亚文化理论也在这一时期快速发展，出现许多较为突出的研究者，如塞林、科恩和米勒。塞林认为，刑法是主流文化行为规范的表现，犯罪则是与主流文化相冲突的下层阶级和少数民族群体文化的产物。科恩认为，工人阶级青年体验到的结构缺陷会转变为文化缺陷，工人阶级的不同群体都排斥中产阶级的价值观，也就是少年犯罪亚文化。在工人阶级青年群体中，这种亚文化过程十分常见。米勒进一步证明了社会地位与文化的联系。他认为下层社会的青少年需要按照他们独特的文化体系来获取下层社会文化体系认可的个人等级。沃尔夫冈也将阶级与文化联系起来解释严重犯罪的社会根源。他推论，“暴力亚文化”存在于部分下层社会中，在这些下层社会中，对暴力的容忍或者鼓励是其规范结构的一部分。

（二）文化理论的衰落与复兴

尽管在20世纪上半叶，文化解释具有较强的影响力，但是到了20世纪下半叶中期，这种解释受到了强烈的批评，并且在很大程度上被丢弃。[2]来自诸如科恩豪泽等学者的具有破坏性的批评，将文化的作用降低为一种衰减过程。按照这种观点，文化只能在程度上有变化，而不会在内容上变化。因此，应该丢弃任何认为个人可以真实地传递或者遵从非传统价值观和非

---

〔1〕 See Alex R. Piquero (ed.), *The Handbook of Criminological Theory*, West Sussex: John Wiley & Sons, Ltd, 2016, p. 245.

〔2〕 See Alex R. Piquero (ed.), *The Handbook of Criminological Theory*, West Sussex: John Wiley & Sons, Ltd, 2016, p. 265.

传统文化的观点。在这样的大环境下，很多当代学者大大推广了这种观点，文化理论一度出现了较长时间的衰落。

在被研究者们忽视了一段时间后，文化解释又出现了一定程度的复兴。人们开始了解邻里的社会经济条件、种族、文化机构与社会不赞许行为（包括暴力行为和非法市场活动）的模式之间的相互作用。与许多早期的观点不同，现在人们往往把文化看成是与不同地方的结构性特征具有内在联系的概念。同时，一些具有互补性的概念的出现，例如戈夫曼的“框架”、斯威德勒的“工具箱”和布迪厄的“习性”，提供了一种更全面但又缺少决定论性质的文化观点，避免了对个人和行动进行过分强调主观能动的或者过于结构性的解释。〔1〕这些观点的提出丰富了文化的解释理论。

二、主要的文化和亚文化理论

（一）塞林的文化冲突理论

美国犯罪学家塞林在其著作《文化冲突与犯罪》一书中论述了他的文化冲突理论（culture conflict theory）。这一理论的基本观点认为，刑法是主流文化行为规范的表现，犯罪则是与主

〔1〕戈夫曼所讲的“框架”不是一种个人的主观状态，而是内化了的现存的社会规范、准则，是一系列的惯例与共同理解，也是个人在他们社会生活的任一时刻所拥有的经验结构。高夫曼认为框架一方面是源自过去的经验，另一方面经常受到社会文化意识的影响。人们在社会生活中使用特定的诠释框架来理解日常生活。通过对社会角色、社会情境的诠释，人们能够了解特定行动场景中自己应有的交往行为和表现，从而协调与他人的行为，使日常生活井然有序。安·斯威德勒的工具箱理论实质上是认为，文化对行动的影响并不在于为行动提供了一个作为指向的终极价值，而在于塑造人们用以建构行为策略的一个（包含）习惯、技巧和风格的全部技能或工具箱。布迪厄将习性描述为一种“建构中的结构”，是由历史和过去经验的产物组成的一系列的倾向性，这种倾向性使得“所有思想、感知和行为的运行”变为可能。

流文化相冲突的下层阶级和少数民族群体文化的产物；由于下层阶级和少数民族群体文化与主流文化相冲突，所以，遵从下层阶级和少数民族群体的文化，就必然会产生违反刑法的犯罪行为。

塞林将文化冲突区分为两种：基本文化冲突和从属文化冲突。基本文化冲突就是指两种不同文化之间发生的冲突。基本文化冲突通常会在三种情况下产生：具有不同文化的地区相互毗邻接壤；根据一种文化群体的行为准则制定的法律规范被扩展使用于另一种文化区域；一种文化群体的成员移民到另一种文化群体，成为其中的成员。从属文化冲突，是指某种单一的文化发展成几种不同的亚文化，每种亚文化都有自己的行为规范时产生的文化冲突。这是因为，这些亚文化中既包含有主流文化的成分，也包含有与主流文化不同甚至冲突的成分，而法律只能保护符合主流文化的行为，因此，当人们按照不同于主流文化的亚文化行动时，就会因为从属文化冲突而构成犯罪。塞林认为，从属文化冲突是社会分化的自然结果。社会分化会产生许多社会群体，每个社会群体都有自己的行为规范，有自己对社会关系的理解，也会对其群体的价值观产生忽视或误解，因此，这种同质文化向异质文化的转变，会伴随着冲突情境增加。

塞林还区分了外部的文化冲突和内心的文化冲突。外部的文化冲突，实际上是从属文化冲突，它是在社会分化的过程中，某种同质的文化和价值体系向异质性转化时产生的副产品。当某种同质的文化价值体系变为不同质的若干种文化和价值体系时，就不可避免地产生文化冲突，引起犯罪行为。内心的文化冲突或心理冲突，是指个人从具有相互冲突的规范的不同群体中获取自己的行为规范的现象。在这种情况下，文化冲突就被人格化，深入到人的人格中，变成了一种心理现象。塞林认为，虽然外部的文化冲突引起的犯罪案件轰动一时，但是却不常见。最常见的犯罪原因是内心的文化冲突。这种被人格化、互相冲突的行为规范之间的矛盾，具有最强烈的犯因性作用。内心的文化冲突主要有以下三种：传统文化与新文化中的行为规范互相冲突，农村的行为规范和大城市的行为规范之间的冲突，组织良好、由同一种族组成的群体的行为规范与组织松散、由不同种族组成的群体的行为规范之间的矛盾。

（二）科恩的少年犯罪亚文化理论

美国犯罪学家艾伯特·柯西德尔·科恩在其著作《少年犯罪人：帮伙亚文化》中论述了他的少年犯罪亚文化理论，主要用来解释下层阶级贫民区中发现的极其庞大的少年犯罪。这一理论的基本观点认为，在下层阶级贫民区中存在着一种少年犯罪亚文化和少年犯罪亚文化群，他们是下层阶级少年为克服社会适应困难或地位挫折感而产生的群体性反应；这些亚文化与中产阶级文化相矛盾，遵从这种帮伙亚文化必然导致越轨与犯罪行为。其核心观点是，下层阶级青少年的少年犯罪行为是对美国中产阶级主流文化中的规范和价值观的一种反抗。

科恩认为，美国社会是中产阶级占统治地位的社会，人们在家庭、学校、社会中的表现，是以中产阶级的标准尺度进行衡量的。具体的测量标准为：雄心；个人责任；学习并掌握技能；世俗的禁欲主义；理智；风度、礼貌和人格的合理修养；控制身体攻击和暴力行为；有益于健康的娱乐；尊重财产。尽管美国文化和美国社会用中产阶级的测量标尺来衡量所有人，但是，由于人们在社会经济条件方面的差异，一部分人难以达到中产阶级的成功标准，特别是下层阶级青少年很难用合法手段获取成功，跻身于中产阶级的行列，达到中产阶级的地位，这样，就在社会所提倡的地位与实际具有的地位之间产生冲突，导致下层阶级的青少年产生挫折，人们会使用不同的方式做出反应。由于具体情况的差异，人们做出反应的方式是有所不同的。下层阶级的青少年通常会用下列方式中的一种做出反应：成为街角青少年；成为大学青少年；成为犯罪青少年。

（三）米勒的下层阶级文化理论

沃尔特·米勒在 1958 年发表的论文《作为帮伙少年犯罪的一种环境的下层阶级文化》中论述了他的下层阶级文化理论。其基本观点认为，犯罪和少年犯罪是对下层阶级文化环境中的行为规范和价值观的一种正常反应，下层阶级文化本身包含着犯罪的成分，按照这种文化中的行为规范和价值观行动，就必然会产生犯罪；下层阶级文化会世代相传下去。米勒认为下层阶级的文化标准生来就与中产阶级的文化标准不一致或相冲突，其中包含的行为规范、价值观和态度必然会导致越轨及犯罪行为，所以又被称为越轨亚文化理论。

根据米勒的论述，下层阶级的文化理论包含四项基本假设：第一，贫民窟中有一种独特的下层阶级文化。第二，下层阶级文化重视单一性别同辈群体中的成员资格。第三，单一性别同辈群体中有一套独特的核心问题。下层阶级的少年男性之所以加入街角帮伙，就是因为街角帮伙体现了下层阶级文化的核心信念，使少年男性能够从中学会知识、掌握技能和得到满足。这些核心信念包括：麻烦、强硬、聪明、兴奋、命运、自主。第四，追随下层阶级的核心信念会导致少年犯罪。米勒认为下层阶级的少年追随和坚持下层阶级的核心信念，就必然会导致少年犯罪。下层阶级帮伙的成员对其文化中的价值观和信念追随得越密切，他们就越可能成为少年犯罪人。他们之所以变成少年犯罪人，仅仅是因为他们忠实地追随那些不同于中产阶级标准的下层阶级价值观。

（四）暴力亚文化理论

暴力亚文化理论是沃尔夫冈和费拉柯蒂在20世纪60年代提出的一种亚文化理论，他们在合著的《暴力亚文化：关于犯罪中的一种整合理论》中论述了这一理论。其基本观点认为，暴力是一些群体亚文化中的一个重要组成部分，它已渗透到这些群体成员的心理品质之中，并成为人们日常生活方式的组成部分，犯罪就是使用暴力作为手段来解决日常生活问题的结果。沃尔夫冈和费拉柯第将他们的理论的要点归纳为七个基本观点或假设：[1]第一，没有一种亚文化是与其存在的社会完全不同或者完全相冲突的。这意味着，暴力亚文化并非完全是暴力的一种表现，其中必然包含着主流文化的价值观念。第二，承认暴力亚文化的存在，并不要求遵从这些基本的价值观点的行为人在任何情境中都应表现暴力。这意味着，暴力亚文化虽然崇尚暴力，但是并非鼓励人们把暴力作为解决一切问题的手段，而仅仅意味着，期望或者要求暴力亚文化群的成员在一些社会互动中使用暴力和身体攻击行为。第三，暴力亚文化群成员在许多情况中可能或者愿意使用暴力解决问题的事实表明，这种文化观念具有渗透性和弥散性的特征。第四，暴力的亚文化精神可能对亚文化社会中各个年龄的人都有影响，但是这种亚文化精神对青春期后期到中年期年龄阶段的群体影响最大。第五，暴力亚文化的反规范是非暴力亚文化。这意味着，那些违反暴力亚文化的期待和要求的人，最有可能被逐出暴力亚文化群。没有用暴力手段保卫自己或其女伴的声誉的成年男性，会在社会上被看成是没有男子气的人，这种“懦夫”会被迫迁出所在

---

〔1〕 参见吴宗宪：《西方犯罪学史》（第2版），中国人民公安大学出版社2010年版，第1095~1096页。

的地区，去寻找新朋友和建立新的社会关系。第六，在亚文化中形成赞赏暴力的态度和学会使用暴力的方法，通常要涉及学习行为和不同学习、交往或认同的过程。这意味着并非生活在暴力亚文化中的所有人都会同样地吸收和信奉这些价值观念。第七，在暴力亚文化中，并不会必然地把使用暴力看成是非法的行为，因此，进行暴力行为的人也不会对其攻击行为产生罪恶感。在这种亚文化环境中，暴力会变成生活方式的一个组成部分，变成解决困难问题或问题情境的重要手段。

第三章 改革开放以来我国犯罪问题的宏观理论分析

改革开放以来，我国最主要的成就就是经济的快速发展和现代化的稳步推进，因此，宏观层面上关于犯罪问题的研究大多是以这两者与犯罪问题的关系为切入点进行的。在这些研究中，涉及了经济发展、现代化、文化变迁等多种宏观因素对犯罪问题的影响。从目前的研究结果看，虽然已经识别出了一些影响犯罪问题的宏观因素，并大致探讨了这些因素对犯罪问题的影响，但是还存在较大的研究空间。这主要表现在以下两个方面：首先，这些宏观因素对犯罪问题的作用方式和作用大小还需要进一步考察。一方面，有些宏观因素对犯罪问题的影响并未形成较为一致的结论，如经济发展与犯罪问题的关系；另一方面，每个因素虽然对犯罪问题都会有所影响，但是具体到单个因素的影响方式和影响大小是不同的。例如，有的因素可能具有较为直接的影响，有些因素可能是以间接的方式对犯罪问题产生影响。其次，这些宏观因素之间的相互作用关系和作用大小也需要进一步明确。也就是说，这些因素之间是一种什么样的关系，这些因素是按照何种内在的机制和规律对犯罪问题产生影响的。

基于上述问题，本章将梳理之前关于经济发展、现代化等宏观因素与犯罪问题关系的研究，同时，基于犯罪社会学理论，采取理论整合的方式，探讨改革开放后我国犯罪问题加剧的内在机制和规律，尝试提出改革开放以来我国犯罪问题加剧的宏观理论模型，并对这一模型进行理论阐释。

第一节　经济发展与犯罪问题

长期以来，经济发展与犯罪问题之间的相互关系一直是人们关注的犯罪学问题之一，不同国家的学者和研究组织都进行过相关的研究。我国改革开放后取得的最为瞩目的成就就是经济的发展。改革开放以来，我国经济长期保持快速增长，经济总量不断攀升。1978 年，我国经济总量仅位居世界第十位；2008 年超过德国，居世界第三位；2010 年超过日本，居世界第二位，成为仅次于美国的世界第二大经济体。但是，从 20 世纪 80 年代中期起，随着我国改革开放后经济的发展，我国的犯罪问题也日益严峻，我国学术界开始探讨经济发展与犯罪的关系。他们关注的问题是经济的快速发展与犯罪数量的变化是否具有内在的联系，以及具体存在什么样的联系。

一、经济发展与犯罪关系的现有观点

经济发展与犯罪的关系，一直是犯罪学在宏观层面关注的问题之一。然而，纵观国内外的相关研究，对于经济发展与犯罪的关系，并没有一致的结论，而是存在较多的不同观点。综合起来，这些观点大致有以下几种：

（一）负相关说

负相关说也称为“反比论”，即经济的发展与犯罪数量存在负相关关系。这一观点认为，经济落后或导致贫困和经济困难，不利于社会的稳定，从而会导致犯罪数量升高；而经济发展会为社会稳定提供一定的物质基础，有利于社会稳定，从而会降

低犯罪数量。

从国外的研究来看，存在较多的研究结果支持这一观点。首先，从发达国家的经济发展过程看，这种现象可以在许多国家找到例子。1926～1940年，苏联农业有起有落，工业增长势头一直迅猛，整个国民经济处于快速增长阶段，同期犯罪总量是波动减少；苏东国家经济在20世纪50～60年代也都高速增长，同期犯罪率也大都下降约50%，其中东德的下降幅度更是达到70%；1966～1970年日本GNP年均增幅达11.6%，1970年罪案总数降至120万起，为二战后的历史低点〔1〕。意大利犯罪学家加罗法洛通过对1826年到1878年期间法国犯罪活动与社会发展变化进行比较，也得出结论：在这段时间里，法国的社会活力获得了巨大的发展，犯罪没有增加，而是实际上减少了。〔2〕其次，从发展中国家的经济发展过程看，也存在一些支持这一观点的例子。有学者通过对45个发达国家和发展中国家1965年到1995年的面板数据的分析，发现随着经济增长，这些国家的暴力犯罪呈下降趋势〔3〕；另外，在亚洲，作为发展中国家，新加坡在经济高速增长的同时，犯罪率一直处于很低的水平。

负相关说在我国拥有很多的支持者。负相关说在我国最早可以追溯至1986年提出的“经济发展，治安好转”的观点，虽然事实证明这种观点与我国的社会治安形势发展相去甚远，而且目前持这种理论的人甚少，但它对我国犯罪学研究的影响

〔1〕 王勇哲：“经济与犯罪之普遍联系形式（下）”，载《河南公安高等专科学校学报》2006年第4期。

〔2〕［意］加罗法洛：《犯罪学》，耿伟、王新译，中国大百科全书出版社1996年版。

〔3〕 Halvor Mehlum, Karl Moene, Ragnar Torvik, “Crime Induced Poverty Traps”, *Journal of Development Economics*, Vol. 77, 2 (2005), pp. 325～340.

确实很深。[1]例如，有学者提出，经济发展与社会稳定之间存在显著的正相关，这些正相关主要表现为：经济发展能够为实现社会稳定创造雄厚的物质基础，提供强大的物质条件；经济发展有助于增强政府的合法性和社会凝聚力，为确保社会稳定创造良好的社会心理条件；经济发展有助于实现安全生产，减少安全事故及其引发的社会不稳定；经济发展能够有效地预防、抑制和减少犯罪，减少社会不稳定因素和事件。[2]还有一些学者认为，在社会主义制度下，犯罪伴随着社会主义现代化步伐的不断发展而呈现不断减少的趋势，虽然在商品经济迅速发展过程中，某些犯罪，特别是经济类型的犯罪可能会有明显增加，但这种现象存在的根本原因是我国社会主义商品经济还不成熟，只要坚持“两手抓”的战略思想，资本主义国家的那种经济发展与犯罪同步上升的规律，在我国是可以避免的。[3]在实证研究方面，田鹤城等选取全国从 1955 年到 2007 年共 53 年的经济数据和犯罪数据，运用岭回归分析方法构建了一个含有八个变量的多元线性回归模型，综合分析了不同经济体制下各经济因素对犯罪率的影响。其研究结果表明，改革开放以前，GDP 的增长会使犯罪率下降；改革开放以后，GDP 的增长同样使得犯罪率下降，但是改革开放后 GDP 的增长对犯罪率下降的影响力明显小于改革开放前。[4]

---

〔1〕 王智民、黄京平：《经济发展与犯罪变化》，中国人民大学出版社 1992 年版，第 12 页。

〔2〕 杜旭宇：“经济发展与社会稳定的正相关分析”，载《湖南社会科学》2008 年第 3 期。

〔3〕 曹子丹、马凯、王平：《中国犯罪原因研究综述》，中国政法大学出版社 1993 年版，第 168 页。

〔4〕 田鹤城、万广华、霍学喜：“1955～2007 年中国经济与犯罪关系实证研究”，载《中国农业大学学报（社会科学版）》2009 年第 2 期。

（二）正相关说

正相关说也称“正比论”或者“同步增长论”，此类观点认为经济发展与犯罪数量存在正相关关系。也就是说，犯罪率的增长与经济发展呈同步状态，经济落后，犯罪数量低，而随着经济的发展，犯罪数量则会有所增加。

正相关说在其他国家尤其是西方国家有较长的发展过程，同样也存在较多的支持者和例证。首先，从理论方面看，正相关说可以追溯到19世纪意大利学者波莱蒂的观点。他认为，工业、商业的增加等所有物质繁荣的进步都会带来犯罪数量成比例的增长，因为前者增加时，必然对后者产生刺激，因此，犯罪的增长只是物质繁荣的一种表面现象。〔1〕美国著名学者路易斯·谢利也明确提出：“现代化促进了犯罪类型的变化，也引起了犯罪率的增长。”〔2〕而且他认为，现代化进程不仅对犯罪总量带来影响，也对犯罪类型的变化带来影响，随着经济的发展，财产类犯罪日益增多，而暴力犯罪则相对下降。其次，从实际例证方面看，也能在很多国家找到正相关说的例证。在拉美，巴西经济从1965年前后起飞，1968年到1974年GDP和工业产值年均递增11%和12%，相应地，该国杀人、抢劫等犯罪率也迅速上升；在亚洲，“四小龙”1965年到1984年的GDP年均增幅超过7%，同期，除新加坡外，其他国家和地区都出现了犯罪剧增趋势。泰国在1997年以前的20多年中，经济增速一直较快，其约35‰的发案率也明显高于周边国家。如以韩国为例，韩国作为亚洲四小龙之一，国民经济从20世纪60年代起步，到

〔1〕［意］加罗法洛：《犯罪学》，耿伟、王新译，中国大百科全书出版社1996年版，第167页。

〔2〕［美］路易斯·谢利：《犯罪与现代化：工业化与城市化对犯罪的影响》，何秉松译，群众出版社1986年版，第161页。

90年代基本实现现代化。从1972年到2001年的30年里，韩国经济迅速腾飞，但是这30年来，韩国的犯罪总量始终处于增长态势，犯罪总量增加了5.4倍[1]。

正相关说在我国也存在大量的支持者，并有着一定的发展脉络。从时间上看，正相关说在我国发端于三年“严打”斗争过程之中，而形成于1987年，最初表现为“同步增长论”和“相对增长论”。[2]其中，“同步增长论”认为经济发展是导致犯罪增长的决定性因素；“相对增长论”认为在经济转型和发展的过程中，由于缺乏管理经验和存在制度上的漏洞，在一定的时间和区域内，犯罪有一定的增长是必然现象，但是这并不是一种普遍规律。之后随着学者们的进一步研究，又分化出“代价说”和“双重效应论”。其中，“代价说”认为发展就要付出代价，犯罪的增长是经济发展和进步必须付出的代价。不过这种代价是有条件的，即经济对犯罪的影响并不是直接的，而是通过经济的发展引起社会结构的变化而间接地引起犯罪的增长。[3]“双重效应论”是基于“远正近负效应论”提出的，是指在短期内，经济的发展对犯罪的增长存在正、负两方面的效应，总体来说是负面的，但是从长远看，则呈现出正效应。[4]

正相关说在一定程度上反映了我国经济发展与犯罪问题变化的客观情况。在实际的研究中，很多学者都观察到了我国改

---

〔1〕 参见康树华：《全面建设小康社会进程中犯罪研究》，北京大学出版社2005年版，第58~60页。

〔2〕 王智民、黄京平：《经济发展与犯罪变化》，中国人民大学出版社1990年版，第14页。

〔3〕 王良顺：“经济发展与犯罪的关系的辩证与运用”，载《湖北警官学院学报》2010年第1期。

〔4〕 周路：“经济发展与犯罪增长的关系及其中介——再论‘远正近负效应论’”，载《天津社会科学》1995年第1期。

革开放后经济增长与犯罪率上升的现象。如：谢冲晓认为经济与犯罪二者之间有必然的联系，经济增长的速度快慢对犯罪率的升降有直接影响；〔1〕谢岸烨认为经济发展会带来犯罪数量的增加；〔2〕朱克雄〔3〕以及王兴华〔4〕等都关注到经济与犯罪同步增长的状况。在具体的原因上，有学者认为，经济发展会促进犯罪数量的增长。这是因为：经济发展引起社会生活各方面发生结构性变化，产生许多新的社会矛盾和社会问题，这是犯罪数量增长的外因；经济发展带来城市化，导致人口流动性增大，邻里关系淡漠，这是犯罪数量增长的动因；经济越发展，犯罪获利额就越大，这是犯罪数量增长的诱因；经济发展促使人们形成了不同的价值观念和行为方式，这是犯罪数量增长的内因；经济发展导致法定犯数量增加，这是犯罪数量增长的法因。〔5〕

（三）无关论

无关论认为，犯罪现象的变化与经济发展之间不存在必然关系。也就是说，经济发展并不会必然地导致犯罪数量的上升或者降低。因为，在社会发展的过程中，会不可避免地出现一些矛盾，产生一些消极现象。但是，社会组织和国家的管理者能够通过一些举措来促进经济和社会的协调发展。

在国外，针对无关论进行的许多研究的结果都支持了这一结论。联合国就曾抽样提取 29 个不同国家，进行了时间跨度为

---

〔1〕谢冲晓：“论犯罪的经济因素”，载《政法学刊》2001 年第 1 期。

〔2〕谢岸烨：“论经济发展对犯罪数量的影响”，载《湘潭大学学报（哲学社会科学版）》2005 年第 A1 期。

〔3〕朱克雄、郑凯：“经济发展与刑事犯罪”，载《公安理论与实践》1998 年第 4 期。

〔4〕王兴华：“犯罪数量是否与经济发展同步增长?”，载《人民公安报》2001 年 10 月 15 日第 3 版。

〔5〕谢岸烨：“论经济发展对犯罪数量的影响”，载《湘潭大学学报（哲学社会科学版）》2005 年第 A1 期。

11年的调查研究。研究发现，经济发展与犯罪变化之间不存在有意义的相关关系。联合国亚洲远东预防犯罪研究所（UNAFEL）对经济发展与犯罪变化之间关系的研究也得出了类似的结论。他们选择了包括中国在内的亚洲远东地区的15个国家，以这些国家1980~1986年的犯罪率与同期该国的9项社会经济指标（人口增长率、中学生与总人口的百分比、婴儿死亡率、能源消耗量、国民生产总值增长率、工业产值增长率、政府对教育的投资和政府对住宅建设的投资等）进行了相关分析，结果显示，经济发展与犯罪变化之间没有相关关系。美国犯罪学权威沃尔夫冈教授在20世纪70年代组织研究人员设计了一个计量经济模型，输入各种社会经济指标后，对1930年以来的美国统一犯罪报表所提供的犯罪案件数逐年进行相关分析。结果也表明，经济发展与犯罪变化之间没有明显的相关关系。[1]

我国的许多研究也得出了相类似的结论。郭东使用计量经济模型进行了分析，结果表明我国的人均GDP与犯罪之间的相关性不大。[2]李丽生采用监狱年末在押犯数和每年新收押罪犯数作为犯罪率高低的统计指标，用皮尔逊相关分析、灰色系统理论，借用计算机大型统计分析软件得出：犯罪率与GDP没有相关关系，“九五”期间犯罪率只是“缓慢”增长。[3]赵远认为经济发展与社会犯罪之间不存在固定的比例关系。任何把两者直接对应的观点在理论上是经不住推敲的，在实践上也是站不住脚的。[4]

---

〔1〕 王智民、黄京平：《经济发展与犯罪变化》，中国人民大学出版社1990年版，第58~67页。

〔2〕 郭东：“犯罪的宏观经济原因分析”，载《刑事法评论》2007年第2期。

〔3〕 李丽生：“我国犯罪率与经济增长的相关分析和犯罪率预测”，载《公安学刊-浙江公安高等专科学校学报》2000年第4期。

〔4〕 赵远：“也谈经济发展与犯罪的关系——兼评《试论刑事犯罪同物价上涨的关系》”，载《福建公安高等专科学校学报》1999年第4期。

二、经济发展与犯罪的关系探析

从上述三种观点我们可以看出，经济发展与犯罪现象变化之间的关系是较为复杂的。换言之，我们不能仅仅根据表面现象想当然地将其假设为简单的线性相关关系。事实上我国一些学者也已经认识到了这一问题。我国很早就有学者提出，经济和经济发展只能通过中介性环节或过程与犯罪现象产生联系。经济发展与犯罪现象之间是一种非直接线性关系。〔1〕此外，还有一些学者尝试进行更为深入的解释。例如，我国有学者认为，犯罪的增长是现代化进程中经济发展和社会进步所必须支付的代价，在我国现代化过程的一定阶段上，犯罪数量在一定范围和程度上的波动与增长是不可避免的；但同时又认为，“代价论”不是无条件的，因为经济对犯罪升降的影响不是直接感应式的，而是通过许多中介环节，通过它的发展所引起的社会结构的变化而间接地对犯罪产生影响的。〔2〕其中，周路的相关研究最为深入。他认为：犯罪增长这一社会现象与现代化、经济发展、社会转型之间的确具有一定的联系，但它不是线性相关关系，不是简单的“代价”关系，他们二者之间的关系是间接的、不确定的，必须通过一个“中介”发生，这个中介就是“社会控制”。〔3〕因此，在新形势下，如何利用经济发展的成果改善和加强社会控制是解决犯罪问题的关键。

可以说，从世界范围来看，目前学术界对经济发展与犯罪

---

〔1〕 王智民、黄京平：《经济发展与犯罪变化》，中国人民大学出版社 1990 年版，第 303~304 页。

〔2〕 参见曹子丹、马凯、王平：《中国犯罪原因研究综述》，中国政法大学出版社 1993 年版，第 144~154 页。

〔3〕 周路：“现代化与犯罪——社会控制中介论”，载《中国人民公安大学学报（社会科学版）》2004 年第 4 期。

现象变化的关系的认识已经较为客观和正确，并且我国的一些学者已经开始注重探讨影响经济发展与犯罪现象变化两者之间关系的因素。例如，有学者将我国经济发展中犯罪大量增多的原因归结为三大方面。[1]首先，市场经济的自身特征具有诱发犯罪的作用。这些特征包括：市场经济的趋利性，因为市场经济的趋利性会强化人们的利益观念；市场经济的竞争性，它会导致激烈的竞争，而竞争越激烈，不稳定的因素就越多；市场经济的自主性，在自主性增加的情况下，监管的力度就会减弱；市场经济的平等性，它会导致平等中的不平等，也就是一些不正当竞争的出现，会导致不安定因素的产生。其次，经济结构方面的原因。我国改革开放后的经济结构在某种程度上为犯罪的发生和发展创造了有利的条件：强化了犯罪发生的经济基础和思想根源；造成了贫富差距拉大，而贫富差距的拉大会导致人们心理失衡。最后，对外开放方面的原因。对外开放有利于遏制犯罪的一面，同时也具有促进犯罪的一面，表现为：为国外犯罪向国内犯罪渗透创造了条件；为人财物大流动创造了契机。但是这仍然是存在缺陷的，一方面，当前的研究并未明确具体的影响因素都有哪些；另外一方面，也并未探索这些因素相互之间的影响机制，以及这些因素整体对犯罪问题的影响机制。这都是我们接下来需要进行研究解决的。

综合上述分析，本书对经济发展与犯罪的关系持如下观点：首先，经济的发展与犯罪现象的变化必然是存在某种关联的。经济发展作为影响社会发展的一个宏观因素，必然会对犯罪现象这一社会问题产生影响。其次，经济发展与犯罪现象的变化的关系并不是简单的线性关系，也就是说，不会像“正相关说”

---

〔1〕 参见李锡海：《现代化与犯罪研究》，中国人民公安大学出版社 2009 年版，第 136~149 页。

和"负相关说"那样具有非常直接的关系。它们之间的相互影响关系较为复杂，绝不会是两个因素之间的直接作用，而肯定会涉及其他一些相关的因素，多种因素的合力和共同作用才会对犯罪现象产生最终的影响。最后，经济发展作为一种诱因，必须要通过其他一些中介或者调节因素起到作用。我们需要去研究并甄别出这些中介或者调解因素，区分出哪些因素起到了什么作用，如何才能对这些因素进行良好的控制。基于这些观点，本书要尝试解决以下问题：在什么情况下经济的发展会导致犯罪数量的上升？什么情况下又会导致犯罪数量的下降？具体是哪些因素在中间起着调节或者中介作用？这些中介或调节因素的具体影响机制又是什么？

第二节　现代化与犯罪问题

现代化一词来源于西方，通常是指 18 世纪工业革命以来人类社会发生的深刻变化。从其本质上看，现代化是传统社会向现代社会转变的过程。现代化将会带来社会多层面的巨大变迁，包括社会关系的调整，社会政治结构、经济结构、文化结构的重新组合，社会利益的重新分配和生活方式的变革，因此现代化是涉及社会生活各个方面的一种结构性变化。[1]

对现代化与犯罪的关系的研究由来已久。美国犯罪学家路易斯·谢利是最早明确地研究这一关系的学者。谢利考察了 200 多年来社会现代化对世界各国的犯罪率、犯罪类型、犯罪人口、犯罪地区分布的影响，对不同类型国家的犯罪现象及其发展变化做了历史的比较和研究。谢利认为，现代化进程对一切国家

---

〔1〕 参见李锡海：《现代化与犯罪研究》，中国人民公安大学出版社 2009 年版，第 5 页。

的犯罪都有着重要的和持续的影响。[1]谢利的研究在世界范围内都产生了重大的影响，使得世界范围内对现代化与犯罪之间关系的研究不断增多。现代化与犯罪的关系也成为犯罪学研究的重要内容，同时西方国家的现代化进程也正是西方犯罪学理论繁荣发展的土壤和社会大背景。

《犯罪与现代化》一书认为，现代化的两个重要成果是城市化和工业化，并且认为，相对于家庭、教育等较小程度的因素，城市化和工业化是更为重要的因素，因为城市化和工业化会促使家庭的瓦解和分化，有助于教育需求的增加和从事工业生产的城市工人阶级队伍的扩大。[2]因此，该书依据城市化和工业化对犯罪问题进行了大量分析。路易斯·谢利的研究在世界范围内都具有重要的影响，为人们研究现代化与犯罪问题的联系提供了大量研究依据、成果和研究思路。但是，由于当时我国犯罪统计的问题，路易斯·谢利的研究并未包含中国。我国改革开放后的国家发展是一个进行现代化建设的过程。按照我国现代化建设的“三步走”战略部署，我国计划于21世纪中叶，人均国民生产总值达到中等发达国家水平，人民生活比较富裕，基本实现现代化。[3]我国改革开放以来的现代化过程，又无疑为我们提供了得天独厚的研究背景和素材。因此，在这一部分

〔1〕［美］路易斯·谢利：《犯罪与现代化：工业化与城市化对犯罪的影响》，何秉松译，群众出版社1986年版，第26页。

〔2〕［美］路易斯·谢利：《犯罪与现代化：工业化与城市化对犯罪的影响》，何秉松译，群众出版社1986年版，第13页。

〔3〕1987年10月党的十三大提出的中国经济建设分三步走的总体战略部署：第一步目标，1981年到1990年实现国民生产总值比1980年翻一番，解决人民的温饱问题，这在20世纪80年代末已基本实现；第二步目标，1991年到20世纪末国民生产总值再增长一倍，人民生活达到小康水平；第三步目标，到21世纪中叶人民生活比较富裕，基本实现现代化，人均国民生产总值达到中等发达国家水平，人民过上比较富裕的生活。

中，我们将遵循路易斯·谢利的研究思路，深入考察我国现代化进程中，城市化和工业化与犯罪的关系。

一、城市化与工业化的界定

（一）城市化的界定

因为城市化是个复杂的过程，涉及政治、经济、社会、人口、地理等多种因素，所以不同领域或学科对其界定是不完全一致的。[1]例如，人口学者将城市化理解为城市人口占全社会总人口比重增加的过程，这种增加既包括农村转移人口的数量上升而导致的城市人口比重的增加，也包括城市自身人口的增长；社会学学者将城市化理解为伴随人口从乡村向城市流动所发生的社会多方面的转变，其中包括生活方式、教育水平、物质条件等方面的质的飞跃；地理学学者则注重分析城市化带来的地域变化，如农村土地向城市建设用地的转化，以及原有城市、街道、地区的再组织、再开发。而在我国国务院颁布的《国家新型城镇化规划（2014~2020年）》中则明确指出：城镇化是伴随工业化发展，非农产业在城镇集聚、农村人口向城镇集中的自然历史过程，是人类社会发展的客观趋势，是国家现代化的重要标志和必由之路，是保持经济持续健康发展的强大引擎，是加快产业结构转型升级的重要抓手，是解决农业农村农民问题的重要途径，是促进社会全面进步的必然要求，是推动区域协调发展的有力支撑。

以上述观点为基础，目前我国学术界已经有不少学者对城市化进行了更为全面深入的界定。例如，有学者将城市化概括

---

[1] 蔡继明、张胜君、杜帼男："我国城市化相关概念辨析"，载《学习论坛》2016年第5期。

为两个前后相继的转变：一是伴随着非农业的发展，农业劳动者就业向非农产业就业的转变；二是伴随着非农产业向城市的集聚和集中，非农就业人口（及其家庭成员）向城市居民的转变。[1]有学者以“量+质”的方式对城市化进行了界定，即认为城市化包括两层含义：一个层面是指城市化的量变过程，即农村人口变为城市人口、农村地域变为城市地域的过程；另一个层面是指城市化的质变过程，即一个城市的经济、社会、技术变革在城市等级体系中扩散并进入乡村地区，以及城市文化、生活方式和价值观等城市文明在农村地域扩散的过程。[2]后者的界定较为全面和深入，不仅关注到了城市化的形式层面，也关注到了城市化对文化、价值观、生活方式等方面的要求。因此，本书倾向于采取后一种对城市化的界定。

（二）工业化的界定

与城市化一样，由于学者们的出发点以及对其理解的深度和广度的差异，他们对工业化的表述和定义也不尽相同。综合来看，这些定义大致可以分为两类。第一类是较为狭义的定义，认为工业化是指工业（特别是制造业）的发展，也就是由传统的农业社会向现代工业社会转变的过程。这一定义可见于许多有关工业化和经济发展的文献。巴格奇为《新帕尔格雷夫经济学大辞典》撰写的词条“工业化”就采用了类似的定义：“工业化是一种过程，下面是一种明确的工业化过程的一些基本特征。首先，一般说来，国民收入（或地区收入）中制造业活动和第二产业所占比例提高了，或许因经济周期造成的中断除外。

[1] 蔡继明、张胜君、杜帼男：“我国城市化相关概念辨析”，载《学习论坛》2016年第5期。

[2] 操宏均：“城市化进程中的犯罪问题研究”，载《福建警察学院学报》2013年第4期。

其次，在制造业和第二产业就业的劳动人口的比例一般也有增加的趋势。在这两种比例增加的同时，除了暂时的中断以外，整个人口的人均收入增加了。”第二类定义是较为广义的定义。如我国著名经济学家张培刚把“工业化”定义为“国民经济中一系列重要的生产函数（或生产要素组合方式）连续发生由低级到高级的突破性变化（或变革）的过程”。[1]

综合这些不同的定义，我们可以从以下三个方面来理解工业化的内涵：第一，工业化是一个过程，并且是经济落后国家向经济发达国家转变所经历的历史过程；第二，工业化进程不仅包含经济总量的扩张，也包含经济结构变动引致的经济发展质的变化，其中也可能包含生产关系的变革；第三，工业化最明显的特征是，伴随着人均收入的增长，工业尤其是制造业在总产出及就业中的份额不断上升以及农业相应份额不断下降，其实质是生产要素从生产率较低的部门向生产率较高的部门迅速转移。

党的十六大提出了新型工业化的概念。所谓新型工业化，就是坚持以信息化带动工业化，以工业化促进信息化，就是科技含量高、经济效益好、资源消耗低、环境污染少、人力资源优势得到充分发挥的工业化道路。与传统的工业化相比，新型工业化有三个突出的特点：第一，以信息化带动的、能够实现跨越式发展的工业化。以科技进步和创新为动力，注重科技进步和劳动者素质的提高，在激烈的市场竞争中以质优价廉的商品争取更大的市场份额。第二，能够增强可持续发展能力的工业化。要强调生态建设和环境保护，强调处理好经济发展与人口、资源、环境之间的关系，降低资源消耗，减少环境污染，提

---

〔1〕 张培刚：“工业化的理论”，载《社会科学战线》2008 年第 7 期。

供强大的技术支撑，从而大大增强中国的可持续发展能力和经济后劲。第三，能够充分发挥人力资源优势的工业化。〔1〕从上述介绍我们可以看出，新型工业化本质上仍然是工业化，只是其更多地基于知识和信息时代的大背景。

（三）城市化与工业化的关系

工业化和城市化是现代化进程的两翼，而且两者具有十分密切的关系。工业化是城市化的主要推动力，而城市化发展到一定程度也会促进工业化的发展。也就是说，工业化有力地促进了初始城市化进程，城市化的发展反过来给经济增长注入强大的动力，工业化和城市化之间形成一种螺旋式上升互相促进的机制。经济发展史证实，工业革命以来，社会经济就是在两者的相互促进、共同发展之中不断前进的。从其内在机理上看，工业化发展引起产业结构的迅速转变，并通过这种转变带动城市化进程。在这个过程中，表面上是农业人口向城市集聚导致城市化率提高，但实质上与城市化率上升联系密切的是农业就业向非农业就业这一就业结构的转变，正是因为就业结构的工业化和非农化直接带动了原来的农业人口向城市的迁移和集中。因此，产出结构与就业结构的变动关系，很大程度上影响着工业化对城市化的带动作用。所以，工业化与城市化密不可分，共同推动着现代化的进程。

二、城市化、工业化对犯罪问题的影响

路易斯·谢利在其著作《犯罪与现代化》一书中，依据其研究结果认为，城市化、工业化对犯罪问题的影响主要体现在

〔1〕“解读十六大：新型工业化‘新’在哪里?”，载新华网：http://news.sina.com.cn/c/2002-11-23/0943816299.html，访问日期：2017年12月28日。

四个方面：犯罪率、犯罪类型、犯罪分子类型以及犯罪空间分布。他通过研究发现：首先，在城市化和工业化过程中，尤其是现代化初始的阶段，往往伴随着迅猛推高的刑事犯罪率；其次，城市化和工业化进程还会导致犯罪类型的变化，就是暴力犯罪的减弱和侵财类犯罪的大幅增长；再次，还会导致犯罪分布的变化，就是城市、城郊和农村不仅犯罪率不同，而且各有特色；最后，犯罪人类型的分布也会发生变化，比如，青少年犯罪、女性犯罪、白领犯罪的明显增长。[1]下面我们也将按照这四个方面做具体的论述。

（一）对犯罪率的影响

首先，工业化和城市化会导致犯罪行为大大增加。工业化把犯罪从一个本是孤立的主要影响城市中心的社会问题提高到影响包括农村在内的现代社会的主要问题，把曾经一度只影响城市居民生活的局部问题变成了影响现代生存的性质和阻碍许多国家未来发展进程的全局问题。以发达国家为例：英国自 18 世纪开始人类历史上的第一次工业化后，其国内的犯罪率就大大增加。如在英格兰和威尔士，当事人因刑事而被捕的事件的数量，从 1805 年到 1842 年的 37 年中增加了 6 倍，而在苏格兰，犯罪的数字增长得更快。这种伴随着工业化而出现的犯罪增长后来被证明是一种普遍现象。荷兰、法国、比利时、德国和美国都出现了大量的犯罪。到了 20 世纪，即使是那些工业化很成功的发达国家，犯罪率也并没有降低，反而更加激烈。像西方最发达的美国，国民生产总值居世界第一，但是它也居世界犯罪率最高国家之列。国际的统计资料也表明，第二次世界大战

〔1〕 吴鹏森："改革开放以来的中国城市化与犯罪变化——基于一种比较的视角"，载《江苏行政学院学报》2012 年第 6 期。

以来，美国、欧洲、英联邦的犯罪都在增长。[1]另外，在发达国家中，犯罪率与工业化具有同步性，呈现出周期性。工业化和城市化的进程并不是匀速向前推进的，它会随着时代的变化而变化，有时加速有时减速，呈现出周期性。而犯罪率的高低与现代化进程的快慢呈正相关。犯罪率的变化随着现代化的阶段性而呈现出周期性。以美国为例，美国的现代化大致经历了三个阶段，而与这三个阶段相对应的是，美国的犯罪增长也经历了三次高潮，其具体时间与工业化的三个阶段同步。[2]

发展中国家在现代化过程中犯罪问题的变化与发达国家十分相似。正如谢利所说：两个世纪以前在英国看到的由于工业革命的到来而引起的犯罪的变化，在其他国家同样经历向现代化转变时曾多次重复出现。在英国、德国和法国出现的由于工业革命引起的犯罪类型的变化已经伴随着现代化而在其他地方出现。随着工业化而来的城市化进程在19世纪和20世纪在资本主义国家和社会主义国家都对城市和农村的犯罪发生迅速和直接的影响。[3]工业化之前的发展中国家的犯罪率一般较低，但是工业化浪潮到来后，社会结构的剧烈变迁使犯罪的浪潮也涌动起来，犯罪率就像突然增加的财富一样大大增加。此时，侵犯人身的暴力犯罪在发展中国家犯罪总数中所占的百分比十分大，其不成比例的程度更是超过了同期的发达国家。另外，由于各发展中国家的社会结构、政治体制、经济基础、文化传统等的差异，各个正在经历工业化的发展中国家在犯罪率和犯罪

---

〔1〕 参见［美］路易斯·谢利：《犯罪与现代化：工业化与城市化对犯罪的影响》，何秉松译，群众出版社1986年版，第82页。

〔2〕 钱乘旦、刘金源：《寰球透视：现代化的迷途》，浙江人民出版社1999年版，第328~336页。

〔3〕 参见［美］路易斯·谢利：《犯罪与现代化：工业化与城市化对犯罪的影响》，何秉松译，群众出版社1986年版，第158~159页。

增长率上仍然存在一些差异，同时随着工业化进程的推进也呈现出周期性。[1]

（二）对犯罪类型的影响

工业化和城市化主导的现代化对犯罪类型的影响也十分巨大。以西方世界为例，19 世纪甚至可以称为犯罪类型的转折点。[2]首先，在工业化时期，犯罪类型本身发生了重大变化，财产犯罪取代了暴力犯罪成为主要的犯罪形式。因为随着农业社会转变为工业社会，人们的社会地位主要由财富的多少来衡量，而不再是先前具有的身份了。对于大多数人，特别是迁入城市的农民而言，通过正常的手段想获得较多财富是困难的，更多的时候只能采取非法的手段。再加上城市中的财产既多又集中，具有易得性，加剧了财产犯罪的增加。其次，在工业化初期，城市的暴力犯罪是较高的，这主要是因为大量的农村人口蜂拥而来，先前的暴力犯罪的惯性使其具有一定的延续性，而且还有新入城的农民与原来的市民无论身份、财产、文化、习惯等方面总有隔阂感。这种隔阂感往往凭借一些偶发因素而使人与人之间的矛盾和冲突大大加剧，新入城的农民强烈地感觉到自己的利益被剥夺，从而形成对富人的仇视和对财产的强烈渴望，特别是当面对大量的财富而自己又一无所有，无法通过正当手段获得时，侵害财产犯罪及伴随着人身伤害的暴力犯罪就会大量发生。最后，犯罪类型的变化还包括犯罪种类的增减。增加的犯罪类型来自于工业化过程中社会出现的新问题、新矛盾，减少的犯罪类型主要是与工业化不相符的农业社会中

---

〔1〕 章友德：《犯罪社会学理论与转型期的犯罪问题研究》，广西师范大学出版社 2008 年版，第 128~131 页。

〔2〕 参见章友德：《犯罪社会学理论与转型期的犯罪问题研究》，广西师范大学出版社 2008 年版，第 119 页。

的犯罪行为。

（三）对犯罪人口类型的影响

工业化和城市化对犯罪主体类型的影响主要有以下几个方面：第一，工业化和城市化会导致青少年犯罪和女性犯罪的增加。工业化的社会变迁解放了青少年和妇女这两个长期以来受到家长制和男权制压制的社会群体，大大地提高了他们的社会地位和社会作用，使他们能够更广泛地参与到社会结构的调整和社会建设发展中去，但是这同时也增加了他们犯罪的可能性。发达国家的青少年犯罪在工业化到来后也随着犯罪率的增加而增加，特别是在二战后达到了最高峰。同时，青少年犯罪也呈现出明显的团伙性和暴力性。20 世纪 60 年代初期和中期，团伙活动不仅在美国而且在英国、瑞典、日本和其他欧洲国家都增加了。妇女犯罪方面，大多数国家的女性犯罪也在大大增加。女性犯罪大多集中在财产犯罪。但是他们参与的犯罪活动的范围和严重程度都有所扩大。第二，白领犯罪增加。白领作为工业化过程中出现的新阶层，一般具有较高的社会地位和较多的社会财富，是在社会分层中处于社会的中上层的人口群体。但是随着工业化和城市化进程的推进，人们发现白领所实施的非法行为给社会造成的危害越来越大。白领犯罪造成的危害，尤其是经济损失远远超过一般的抢劫、盗窃等侵犯财产罪造成的经济损失。甚至可以说，白领犯罪是所有犯罪中威胁最大、影响最为恶劣的，因为它污染了社会的诚信体系，破坏了商业道德，败坏了社会风气，在全社会树立了违法乱纪的丑恶榜样。第三，流动人口犯罪和移民犯罪增加。移民犯罪的增加主要是发达国家存在的现象。移民的身份的特殊性使他们具备了一些容易导致犯罪的主客观因素。首先，移民的工作容易受到经济波动的影响，这容易导致他们的不满而产生犯罪；其次，移民的生活条件较差，大多数家庭又难以团圆，这些也更容易导致犯罪；再次，移民自身携带的文化必然与当地的文化有所冲突，这种冲突也容易导致犯罪；最后，移民犯罪主体构成大多为青壮年，这样的年龄群体也是天然产生高犯罪的群体。流动人口犯罪在发展中国家的城市化和工业化进程中是较为突出的犯罪现象。因为在发展中国家的现代化过程中，农村人口大量向城市集中，这些人背井离乡、社会地位较低、各种权益难以得到保障、生活环境较差以及难以融入城市的生活，这些因素都会导致犯罪数量的增加。

（四）对犯罪地域的影响

工业化和城市化对犯罪地域的影响主要如下：首先，城市成了工业化和城市化时期犯罪的重灾区。无论从发达国家来看，还是从发展中国家来看，现代化开始后城市都是犯罪的重灾区。如美国中心城市的犯罪率通常远远高于其周边地区。2005 年人口超过 25 万的城市的暴力犯罪几乎是城郊郡县的 3 倍，是乡村地区的 4 倍。[1]其次，犯罪区域相对集中，贫困区、中心区、过渡区和流动区成为城市里犯罪和滋生犯罪的重灾区。贫困区里的物质生活极为恶劣，管理混乱；中心区对罪犯具有很大的吸引力，因为那里犯罪机会较多，非正式社会监督机制薄弱；过渡区建筑物破败，居民流动性高；流动区人员庞杂，流动性大，管理困难。这些因素都会导致这些地区的犯罪率升高。

三、现代化与犯罪的关系内在机理探析

毋庸置疑，现代化与犯罪是存在联系的，现代化对犯罪的

〔1〕 吴鹏森："改革开放以来的中国城市化与犯罪变化——基于一种比较的视角"，载《江苏行政学院学报》2012 年第 6 期。

影响也是巨大的，但是目前关于现代化对犯罪产生影响的内在机理的研究还相对缺乏，尤其在我国更多的是理论上较为简单地进行论述，并未进行深入的分析。从现代化与犯罪的作用机制看，一般认为现代化会从以下三个方面对犯罪产生影响。[1]第一，现代化会引发多种社会矛盾和冲突。现代化的推进是一个社会全面变革的过程，在这个过程中，必然会引起社会生活各个方面发生结构性变化，这种变化又必然会导致个人与个人之间、个人与社会之间的矛盾和冲突增多。第二，导致异质性因素侵入。现代化的过程尤其是发展中国家的现代化，必然会带来异质性因素的侵入。异质性因素的侵入会造成传统文化与现代文化的激烈冲突，从而出现价值观紊乱的局面，最终造成越轨行为的产生。第三，造成控制机制的弱化。改革开放之后，我国处于社会转型期，旧的体制尚未完全破除，新体制尚未完全建立，新旧体制的转轨交替会使外在控制弱化。综上所述，我们可以看到，目前为止，对我国现代化过程与犯罪关系的探讨还是较为模糊和笼统的，并没有构建出较为清晰的内在影响机制，甚至没有找出较为具体的相关影响因素。这是今后我们需要着重探讨研究的一个方向，同时也是本书想要尝试探讨的问题。

基于上述分析，本书对现代化与犯罪的关系做如下理论假设：

第一，以城市化和工业化为具体表现的现代化，对犯罪现象的变化具有重要的影响。无论从发达国家还是从发展中国家的现代化过程来看，这一点是不言而喻的。

第二，现代化对犯罪现象最为突出的影响是，现代化进程能够大量增加犯罪的诱发因素。这体现在几个方面：首先，现

---

〔1〕 参见李锡海：《现代化与犯罪研究》，中国人民公安大学出版社 2009 年版，第 23~26 页。

代化造成的经济结构的变革会增加犯罪的诱发因素。无论是经济结构变化带来的失业还是市场经济观念的强化，这些都会在一定程度上增加犯罪诱因。其次，现代化中的工业化和城市化会增加犯罪的诱发因素。最后，现代化进程中的文化变革会导致犯罪诱发因素的增多。

第三，上述现代化进程对犯罪现象的影响是在一定因素的作用下形成的，也就是说现代化需要通过一定的中介或者影响因素才能够造成犯罪诱因的增多。从目前的研究来看，这些影响因素大致有以下几种：首先，现代化过程中，产业结构、职业结构以及社会分工的专业化，可能会造成大量的失业。失业造成的贫困会诱发犯罪行为的产生。其次，现代化带来的社会变迁会打破原来的社会规范和行为方式，从而给社会个体在心理上带来失范和紧张的压力，在这种压力下，一些人会无所适从，对自己的行为来不及做理性的思考和适时调整，产生犯罪的可能性就会大大增加。再次，现代化可能会带来强大的贫富差距。贫富差距的强烈对比会使那些贫困者为了自身的利益铤而走险，实施犯罪行为。另外，现代化进程中的文化冲突会导致犯罪诱因的增多。现代化过程必然伴随着激烈的文化冲突，这种冲突会体现在文化引导、文化需求以及文化规范作用等方面。最后，现代化进程特别是工业化和城市化，会改变农业社会下的家庭结构和人际联结，邻里关系冷漠、彼此缺乏了解、互不干涉、互不关心等状况增多，致使人们对不良现象宽容姑息，导致犯罪隐患的产生。

第四，上述导致犯罪诱因增多的因素，有些是现代化过程中必然产生的，有些是人为造成的，也就是说这些因素是可以在现代化过程中通过政府和社会的共同努力加以缓解和避免的。

通过上述分析我们可以看到，现代化进程特别是工业化、城市化与经济的发展一样，它们对犯罪现象产生影响都需要一些中介因素的参与，这些因素相互影响、相互作用，才会最终导致犯罪现象发生变化。

第三节 文化与犯罪问题

文化一直是犯罪学研究的重要主题之一。无论是探究犯罪的一般类型和特征，犯罪发生过程、机制和规律，还是研究如何惩治与预防犯罪，我们无一例外地都将遇到“文化”这个重要变量。[1]我们一般认为，文化主导着人们的价值观念，同时又规范着人们的行为。犯罪作为社会的一种越轨行为，与整个社会的文化环境是密不可分的。因此，了解文化，通过文化的角度去分析犯罪现象的变化规律，能够更深入、更透彻地研究分析犯罪问题。

一、文化的概念与功能

文化本身是一个较为复杂的概念。关于文化的概念有非常多的表述，有学者做过统计，目前关于文化的定义有 300 多个。有学者将这 300 多个定义归为六类：第一，侧重描述的定义；第二，侧重历史传统和社会继承的定义；第三，侧重规范性的定义；第四，从心理学角度下的定义；第五，从结构的角度下的定义；第六，从遗传的角度确定的定义。[2]因此，要想给文化界定出一个统一的定义是较为困难的，但是，纵观这些定义，

---

〔1〕 参见章友德：《犯罪社会学理论与转型期的犯罪问题研究》，广西师范大学出版社 2008 年版，第 216 页。

〔2〕 参见胡文仲：《超越文化的屏障》，外语教学与研究出版社 2002 年版，第 53～55 页。

可以将文化的内涵概括如下：第一，文化是人们通过长时间的努力所创造出来的，是社会遗产；第二，文化既包括信念、价值观念、习俗、知识等，也包括实物和器具；第三，文化是人们行动的指南，为人们提供解决问题的答案；第四，文化并非生而知之，是后天所学会的；第五，价值观念是文化的核心，可以根据不同的价值观念区分不同的文化。[1]

文化与人们的生活是息息相关的，对个人、团体和社会等都起着较大的作用。综合而言，文化对个人起着塑造个人人格、实现社会化的作用；对团体起着目标、规范、意见和行为整合的作用；对于整个社会，文化起着社会整合和社会导向的作用。具体而言，文化在宏观层面上具备着以下功能和作用：首先，文化具有价值整合的作用。只有价值一致，才有结构与行为的协调，才会有共同的社会生活。任何社会中的人们在价值观上都会有差异，但经由统一文化的熏陶，必然在社会生活的基本方面形成大体一致的观念。例如，被一个社会文化肯定的事物与行为，必定是社会绝大多数成员所追求的；被社会文化否定的事物与行为，则是为大多数人所鄙弃的。其次，规范整合的作用。规范因价值需要而产生，因文化的整合而系统化和协调一致。整合功能使规范内化为个人的行为准则，进而将社会成员的行为纳入一定的轨道和模式，以维持一定的社会秩序。最后，结构整合的功能。社会是一个多元结构的系统。社会的异质性愈强，分化的程度就愈高；多元结构愈复杂，功能整合的作用愈重要。一个复杂的多元社会，是由众多互相分离而又互相联结的部分和单位组成的，每一个部分和单位都具有自己的功能，但这种功能的发挥，必须和其他部分的功能联结起来才

〔1〕参见李泓：《改革开放以来中国文化变迁研究》，中国社会科学出版社2013年版，第6页。

能实现，才能对整个社会的运行发挥作用，即所谓功能互补。由于统一文化的作用，社会结构成为一个协调的功能体系。

另外，我们还需要注意到文化不但具有正向的功能，也会有负向的功能。默顿认为，社会并非总是处于整合状态，非整合状态也时常存在。个人或群体并不总是顺从社会规范，违反规范的情形也是时常发生的。这种非整合状态和违规行为并不是偶然的，而是文化功能的一种表现。正向功能保持社会体系的均衡，负向功能破坏这种均衡。文化的负功能是在两种情形下发生的：一是文化滞后，二是负文化。在文化变迁过程中，各部分变化的速度并不相同。在通常情况下，非物质文化要落后于物质文化的发展，这就造成了文化滞后现象。当这种情形出现时，文化的滞后部分对于整体所发挥的功能是非整合的负向功能。思想意识、社会制度等常常成为滞后部分。此外，在文化总体中存在着许多亚文化，有些亚文化是负文化，如犯罪团伙等。这些负文化所发挥的功能，对于整个文化来说，也是反方向的、非整合的。

二、我国改革开放后的文化变迁

文化变迁是一切文化的永存现象，文化的均衡是相对的，文化的变化发展是绝对的。文化变迁是指由于民族社会内部的发展或由于不同民族之间的接触，而引起一个民族文化的改变。一般而言，文化变迁包括文化的变化和文化的迁移这两个方面的因素。文化的变化是指某种文化内部的构成因素和结构的变化；文化的迁移是指文化中心区的变动、转移和各种文化要素的传播、引进。促进文化变迁的原因大致包括：一是内部的原因，由社会内部的变化引起；二是外部的原因，由自然环境的变化及社会文化环境的改变等引起。

改革开放后，我国进入了社会转型期。社会转型是一个经济、政治、文化等各个领域的全面转型，在这样的背景下，我国也在经历着巨大的文化变迁。[1]首先，社会文化思潮此消彼长。随着改革开放的深入，我国的文化发展呈现出空前的多样性，各种社会文化思潮相互激荡和碰撞。这些思潮涉及多个领域，例如，经济私有化思潮、新自由主义思潮、保守主义思潮、历史虚无主义思潮、民主社会主义思潮、拜金主义思潮、利己主义思潮等。各种社会文化思潮，有历史的和现实的，有外来的和本土的，有进步的和落后的，有积极的和颓废的。各种文化思潮之间有吸纳又有排斥，有融合又有斗争，有渗透又有抵御，呈现出前所未有的相互交织、相互影响之势。其次，当代中国文化的格局正在向"主导-多元"格局渐进式转变。随着改革开放的深入和社会主义市场经济的发展，中国文化形成了"主导-多元"的发展态势。在这一格局中，既有正面引导的、积极提倡的、处于中心地位的、属于主旋律的文化，又有多元化、多样化的文化成分。从文化形态来看，这些文化不仅存在中国传统文化、西方文化、社会主义文化之分，高雅文化、大众文化、民间文化之别，而且还存在着民族文化、地区文化和社区文化、城镇文化、企业文化、校园文化之间的差异；从群众思想观念层面看，存在着先进与落后、科学与迷信的区别；从性质、功能和总体特征层面看，既有主流文化、精英文化，又有大众文化。

三、我国文化变迁中存在的问题

文化变迁是一个漫长而又复杂的过程，既不可能是一个清

---

〔1〕 参见李泓：《改革开放以来中国文化变迁研究》，中国社会科学出版社 2013 年版，第 217~226 页。

晰的线性更替，也不可能是简单的更新或融合。如前所述，文化变迁本身就是一个相对永存的现象，但是，它会随着社会变迁的改变而改变，如果社会变迁的速度较快，那么文化变迁的过程也会加剧。在我国改革开放以来社会急速变迁的大环境下，文化变迁也处于激烈的过程中。在这一过程中，文化不断地生成、动荡、变革，必然会出现很多的矛盾和冲突，这些矛盾和冲突又会对社会产生较多的负面影响。

（一）市场经济对传统文化的冲击巨大

随着我国改革开放的发展，市场经济对传统文化的冲击是空前巨大的。我国传统主流的儒家文化，是以自然经济为基础，以家庭或家族为基本的生产单位，传统道德伦理文化的有效运行要依靠个体对家庭乃至家族的心理认同和经济依赖。然而，随着市场化和城市化的发展，以儒家文化为代表的传统文化难以适应这个“物化”的时代，因为儒家文化以精神文化见长，却在物质文化上不及西方文化。在这种情况下，文化类型开始向具有市场特性的大众文化转变。一方面，市场要依赖文化宣传刺激消费，甚至制造文化产品进行兜售。另一方面，不再作为政治意识形态的文化缺乏资金支持，它必须依靠市场来扩大自己的社会影响力和价值存在感。这本质上是一种对传统文化的瓦解，而且这种瓦解是非常剧烈的，不仅仅是物质文化上的瓦解，还包括价值观念、生活方式、伦理风俗等方面的瓦解。最终，在市场经济的个人主义、功利主义、效益意识等观念的冲击和外来多元异类文化的渗透下，传统文化正在遭遇断层，变得信心不足。

（二）精神文化变迁滞后

改革开放以来，在我国的文化变迁中，存在明显的精神文化变迁滞后的问题。文化可以分为物质文化、制度文化和精神文化。根据文化变迁理论，那些具有实用性功能的物质性文化最容易发生变迁，因为它们处在文化体系的边缘层次，最容易随着经济等外部环境的发展而变化。但是这种影响并不足以使精神文化也发生与之相匹配的变化。这个时候，就会出现精神文化的变迁和变革落后于物质文化的变迁和变革。这种精神文化变迁的滞后，造成人们价值选择上的困难，精神寄托上的无助，行为上的无所适从，就会引发一系列的社会矛盾和问题。[1]

（三）物质文化泛滥

如前所述，在经济发展的强大冲击下，物质文化发生了较大的变迁，呈现出繁荣的态势，而另一方面，精神文化则发展滞后，这就导致物质文化在一定时期内占据着文化的主流地位。市场经济发展过程中，来自西方的实用主义伦理学导致我们在一定程度上忽略了人的社会性存在和人的全面发展，将社会的发展以单纯的经济增长作为检验的标准，形成了片面的发展观。这在一定程度上又更加促进了物质文化的发展，最终导致物质主义、消费主义、实用主义思想的盛行，使整个社会出现物质化的倾向。人们不择手段地热切追求物质生活，引发了中国传统人文精神的危机。社会的物质化往往导致人们精神世界的枯竭，信仰往往由此而失去其存在的空间。物质主义不断膨胀并逐渐演变成一些人信奉的价值观，而缺乏信仰规约的物质主义很容易成为社会不稳定的精神根源。

四、文化变迁中的问题导致的负面后果

精神文化变迁的滞后以及物质文化的泛滥，给社会的发展带

〔1〕皮坤乾：“我国精神文化变迁滞后引发的矛盾及其化解”，载《创新》2008年第3期。

来了很多的负面后果。[1]第一，思想文化领域内的“三信”危机。“三信”危机即指对共产主义的信仰危机、对社会主义的信心危机和对共产党执政的信任危机。在剧烈的社会变革中，一些人由于受长期以来根深蒂固的“左”的思想的影响，仍僵化教条地理解和执行马克思主义的个别论断、个别观点，仍从传统模式社会主义出发来对照现实，这使得他们对我国社会的变革、对中国特色社会主义不能正确认识和对待，认为“社会主义没有前途”，或者认为现在搞的是“中国特色资本主义”，现代化就是要“全盘西化”，从而动摇了对共产主义的信仰、对社会主义的信心和对共产党执政的信任。第二，传统文化的根基被动摇，面临“断裂”的危险。由于我们曾一度对民族传统文化采取历史虚无主义态度，尤其是新中国成立后极“左”年代将中国传统文化一概斥为“封建糟粕”，不分青红皂白地刨根式摧毁，加之改革开放后西方文化的猛烈冲击，中华民族传统文化差不多茎断根毁，人们几乎丧失了自己民族传统文化的根脉。第三，一些人行为失范。思想是行动的先导，我国精神文化变迁滞后引发的思想错乱、信仰缺失、文化失落，必然导致人们行为的错乱。在市场经济负面效应的推波助澜下，失范的行为如同打开了盖子的“潘多拉盒子”，纷纷冒了出来：物质主义、商品拜物教、货币拜物教泛滥横行，物欲、财富欲疯狂膨胀，恶性竞争随处可见，人们的经济、社会乃至政治行为失礼、失序、失衡，社会公平、正义趋于失陷，仿佛是我国古代社会“礼崩乐坏”状况的现代重演。

从上述分析我们可以看到，实质上文化变迁对犯罪的影响是作为一种中介因素来实现的。这是因为文化变迁不是自发的，

---

〔1〕 皮坤乾：“我国精神文化变迁滞后引发的矛盾及其化解”，载《创新》2008年第3期。

而是由社会内部的变化或者自然环境的变化以及社会文化环境的变化引起的。而且，如前所述，文化滞后和存在冲突的亚文化会导致文化显现出负功能。在出现负功能的情况下，社会体系的均衡被打破，越轨行为会增多。基于此，我们可以知道，我国改革开放以来的经济发展和现代化进程中，出现了文化发展滞后和大量的亚文化，最终造成了文化的规范功能被削弱。在这里，文化变迁本质上是作为经济发展、现代化与犯罪之间的中介因素在起作用。

第四节　改革开放以来我国犯罪问题的宏观理论模型

改革开放后，我国用几十年的时间完成了其他国家几百年的发展历程，社会由此进入一个快速的大变革时期。在这一时期中，我国的经济、政治、文化、教育等宏观社会因素的变化是这一社会大变革的主要衡量指标和表现方面。相对于个人因素而言，在社会大变革的环境中，个人的行为受这些宏观因素的影响程度要远远大于受其个体因素的影响。基于此，本书的研究主要按照如下基本思路展开：第一，改革开放后，我国犯罪问题的加剧，是社会变革和社会转型所带来的一种正常的负面效应，这样的结果在其他国家是具有先例的。第二，改革开放以来，我国犯罪问题的加剧是有规律可循的，具有一定的特点和发展变化规律，并且具有其内在的发生机制。换言之，影响改革开放后我国犯罪问题产生变化的各个宏观因素自身的作用方式和作用大小是不同的；同时，这些宏观影响因素之间也存在一定的相互作用关系，从而形成一种有规律的影响机制。第三，正确认识改革开放以来我国犯罪问题发展变化的内在规律和宏观机制，有利于我们在今后的发展过程中扬长避短，避免付出更大的代价，促使我国又快又好地发展。在接下来的篇幅里，将按照上述前提进行更为深入的分析。

一、理论模型的建立

理论的衍生与整合分进合击是未来犯罪学理论构建的两个重要方面。其中，理论衍生是指将一个宏大抽象理论中的某些命题，根据逻辑推衍出各种复杂的、更特殊的新理论，例如前述社会解组理论、失范理论和社会控制理论等，都可以追溯到迪尔凯姆的思想；理论整合是指依据各个理论之间的关系，将多个理论并放在同一模型中进行测试，或者将它们相互连接，把一个理论的因变量作为另一个理论的自变量，综合为一个新的统计模型，不论哪一种方法，被整合后的大理论能够增加理论解释现象的能力。〔1〕在当今的犯罪学研究中，除了针对个别犯罪学理论进行验证，理论整合已经成为另一个盛行的趋势。国内外都出现了较多的理论整合的研究案例，例如，有研究结果表明，紧张理论、差别接触理论和犯罪引诱理论能够相辅相成地共同解释商店偷窃行为；有学者将紧张理论、社会控制理论以及差别接触理论/社会学习理论结合在一起很好地解释了青少年犯罪问题。

基于上述介绍，在这一节中将按照理论整合的研究方法，采取垂直整合的方式整合社会解组理论、失范理论、社会控制理论和文化、亚文化理论，提出理论模型解释我国改革开放后犯罪问题加剧这一现象。这一分析模型认为，从宏观层面上看，改革开放后我国经济的快速发展和现代化的进程是整个社会变

〔1〕 参见曹立群、周愫娴：《犯罪学理论与实证》，群众出版社2007年版，第242~243页。

革的开始，同时这两个因素无疑也会是影响犯罪现象发生变化的最为根本的宏观因素。但是，需要明确的是，经济的发展和现代化的进程并不会必然导致犯罪率的上升或下降，而是必须通过其他中介因素或者调节因素对犯罪问题恶化或缓和产生影响。本书认为这些因素包括正式的社会控制因素和非正式社会控制因素两种。具体来说，正式的社会控制因素包括政治、法律等因素。其中政治因素主要是指国家对一些可能会引发社会动荡的因素的宏观调控，这是一种广义上的社会控制，例如对收入差距、失业率等问题进行的控制；法律因素主要指国家强制力对失范行为的预防、控制能力和实际控制效果。非正式社会控制因素主要包括文化、教育和家庭等因素。文化能为每个个体确立正确的文化目标，而教育和家庭因素能够缓解社会快速发展所带来的失范压力，这些因素都能对人们的行为产生一定的约束效果。具体的分析模型如图 3 所示。

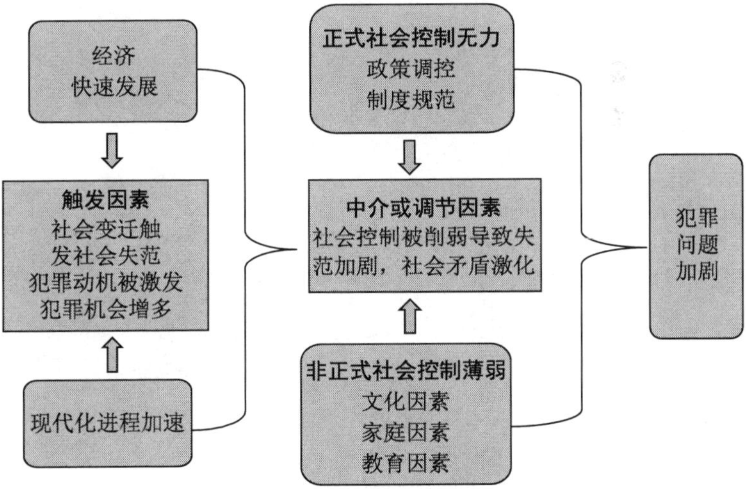

图 3 改革开放后我国犯罪问题加剧的宏观理论模型

基于这一理论分析模型，可以对我国改革开放以来犯罪问题的加剧简要解释如下：首先，经济的快速发展和现代化进程的加速导致我国进入了快速的社会转型期，在转型期中，国家的政治结构、经济结构、社会结构、社会文化、社会价值观等急速变革，这在宏观层面上触发了社会的失范，在个人层面上引起了个体的紧张。这种失范和紧张一方面会触发部分人实施犯罪行为的动机，另一方面又会增加犯罪的机会，形成犯罪高发的大环境。其次，在社会大变革的背景下，整个社会并没有在整体层面统一协调地全面发展，而是出现了不平衡的片面发展，这种片面发展削弱了我国的社会控制能力。社会控制能力的削弱进一步加剧了上述失范压力、激化了社会矛盾，最终导致一些个人采取不择手段的方式来追求物质的成功。上述两个方面，一个是犯罪问题加剧的触发因素，一个是犯罪问题加剧的中介控制因素，两类因素相互作用、相互影响，最终导致了改革开放后我国犯罪问题的加剧。

二、理论模型的阐释

（一）经济快速发展的影响

改革开放之后，长期的积贫积弱，使我们对经济的发展充满了极大的渴望，经济的发展自然成为压倒一切的首要问题。在整个社会的共同努力下，我国的经济发展确实取得了极大的进步，但是，在举国上下发展经济的同时，其他方面的发展却未受到足够的重视。在这样的环境下，我们逐渐形成了一种片面的发展观，就是将单纯的经济增长作为社会发展的核心指标，以物质的发展作为判断改革成败的标准。这种片面的发展观造成了整个社会的不平衡发展，整个国家的发展片面地依赖经济的增长，经济的标准主导了一切。这种改变促进了物质主义、消费主义、实用主义思想的泛滥，宏观层面上给整个社会带来了失范的压力，微观层面上给个人造成了紧张的压力，而这种失范和紧张会激发部分社会成员实施犯罪行为的动机。

1. 不平衡的发展。新中国成立之后，我国面对的是积贫积弱的社会状况，长期以来的落后、贫困使我们对经济的强大产生了史无前例的渴望。为了快速增强经济实力和综合国力，我国自 1978 年开始进行了改革开放，以此为起点，我国确立了以经济建设为绝对中心的发展方向，走上了全力以赴发展经济的道路。经济体制由计划经济体制向市场经济体制全面转型；逐步进行了医疗市场化、城镇住房商品化、教育产业化等改革；[1] 承认了非公有制经济在社会主义市场经济体制中的地位，扩大了私有财产的保护范围，完善了私有财产保护制度。经过 30 多年的不断努力，我国经济取得了飞速的发展，经济的急速发展为我国带来了极大的物质进步，至 2010 年，GDP 总量已跃居全球第二。

在经济建设不断推进的同时，整个社会逐渐出现极端情况，人们开始对经济增长产生极端的依赖，背离了初衷，部分人将经济的发展等同于社会整体的发展，将经济的发展视为一切。这本质上是一种片面的发展观，就是将经济的增长等同于经济的发展，等同于社会的发展。经济的标准泛化到了所有领域，在实际操作中使用经济标准来衡量一切，经济增长成为衡量社会进步的唯一硬指标，整个社会一直在片面追求经济发展中行进。经济万能论成为整个社会的潜在导向，认为经济的增长是至高无上的，将经济发展视为万能。其中，最为典型的表现就

---

〔1〕 1992 年，卫生部根据国务院意见开始进行医疗市场化改革。1994 年开始开启了城镇住房商品化的大门，开始全面推进住房市场化改革的确立，并于 1998 年废除了住房实物分配制度，从而确立了商品房的市场主体地位。

是 GDP 崇拜现象的存在。在片面发展观的影响下，人们对 GDP 的崇拜有过之而无不及，直接将社会的发展等同于 GDP 的增长，堪称迷信。GDP 也成了社会发展、国力提升、提拔干部和工作能力考核的核心指标。

2. 不平衡发展的双刃剑。对经济快速发展的追求，虽然迅速提升了我国的经济实力，但是也导致了对经济增长的极端依赖和片面追求，经济的标准主导了一切，这也触发了宏观层面上的失范和微观层面上个人的紧张。发展观中出现的失误和偏差将人们的价值判断带入误区，给整个社会信仰体系带来诸多不稳定因素。这种只注重物质富足的不平衡发展导致人们的精神世界出现枯竭，传统的信仰和价值失去存在的空间。物质主义不断泛滥并逐渐成为一些人信奉的价值观，而信仰规范的缺乏，必然最终导致社会失范的触发。宏观层面上，各级政府、各种社会组织、企事业单位，甚至是一些非营利性组织，都以单位经济利益的最大化为主要目标，并且不惜一切代价地去追求利润和利益的最大化。一个企业或者组织所肩负的社会责任也不再是它们考虑的重点，企业对社会贡献大小的衡量也完全取决于它们每年上缴税收的多少，企业的价值也完全体现在它们的利润所得上。在这种情况下，行业准则和职业道德甚至是法律法规在经济利益面前显得苍白无力。微观层面上，个人在这种大环境下，原来安贫乐道、安居乐业的价值追求变得不合时宜，每个个人在手足无措的同时体验着巨大的紧张压力。最终，物质主义的观念不断被强化，如何融入整个社会的大趋势，如何去追求物质的富足和财富的积累，逐渐成为人们的最大目标。

3. 对犯罪问题的影响。从上述分析可以看到，在不平衡发展的情况下，经济的标准主导社会的各个领域，这一方面激发了人们实施越轨行为的动机，另一方面又削弱了对行为合法性的重视程度。首先，经济标准的主导使最大限度地追求物质和财富成为衡量成功的唯一标准，社会中的每个人都在面临着这一压力。但是，事实上，在任何社会，并非所有的人都能够通过合法途径实现这一目标，在这种情况下，获取物质和财富就有可能成为一部分人实施犯罪行为或者越轨行为的动机。其次，事实上，在改革开放后的大环境下，我们国家在社会发展的价值取向层面，一方面更多注重的是效率问题，而并非合法和公平性问题；另一方面更加注重效果，而相对弱化了对手段的限制。这一因素的存在又致使社会大众在追求物质和财富积累的时候并不会太注重手段是否合乎道德、合乎法律，这实质上就是一种社会失范现象。

（二）现代化进程的影响

如果说经济的快速发展对整个社会的价值取向产生了一定的冲击，那么现代化对整个社会的冲击则是多层次和多角度的。按照前述美国犯罪学家露易丝·谢利的表述，接下来也将分别从工业化和城市化两个主要的方面，来探讨现代化进程对整个社会的影响。

1. 工业化的发展。

（1）我国的工业化过程和现状。新中国成立以后，中国的工业化进程可以分为两个大的阶段：第一个阶段是传统计划经济体制下工业化道路时期，该阶段奠定了我国的工业基础，形成了比较全面的工业体系；第二个阶段是改革开放以后的中国特色的工业化道路时期，该阶段实现了中国基本经济国情从农业大国向工业大国的转变。其中，传统的社会主义工业化模式主要是学习苏联的赶超型经济发展战略。在当时的背景下，新中国刚刚成立，受到西方发达国家的敌视和封锁，而苏联的发展又为我国树立了榜样，这使得这种道路选择具有合理性和必然性。但是，缺乏重工业与其他产业的协同发展机制，导致了“重工业重，轻工业轻”的结构性缺陷，轻工业及其他产业严重落后，表现出“高积累、低消费、低效率”的特征，消费品严重短缺，消费需求受到严格抑制。改革开放以来，中国进入了建设中国特色社会主义工业化道路时期，其工业化道路的基本特征可以概括为：第一，以市场化改革和对外开放、较低的人均国民收入为基本国民经济背景；第二，以改善国民经济结构、促进经济发展和人民富裕为目标；第三，以农业和轻重工业均衡发展、多种经济成分共同发展、积极利用外资和国内外两个市场、梯度发展的区域经济政策为四项基本的工业化战略。中国特色的社会主义工业化道路取得了巨大的成功，连续20余年的经济高速发展使中国经济总量、人均国民收入得到了巨大的提高，产业结构也得到了极大的提升，中国成为一个工业生产大国。根据中国社会科学院工业经济研究所发布的《中国工业发展报告（2014）》，中国已经步入工业化后期的阶段。

（2）我国中国工业化进程的特征分析。我国的工业化进程具有如下特征：[1]第一，中国的工业化是一个具有十几亿人口大国的工业化，中国的人口超过了所有工业化国家和地区人口的总和。从工业化史看，经过二百多年的发展，世界上也只有约10亿人实现了工业化，而中国的工业化则是一个具有13亿人口大国的工业化，因此，中国的工业化进程对整个人类的工业化进程具有“颠覆性”的作用，中国是否实现了工业化，不仅仅事关一个国家能否繁荣富强，还决定着整个人类的现代化进程，中国的工业化进程将改写人类历史。第二，中国的工业化是一个长期、快速推进的工业化，世界上还很少有国家能够长

〔1〕 黄群慧：“中国的工业化进程：阶段、特征与前景”，载《经济与管理》2013年第7期。

期保持如此高的工业化速度。国际经验表明，在长期的工业化进程中，会出现相当长的一段时间的经济高速增长，这段时间一般持续20多年。而中国1978年到2010年平均经济增长率高达9.89%，连续30多年经济平均增速接近两位数。1995年，中国工业化水平综合指数仅为12，表明中国处于工业化初期的前半阶段；经过“九五”时期，到2000年中国工业化水平综合指数提高到18，表明中国进入工业化初期的后半阶段；经过“十五”时期，到2005年，工业化水平综合指数提高到41，中国工业化水平处于工业化中期的前半阶段；经过“十一五”时期，到2010年，中国的工业化水平综合指数为66，表明中国工业化水平处于即将走完工业化中期的后半阶段。经过“十五”“十一五”短短的十年，中国就快速地走完了工业化中期阶段。第三，中国的工业化是一个低成本的出口导向的工业化，几乎在世界的每个角落都能够找到价廉物美的中国制造产品。出口导向和进口替代是后发国家实现工业化过程中常采用的两种发展战略，各有不同的优缺点。由于进口替代发展战略在我国实施中产生了许多弊端，以及日本和亚洲“四小龙”运用出口导向发展战略获得成功的示范作用，我国逐渐地从进口替代转向了出口导向发展战略。长期以来，我国的劳动力成本一直比较低，我国环境污染是低付费的，我国依靠引进为主的技术进步也是低成本的，我们人民币币值是低估的，这构成了我国低成本比较优势，成为企业竞争力的主要源泉，也是我国可以实施出口替代战略的基础。但是，低成本出口导向战略在我国的实施，也产生了许多不可轻视的负面效应，例如对国内资源破坏严重，压制了劳动者福利水平的提高等等。第四，中国的工业化是一个区域发展极不平衡的工业化，中国各地区工业化进程差异之大在工业化史上实属罕见。由于梯度发展战略，以及各个区域资源禀赋、工业发展基础差异等原因，中国的工业化进程在不同地区发展极不平衡，形成了东部、中部和西部逐步降低的梯度差距。在一个时间点上，中国会有分别处于工业化初期、工业化中期、工业化后期和后工业化阶段的不同省级区域共同存在。一般一个国家和地区实现工业化的过程会达到百年，这意味着一个国家内部省级区域经济发展水平最大会相差百年。虽然随着中国工业化进程的快速推进，中国处于工业化较高阶段的地区数量不断增加，但这种区域发展极不平衡的格局并没有根本改变。一个国家的各个区域工业化水平差距巨大并保持多年，这在工业化史上实属罕见。

2. 我国城市化发展。

（1）城市化发展过程。我国的城市化进程在改革开放后获得了快速的发展，城市化率从改革开放之初的 17.9%发展到 2014 年的 54.77%，年均增长超过 1%。当前我国的城市化率已经高于世界的平均水平 49%，城市化率超过 50%意味着我国已经由一个农业大国转变为一个工业大国。但是实际情况并非如此，54.77%这个数字只是现行城市化统计口径下的一个城市化率，如果统计口径发生改变，那么这个数字也将发生变化。有的学者甚至认为，我国的真实城市化率只有 35%左右，远低于世界的平均水平。就算按当前口径计算的城市化率，我国的城市化发展水平距离世界先进国家 80%左右的城市化率还有相当长的路要走。而且我国的城市化在经历了 30 多年的高速发展后已经暴露出一些比较严重的问题，比如，半城市化问题、城市化与工业化的协调发展问题、土地城市化问题以及大城市与小城镇的协调发展问题等。

（2）城市化发展的特点。改革开放后我国的城市化发展进程具有如下特点：[1]第一，城市化地区差异显著。由于我国东中西地区经济发展水平差距较大，城市化水平在三大地区也呈现出显著差异。东部地区城市化水平最高，三个直辖市北京、天津和上海的城市化水平与西方发达国家水平相近，达到80%的水平，而其他省份也在60%左右，超过全国平均水平。中部地区省份城市化率在50%~60%之间，同全国平均水平相当。而西部地区由于其地理环境和经济发展水平等因素的制约，城市化率较低，而且各个省份之间的差异也很大。第二，城市化发展以大中城市为主。进入新世纪以来，我国的城市化已由20世纪的加快发展小城镇为主转变为优先发展大中城市，尤其是特大型城市的发展。利用特大城市的发展带动周边地区经济的发展是我国目前城市发展的一个重要特点。从2000年到2013年这14年间，我国地级以上城市数量增加了28个，其中100万人口以上的城市数量增加了43个，而100万人口以下的城市数量却比初期减少了15个，这一现象的出现是由这一时期中小城市合并和国家优先发展大中城市的政策方针导致的。第三，统计口径问题导致城市化率偏高，半城市化现象普遍。目前普遍采用的城市化统计口径是城市人口占总人口的比重，其中的城市人口还包括在城市居住6个月以上的人口。此外，撤县建市也导致了大量农村人口被市民化，这都造成了我国城市化率虚高。而事实上，虽然大量人口进入城市，但并不能真正享受到城市居民的待遇。这种半城市化现象的普遍存在严重制约着我国城市化的健康发展。第四，城市化发展速度过快，工业化速度滞后于城市化的发展。从新中国成立至今，我国的城市化发展在大部分时间里都是城市化发展滞后于工业化发展。针对这个问

---

〔1〕 甘琲、陈文贤、李敬轩："我国城市化发展现状及其问题分析"，载《绥化学院学报》2016年第2期。

题，至今争论还是很大。有些学者认为，城市化水平滞后于工业化水平；有些学者则持相反的看法，认为我国城市化水平快于工业化进程；还有些学者认为，我国经济发展与城市化水平基本保持协调一致，但是东部地区有城市化超前的现象，而西部地区城市化进程相对滞后。其产生的原因在于学者们考察的变量不同，所以得出的结论也不相同。尤其是近年来，有大量的学者认为城市化发展过快，其发展速度超过了工业化发展速度。第五，超、特大型城市分布不均，大城市病出现。改革开放以来，在我国的城市化进程中，超、特大城市呈现出明显的不均匀分布现象。制造业对东部地区经济的高速发展功不可没，在制造业吸引了大批劳动力的同时，负外部效应也越来越明显。这导致了像北京、上海、广州和深圳这样的超大城市聚集了大量的人口，出现了交通拥堵、用水紧张、环境污染严重等大城市病，严重地影响了人们的生活质量。人口的城市化对这些地区也是一个相当大的挑战，与人口数量相适应的公共服务势必会给地方政府带来很大的负担，甚至会抵消一部分经济发展成果。

3. 现代化的负面结果。现代化是动态的，在现代化过程中，不同的国家有不同的表现，不同的国家有不同的结局。[1]但是，我国的现代化进程由于发展迅速，加速了社会的转型和变革，这种快速的转型和变革必然会引起社会的动荡，增加社会的不稳定因素。同时，上述我国现代化进程中的不平衡的发展，也会导致一些不稳定因素出现。这些因素结合在一起，为我国的社会发展带来了一些负面的结果。

（1）触发社会失范。首先，现代化进程的加速也在一定程度上触发了社会失范。社会是一个由各种相互联系、相互作用

〔1〕 参见董英豪、陈玉荣：《现代化历程的关键跨越：贫富差距与犯罪率的实证研究》，中国水利水电出版社 2013 年版，第 26 页。

的要素组成的有机复合体，一般情况下，这些要素之间按照其自身的作用和地位和谐互动，保证社会的平稳运行。但是，社会变迁，尤其是我国这种急速的社会变迁，会打破各种要素之间原来的平衡，打破社会原有的内在联结和保持稳定的运行机制。而在这一阶段中，新的因素、新的规则常常并未形成。社会变迁意味着不稳定与新的因素不断产生，这会打破原来的社会结构，而与其相随的调节社会秩序的规范还没有得到规定、建立，因此，失序、失范必然导致社会规范对人们的约束力大大减少，其直接显示的结果就是大量社会问题的产生，而犯罪问题就是其中一个较为突出的问题。

（2）激起人们的无限欲望。现代化进程对社会其中一个重要的影响就是会极大地刺激并唤醒人们的无限贪欲。现代化伴随着经济的发展和工业化、城市化的过程，物质的极大富足和城市的发展，必然会刺激人们最原始的欲望无限膨胀，尤其在我国以片面注重经济增长为特征的不平衡发展形势下，物质主义的泛滥更是不断激发着每个人的各种欲望。欲望的被激发会在一定程度上引起社会的失范，因为人的欲望是无穷尽的，而且并不是所有的人都能够通过合乎社会规定的手段来满足自己的欲望。因此，这实质上是激发了部分社会成员实施犯罪行为的动机，在具备较强犯罪动机的情况下，如果对个人的约束又大大减弱，这些人就会通过越轨行为来满足自己的欲望，于是犯罪行为就大量发生了。而且，在绝大多数的情况下，这种引发犯罪动机的欲望并不是犯罪人的必要需求，而是来自于不断接触属于别人所有的大量物质财富后感到自己受到相对地被剥夺而产生的欲望需求。〔1〕

〔1〕参见［美］露易丝·谢利：《犯罪与现代化》，群众出版社 1986 年版，第 88 页。

（3）导致流动人口增多。现代化进程导致社会的流动人口增多。我国的现代化进程，特别是城市化进程和经济的发展，导致我国的流动人口大量增加。规模庞大的流动人口离开自己的家乡来寻求成功，但是由于我国存在户籍制度差异，还存在社会保障体系、用工制度不够完善等问题，这就导致流动人口享受不到应有的保障，同时很多的流动人口也并没有很多的机会去通过合法手段实现成功。在这种情况下，通过非法手段来实现自己的目标成为他们最直接也是最可能的方式。很多的实证研究证实了这一问题的存在。〔1〕流动人口犯罪问题在我国改革开放过程中一直相当突出。从犯罪数量看，流动人口犯罪的数量占整个刑事案件总数的比重及流动人口罪犯数占整个罪犯总数的比重都呈上升趋势，流动人口已经成为当前城市各类犯罪的主要群体，尤其是在交通较为便利，人口流动性较大，流动人口较多的地区，流动人口犯罪更为严重；从犯罪类型看，流动人口实施的犯罪中，以盗窃、抢劫、抢夺等侵财型犯罪居多；从主体分部上看，男性居多、中青年居多、农村户口居多，且整体文化水平偏低，多从事低收入行业或职业不固定、无业；从组织形式看，多呈现出团伙化特征，部分地区出现了地域性犯罪团伙；从空间分布看，流动人口多居住于城中村和城乡接合部。〔2〕

（4）社会阶层结构不合理。在我国的现代化过程中，还出现了社会阶层结构不合理的负面结果。不同时期的社会有不同的社会阶层结构，现代化时期就有相应的社会阶层结构，或者

〔1〕 参见章友德：《犯罪社会学理论与转型期的犯罪问题研究》，广西师范大学出版社 2008 年版，第 142 页。

〔2〕 屈佳：“流动人口犯罪研究述评”，载《中国刑警学院学报》2018 年第 1 期。

说，现代化国家需要现代化的社会阶层结构。阶层理论认为理想的现代化国家的社会结构应为两头尖、中间宽的橄榄型，而非金字塔或哑铃型。但是我国的社会阶层结构存在极为不合理的情况。首先，农业劳动者阶层规模过大，而农业劳动者阶层规模过大与中国现有的工业化水平严重不相称。同时，农业劳动者阶层的观念和文化素质不适应社会主义现代化发展的需要。其次，社会中间层规模过小不利于社会的稳定，使国家缺乏抵抗风险和持续发展的结构性条件。最后，贫富差距扩大。在我国当前的社会阶层结构下，贫富差距的情况是十分严重的，这会造成广大民众的不平衡心理，使穷人感到一种巨大的社会压力和被剥夺感，从而会加剧社会的不稳定。

（三）社会控制薄弱

综上所述，以经济为主导的社会的不平衡发展以及快速的现代化进程，触发了宏观层面上的社会失范，并且在个人层面上造成了紧张的压力。在这种情况下，人的欲望不断膨胀，物质主义占据了社会的主导层面，追求财富成为主流的成功目标，同时还出现了贫富差距扩大、流动人口增多、社会结构不合理等状况。但是，正如我们一开始提到的，经济的发展和现代化并不会必然导致犯罪率的上升，只能通过某些中介或者调节因素对犯罪问题起到正向或者负向的作用。以社会控制理论为基础，本研究提出的理论模型认为正式社会控制和非正式社会控制是调节和控制经济发展以及现代化所带来的负面影响的重要因素。但是，在社会快速转型时期，在我们只能以“摸着石头过河”的方式来进行社会主义建设的情况下，我国的社会控制能力和效果并不尽如人意，我们在一定程度上缺乏合法的、制度化的疏导和消解机制去化解社会失范的压力并妥善解决贫富差距等问题。我国改革开放以来，社会控制不断被削弱，这反而加剧了上述失范的状态，激化了社会矛盾和社会问题，从而使问题越积越严重，进一步强化了部分社会成员实施犯罪行为的动机，同时又弱化了对社会个体的行为控制，最终导致了犯罪问题加剧。

1. 社会控制的特征和分类。社会控制是稳定社会秩序，促进人类社会和谐发展的重要方面。社会控制这一概念最早由美国社会学家罗斯在其《社会控制》一书中提出，他将社会控制定义为一种由某种社会组织实施的、有意识的、有目的的社会统治系统。社会控制是一种通过人工秩序而不是自然秩序对人类社会进行组织、管理和调控的社会统治系统。具体来讲，社会调控的手段是多种多样的，如可以通过政治、法律、舆论、伦理、文化、教育等多种手段来实施社会控制。罗斯之后，很多的学者对社会控制理论进行了完善和发展。其中较为著名的是庞德的法社会控制论和斯皮罗的心理人类社会控制观。庞德认为法律是社会控制的主要手段，法律的任务与价值在于协调个人利益、公共利益和社会利益，以满足人们的各种要求。而在上述三种利益中，社会利益是最重要的。斯皮罗认为个体与社会制度之间是一种双向反对的关系。社会通过人们对社会规范的遵从达到社会控制的目的，人们从遵从社会规范的过程中也获得自身的满足。他认为社会控制以人格因素为中介并通过三种途径来实现，也就是外部文化动因控制、内部文化动因控制和内化文化动因控制。他认为人的心理的社会性，能够使社会文化的要求成为人的心理需求，从而发挥社会控制作用。

按照不同的分类标准，社会控制可以分为不同的类型。第一，按照是否正式，可以将其分为正式社会控制和非正式社会控制。其中，政权、法律、纪律等各种社会制度属于正式控制的范畴，而文化、风俗、习惯、伦理等则是非正式社会控制。

第二，按照是否依靠外部力量，可以划分为内在控制和外在控制。内在控制是指社会成员自觉地把社会规范内化，用以约束和检点自己的行为。外在控制是社会依靠外在力量控制其成员就范。外在控制与内在控制相互渗透、相互转化。第三，按照使用奖励手段还是惩罚手段来划分，可以分为积极的社会控制和消极的社会控制。第四，按照是否使用强制手段来划分，可以分为硬控制和软控制。政权、法律、纪律，都依赖控制力，属于硬控制范畴；软控制则依赖社会舆论、社会心理进行控制。社会风俗、道德、信仰和信念等都属于软控制范畴。

2. 正式社会控制无力。改革开放之后，我国的正式社会控制并没有很好地通过各种手段来缓和社会急剧变迁带来的失范状态，没有很好地解决社会发展过程中出现的各种社会矛盾，从某种程度上讲反而进一步加剧了人们的紧张状态。

（1）政府职能目标相对单一。政府作为国家管理的执法机关，担负着依法对国家的政治、经济和社会公共事务进行管理的职能。具体来说，任何政府都承担着以下核心的职能：第一，政治职能，是指政府为维护国家统治阶级的利益，对外保护国家安全，对内维持社会秩序的职能。包括：军事保卫职能，即维护国家独立和主权完整、保卫国防安全、防御外来侵略的职能；外交职能，即通过政府的外交活动，促进本国与世界其他各国正常的政治、经济往来，促进国与国之间互惠互利，反对强权政治，维护世界和平等；治安职能，即维持国家内部社会秩序、镇压叛国和危害社会安全的活动、保障人民的政治权利和生命财产安全、维护宪法和法律尊严的职能；民主政治建设职能，即通过政府活动，推进国家政权完善和民主政治发展的职能。第二，经济职能，是指政府为国家经济的发展，对社会经济生活进行管理的职能。包括：资源配置职能，由中央和地方政府按照公共物品的范围或税收对象特征等因素分别承担。收入分配职能，由中央政府承担，因为如果地方政府承担，首先地方政府缺乏动力，其次会造成地方支付之间的竞争，加剧地区之间的经济不平衡或贫富差距。政府可以通过有限地参与初次分配、主要从事收入再分配、构建社会保障体系、公共产品的提供中的收入再分配等方式来履行收入分配职能。宏观调控职能，即政府通过制定和运用财政税收政策和货币政策，对整个国民经济运行进行间接的、宏观的调控。第三，文化职能，是指政府为满足人民日益增长的文化生活的需要，依法对文化事业所实施的管理。它是加强社会主义精神文明，促进经济与社会协调发展的重要保证。主要包括：发展科学技术的职能，即通过制定科学技术发展战略，加强对重大科技工作的宏观调控，做好科技规划和预测等工作，重视基础性、高技术及其产业化研究；发展教育职能，即政府通过制定社会发展战略，优化教育结构，加快教育体制改革，逐步形成政府办学与社会办学相结合的新体制；发展文化事业的职能，即政府通过制定各种方针政策、法规等，引导整个社会文学艺术、广播影视等各项事业的发展；发展卫生体育的职能，即政府制定各种方针、政策、法规，引导全社会卫生体育事业的发展。第四，社会职能，即指除政治、经济、文化职能以外政府必须承担的其他职能。主要包括：调节社会分配和组织社会保障的职能，即政府为保证社会公平、缩小地区发展差距和个人收入差距，运用各种手段来调节社会分配、组织社会保障，以提高社会整体福利水平，最终实现共同富裕；保护生态环境和自然资源的职能，即政府通过各种手段，对因经济发展、人口膨胀等因素造成的自然环境恶化、自然资源破坏等进行治理，促进经济的可持续发展；促进社会化服务体系建立的职能，即政府通过制定法律法规、政策扶持等措施，促进社会自我管理能力的不断提高；提高人口质量，实行计划生育的职能。

但是，改革开放后，在片面发展观的影响下，政府的核心职能都是千方百计地服务于经济的增长，其他的职能在不同程度上被忽视或弱化。其具体表现，正如制度性失范理论所概括的那样，非经济的功能和角色在这一时期是没有得到足够重视的，同时，非经济的功能和角色也在不断地向经济需求让步。国家和政府的主要功能在于稳定社会、调节社会矛盾、缓和社会失范状态，但是在片面追求经济发展的背景下，政府并没有很好地解决社会发展中的分配不公、社会阶层固化、机会不均等影响社会治安状况的问题。因为在经济发展面前，这些所有的问题都是不太重要的，甚至是不足为奇的。各级政府机构工作的核心是千方百计地发展经济，不遗余力地“招商引资”，大搞数字工程、形象工程、政绩工程。另外，政治体系内大多的考核标准都会与经济因素有所联系，如 GDP 的增长、税收的增加等。其次，我们国家很多人都热衷权力，热衷“从政”，甚至是权力崇拜。但是热衷权力的最终目的不是为了投身公众服务，而是为了获取金钱。因为越是“身居高位”，就越能掌握更多的资源和财富，自身也就更有可能获得更多的财富。每年的国家以及各级政府的公务员招考，都会吸引无数人的目光，而且越是掌握大量资源和财物的所谓“实权”部门或者岗位，大家越是趋之若鹜。相反，一些所谓的“清水衙门”，则多是无人问津。最后，司法系统作为政治体系的一部分，其本身又是正式社会控制的主要工具，但是在经济因素的主导下，很大程度上也是在竭力为经济发展服务。

（2）公共权力领域腐败问题突出。改革开放以来，我国取得了举世公认的成绩，但是公共权力领域的腐败问题也日益突出。概括起来，改革开放后，我国腐败犯罪主要呈现出如下特点和变化趋势：第一，腐败案例的数量和涉案金额都不断增加。从发案时间来看，随着时间的推移，高官腐败发案率明显增加；从开始犯罪的时间看，20 世纪 80 年代只有 11 例，到 90 年代的 75 例，之后不断增多。同时，腐败案件的涉案金额也不断增加。其中，1988～1997 年这 10 年间涉案金额增长最快，1993～1997 年这 5 年中涉案总金额是 1988～1992 年涉案总金额的 10.6 倍，2003～2007 年涉案总金额达到顶峰。从平均值来看，每一政治周期内，腐败涉案金额的平均值呈现逐步上升的趋势，与涉案总金额一致。〔1〕第二，涉腐的领域越来越广。改革开放前期，由于当时商品经济刚刚起步，实行的是价格“双轨制”，所以当时权力腐败的领域较为单一，主要局限于经济领域。90 年代中期，腐败开始向权力集中、资金密集、利润丰厚、竞争激烈的经济领域的各个层面延伸。到了 21 世纪，官员腐败开始延伸至司法、组织人事领域。总之，当前的腐败范围已经涵盖了政治、经济和个人生活三大领域。〔2〕政治领域的腐败主要表现在买官卖官和干预司法。经济领域的腐败主要是越权干涉经济事务。多数官员越权插手项目审批、房地产开发、工程项目承包经营、企业经营管理等经济活动。生活领域的严重腐败主要表现为道德败坏、乱搞男女关系、“三公消费”、奢侈腐化、赌博吸毒等。第三，腐败官员的职务级别持续上升，党政、国企、金融系统、事业单位等是高发领域。转型期间，我国腐败官员的职务级别也呈现出明显升高的趋势，不断有省部级乃至副国级的官员落

〔1〕 任建明、许海莲：“转型期中国严重腐败犯罪的表征、惩治得失及对策”，载《廉政文化研究》2017 年第 2 期。

〔2〕 任建明、许海莲：“转型期中国严重腐败犯罪的表征、惩治得失及对策”，载《廉政文化研究》2017 年第 2 期。

马，腐败案件涉及官员的职务级别越来越高。第四，“窝案”有所增加。改革开放初期，腐败官员大都以“个体户”的形式出现，但是之后慢慢出现“集体腐败”，如王宝森案、韩桂芝案、慕绥新案等，有些地方甚至出现了所谓的“区域式腐败”和“塌方式腐败”。第五，腐败潜伏期不断延长，案情更加隐蔽。潜伏期是指首次腐败到案情暴露被查处之间的时间间隔。有研究显示：〔1〕20世纪80年代的腐败案例，平均潜伏期只有1年；到了90年代，平均潜伏期约4.4年；进入21世纪，平均潜伏期约9.3年。而且，越是新近发现的案例，其潜伏期越是相对更长。另外，改革开放初期的腐败案件，案情相对简单、透明。随着社会的发展，之后的腐败案件开始出现较多较为复杂的方式和手段，这就导致腐败行为更加隐蔽。这也是导致潜伏期变长的一个重要原因。第六，家属涉案的程度有所加强。随着社会的发展，官员腐败案件中亲属涉案的数量越来越多。家属涉案主要有几种类型：〔2〕一是在贪官的授意或者合谋下，借其权势和影响，以经商为幌子，谋取私利，甚至从事走私等犯罪活动；二是直接牵线搭桥，充当经纪人，通过贪官承揽工程、项目、计划指标等，转手倒卖，收取好处费；三是作为代理人，收取贿赂；四是作为贿赂人，接受留学资助等。第七，染“色”案例有所增加。官员腐败，主要有以下两个方面：一是以权谋私，二是以权谋色。腐败高官的情妇主要来源于这么几类人群：一是下属；二是有求于案主的公司管理层和有关职员；三是艺届人员；四是宾馆服务员；五是娱乐场所从业人员。

---

〔1〕参见田国良：《反腐倡廉警示读本：高官腐败案例剖析》，中共中央党校出版社2015年版，第18页。

〔2〕参见田国良：《反腐倡廉警示读本：高官腐败案例剖析》，中共中央党校出版社2015年版，第18页。

腐败犯罪具有极大的危害性。第一，腐败具有很强的政治危害性。首先，腐败会危及国家政权。腐败犯罪使权力变成了谋取私利的工具，将会使政府丧失权威与信誉，从而丧失民心，导致社会监督管理功能弱化，最终造成社会混乱，危及政权稳定。其次，腐败腐蚀党的队伍，干扰政府的有效运作。腐败犯罪严重损害党的威信，进而冲击党的执政地位。同时，腐败行为会降低政府的公信力，弱化行政执行力，从而干扰政府政策的执行和有效运作。第二，腐败会危害国家经济。首先，腐败会扭曲资源配置。腐败犯罪是以权力强行改变资源的最佳流向，造成极大的浪费。而且在权钱交易的情况下，加重投资成本，使本应投向技术等竞争力方面的资源大量浪费在行贿等非正当方式上。腐败还会带来无形的效率损失。其次，影响社会稳定，最终阻碍经济发展。腐败分子为了自己的私利或者是小团体的利益，阳奉阴违，不执行或者不正确执行国家的经济政策，这些都会成为经济发展路上的绊脚石。第三，腐败犯罪具有思想危害性。腐败现象的加剧会导致整个社会法律意识淡漠，道德水准下降。当腐败成风，屡禁不止，人们把它当成一种理所当然的社会现象时，当人们只是怀着一种羡慕的想法嫉妒为什么我的手中没有可以利用的权力时，整个社会的风气已然被污染。公职人员一心谋取私利，社会各阶层漠视国家与民族的利益，导致整个社会丧失凝聚力，成为一盘散沙，人们会对政府不再信任，对法律不再信任。

（3）制度规范失效。一个国家的制度和规范是对个人进行正式社会控制的主要途径，制度和规范的完备性、权威性直接影响着对个人行为进行有效约束的效果。改革开放后，一方面，我国在社会急速转型的情况下，制度规范的完善程度还较差，出现了不少的管理“盲区”和所谓的“灰色地带”，为大量越轨行为的滋生提供了一定的机会；另一方面，已有的社会规范的权威性有所下降，人们不愿意按照社会规范去实施自己的行为，导致这些制度规范对人们的约束程度也随之下降，最终促进了越轨行为的滋生。

第一，制度规范不够完善。在社会急速变革的情况下，我国的各项制度规范的设立明显滞后于社会发展的实际情况，这从一定程度上导致我国制度规范不够健全。这主要表现在两个方面。首先，法律制度不够健全。法律是由国家制定或认可，并依靠国家强制力推行的社会规范体系，它是对社会成员具有最强约束力的社会控制手段。改革开放之后，我国的法律制度的设立未能够及时跟上社会发展的程度，存在较多的法律漏洞和缝隙。其次，社会管理制度不够完善。制度是在一定历史条件下形成的政治、经济、文化等各方面的体系，是客观事物发展规律的概括和总结，是人们的思想行为和具体行动的约束和规范，是确保政治、经济、文化等方面行动目标实现的具体措施和保障规定。制度建设带有根本性、全局性、稳定性和长期性的特点。但是，在改革开放后的社会急速变迁中，原有的社会管理制度并不能适应社会发展的需要，而适应社会发展的管理制度的建立又需要一个过程。这就造成社会管理制度的不完善，而这种不完善最终造成社会管理和经济管理上的时空混乱，为社会问题出现提供了较多的发展机会。最后，监督机制不够。建立必要的监督机制实属重要的环节，事实证明，如果不建立必要的监督机制，即使有法律和法规，制定了规章制度，也可以有法不依，有章不循，上有政策，下有对策，有令不行，有禁不止，等等。[1]但是，很明显，我国的监督机制还存在较多

---

〔1〕 康树华："新中国成立以来的犯罪发展变化及其理性思考"，载《中国刑事法杂志》1998 年第 3 期。

的问题，这也是导致上述公共权力领域腐败现象泛滥的一个重要因素。

第二，制度规范权威性降低。社会规范的权威性是社会秩序的前提，而社会规范权威性的降低必然会导致社会对个人行为的约束强度变弱。个人的私欲增长并不可怕，在正当规范的指导之下，社会可以实现双赢，即在社会秩序的基础上满足个体私欲的增长需要。而当社会规范权威性丧失时，规范处于合法性危机的情况下，个人私欲增长必然会对社会构成威胁，因为个体已经失去了自我控制的最后防线。社会规范失去了权威，社会个体也就失去了正当行为导向。当代中国社会规范权威性降低主要源于控制主体的行为失序，具体表现在两个方面〔1〕。第一个方面是，控制主体上下级之间的非统一性、非确定性。一个好的社会政策在贯彻中出现失真现象：首先，表面性政策执行，下级在政策执行过程中只是将其宣传一番，并无具体措施；其次，选择性政策执行，下级对上级的政策依据自身利益有选择地执行，有利于自己利益的保留，不利于自己利益的则舍弃；再次，附加性政策执行，执行者在执行政策的过程中为了个人利益或局部利益，对所执行的上级政策附加了有利于自身的、原政策所没有的不恰当内容，超出了原有政策的调控范围、力度，影响了政策目标的有效实现；复次，替代性政策执行，下级政府对上级政策的执行过程中，实行偷梁换柱策略，致使该政策名存实亡；最后，停滞性政策执行，当上级的政策与下级的局部利益存在矛盾与冲突时则停止执行。第二个方面是，控制主体执行法律的随意性、悖逆性。随意性是指控制主体对控制受体的违法性行为处置的不确定性，悖逆性是指控制

〔1〕 张纯琍："社会控制与社会秩序构建"，载《中国人民公安大学学报（社会科学版）》2006年第2期。

主体的控制行为与控制规则相悖。制度规范权威性的下降，必然造成人们在日常生活中不愿遵从这些制度规范，而是会按照一些所谓的“潜规则”去寻找“捷径”，甚至不惜通过越轨行为乃至犯罪行为来满足自己的需要。

（四）非正式社会控制削弱

在物质文明单方面快速发展的情况下，我国的精神文明建设出现了一定程度的滞后，这也直接导致非正式社会控制被削弱。社会控制意味着存在某种关于是非对错的标准，而这些标准却来源于人们在实践中形成的文化和价值观。[1]而文化和价值观也正是非正式社会控制的主要途径。同时，学校和家庭作为非正式社会控制的主要阵地，能够缓解社会转型所带来的紧张压力。但是，从实际情况来看，改革开放后，我国出现了传统文化的缺失和价值观的扭曲。同时，在片面追求经济增长的大环境下，家庭和学校教育的功能也被大大削弱，经济的标准已经渗透到这两个领域，这也更进一步地削弱了非正式社会控制功能。

1. 传统文化缺位。文化对人们行为的控制作用是我国核心的非正式社会控制手段，也可以说是我国历史上主要的社会控制手段，很多时候文化的非正式控制作用甚至超过了国家的正式社会控制。长期以来，在以儒家文化为主的思想体系下，“礼”（非正式的规范和习俗）的地位要高于“法”（正式的法律），国家的社会控制也是通过建立一套牢固的道德准则和风俗习惯体系来进行的。也就是说，国家主要是通过文化所塑造的内在的品德和信念来控制人们的行为，而不是通过外在的法律。[2]

〔1〕 王启梁：“民间法研究作为生存之道的非正式社会控制”，载《山东大学学报（哲学社会科学版）》2010年第5期。

〔2〕 Jianhong Liu et al., *Crime and Social Control in a Changing China*, London: Greenwood Press, 2001, p. 93.

如，张岱年先生认为，中国优秀传统文化的核心就是关于人的自觉的思想，最为重要的是关于人们道德自觉性的思想；[1]钱逊先生认为，传统文化中的仁爱精神，自强不息精神，富贵不淫、贫贱不移、威武不屈的独立人格精神，忧国忧民、竭诚尽忠的爱国精神，“慎独”的高度自觉的道德精神以及敬老爱幼、尊师重道、温、良、恭、俭、让等精神，都是“传统美德”。[2]从这些论述我们可以看出，我国传统文化注重内在修养和道德上的自我约束，这些优秀的文化也一直指引着人们的价值取向，规范着人们的行为，进行着有效的社会控制，确保着社会稳定有序地运转。

改革开放后，在片面追求经济增长和个人财富积累的大环境下，金钱和财富成为衡量成功的标准，文化的约束和控制功能被极大地削弱。这是因为：首先，在进入近代社会后，中国人对中国文化失去信心是中国文化的最大危机，大多数人对传统文化的光芒视而不见。其次，在不断积累金钱和财富的巨大压力下，文化对人们行为的约束只会耽误他们去实现自己的“富贵梦”。因为当财富积累成为衡量成功的唯一标准的时候，上述那些传统文化反而会成为他们的束缚，会阻碍他们很快地富裕起来。所以，经济快速增长带来的人们价值观的改变，虽然没有占据文化上的主导地位，但是直接导致传统文化对人的思想和行为的约束效果变得微乎其微，人们也不再按照传统文化的要求去为人处世，而是抛却了自身的修养，在追求金钱和财富这一目标的压力下迷失了自己。

---

〔1〕 参见《张岱年全集》（第7卷），河北人民出版社1996年版，第471~474页。

〔2〕 钱逊：“关于马克思主义与传统文化关系的几点想法”，载《学术月刊》1996年第5期。

2. 价值观产生重大改变。改革开放后，在社会变革的大环境下，我国社会的价值观也发生了较大的变化，由之前的一元价值观、整体价值观、神圣价值观、精神价值观向多元价值观、个体价值观、世俗价值观、物质价值观转变。[1]

首先，一元价值观向多元价值观转变。改革开放前30年的中国社会是一个典型的一元价值观的社会。新中国成立以后，我国逐渐形成了以单位制、单一公有制、计划经济、高度集权的政治体制和意识形态单一化为特征的社会结构，一直持续到改革开放前，这种社会结构使中国社会总的来说是以一元价值观为特征的。改革开放以来，随着以社会结构、经济体制、政治体制和文化体制的改革和社会的全方位开放为前提的社会转型，中国社会的价值观日益多元化。与改革开放以前的中国社会不同的是，在一元价值观与多元价值观共存的社会，必然产生一元价值观与多元价值观以及多元价值观之间的碰撞和冲突。这并不是中国当前社会转型期所独有的，而是在任何社会转型时期都存在的普遍现象。

其次，整体价值观向个体价值观转变。改革开放以来，中国社会的价值观已经从整体价值观转变为个体价值观。改革开放前的30年中，集体主义与单一公有制、计划经济、单位社会和集权政治等密切联系、互为表里、相辅相成，并且是这些因素的必然产物。单一公有制必须以集体主义为价值取向才能得以真正维护，以公有制为唯一所有制形式的价值基础，只能是以维护公有制和集体利益为己任的集体主义。同时，计划经济必须以集体主义为价值取向才能得以贯彻执行，人们通常将计划经济时代称为“集体化”时代，这除了经济上的集体化之外，

〔1〕 廖小平：“改革开放以来价值观的变迁及其双重后果”，载《科学社会主义》2013年第1期。

实际上还包含了计划经济以集体主义为价值取向的意味。改革开放以来，随着以公有制为主体、多种经济成分共同发展的基本经济制度的形成，市场经济体制的建立，单位社会的终结以及政治权力向公民权利的转型，人们终于发现，原来所主张和奉行的集体主义，实际上将集体利益与个人利益对立了起来，即任何时候任何条件下都一律以集体利益高于个人利益，甚至一味地以集体利益压制个人利益，其结果就是严重挫伤了人们的积极性和创造性。于是，人们经过反思，开始形成两种不同但相互联系的价值诉求：一是“建设性地”主张一种“新”集体主义，以“现实的集体”取代“虚幻的集体”。所谓“现实的集体”，不是理论上所虚构的集体，而是现实生活所必需的集体，也就是把个人及其利益作为集体及其利益之有机组成部分，而集体则因保护个人利益而成为必要的集体。这样，集体与个人成为相互需要的统一体，集体利益与个人利益的矛盾在相互需要中得到解决。在这里，实际上已经暗含着个人利益是集体利益的逻辑前提。这个逻辑前提为改革开放以来整体价值观向个体价值观转变提供了合理性依据。二是“破坏性地”拒斥和反叛过去那种无视个人权利的“虚幻的”集体主义，毫不隐讳地主张以个人权利、个人独立、个人尊严等个体价值为核心的个人主义价值观。这就必然使过去的那种集体主义价值观转变为个体价值观。除此之外，由于市场经济内在地是契约经济，而契约经济是以个体的平等、权利、独立性和自由意志为基础的，因此，市场经济也内在地要求以个体的平等、权利、独立性和自由意志作为自己的价值基础，这也使整体价值观向个体价值观的转变成为市场经济的一种内在要求。

再次，神圣价值观向世俗价值观转变。改革开放前 30 年的中国政治伦理的神圣化集中体现在合作社、“大跃进”、人民公社和“文化大革命”时期的政治乌托邦、政治理想主义和革命政治教条，形成了“理想—神圣”“革命—神圣”的价值观模式。改革开放以来的中国社会开始了现代化进程。按照通常的现代化理论，现代化的过程实际上也就是一个世俗化的过程。而世俗化与神圣化的祛魅又是同一个过程，这就意味着神圣价值观的解构与世俗价值观的建构是同时发生的，或者说神圣价值观开始向世俗价值观转变。而对于老百姓而言，这种宏大理想就是空洞的。然而，理想被扭曲，加上改革开放以来随着西方文化、价值观和生活方式的侵入，特别是市场化本身所具有的特性，致使改革开放之后原来那种宏大叙事的理想逐渐失落甚至出现了所谓理想危机，逐渐取而代之的是社会价值观的日益世俗化，以致迄今为止世俗化的价值观甚嚣尘上。如果说在20世纪80年代虽然世俗价值观正在逐渐形成，但仍然还是一个以“主义”为特征的话语时代和理想主义时代的话，那么，到了20世纪90年代，世俗化的价值观就完全将原来具有神圣性的理想价值观挤压到边缘地带，甚至“崇高”也已成为人们嘲弄的对象。

最后，精神价值观向物质价值观转变。改革开放前30年的中国社会一直将精神生活置于物质生活之上，崇尚精神高于物质，精神是高尚的，而物质是卑琐的，这样就把精神价值观置于至高无上的甚至神圣的地位，而极力贬损甚至打击对物质利益的追求。然而，改革开放前特别是“文化大革命”时期大众的精神生活，以及对精神价值观的崇尚，并未表现在文化生活上，因为那时的文化生活本身是极其贫乏的；更未表现在心灵生活上，因为以心灵生活为核心的审美需要、求知需要、怡情需要以及终极探究的需要，是受到各种限制性条件的严格局限而很难产生的，这些限制性条件包括匮乏的物质和贫穷的生活、低下的生产力水平、停滞和受到严重冲击的教育以及从灵魂深处爆发革命的残酷的阶级斗争和政治革命；而心灵生活中的信仰需要，却又是被政治化或泛政治化的，因而严格说来它们在那时的特定环境下并不是精神需要，而是政治需要；至于心理生活，则由于其隐秘性和复杂性，在不同的环境条件下依个人遭遇和心境不同而人人相异，但可以肯定的是，那时人们的心理生活感受是不好的。改革开放前崇尚精神生活的精神价值观主要表现在政治生活即政治运动和政治需要之中。改革开放以来，随着以经济建设为中心的战略转移和市场经济体制的确立，以及对过去那种精神价值观被政治化的反动，全社会的价值重心和价值取向逐渐从精神价值观转向物质价值观。

上述价值观的转变对犯罪问题的加剧具有两个方面的直接影响。第一个方面是加剧了物质主义价值观的盛行。在物质主义价值观的影响下，人们会更加专注于对物质和财富的追求，并通过对物质和财富的占有来满足自己的各种贪欲，原本在市场经济逐渐发展的大环境下，每个人作为一种“理性人”都是在追求个人利益的最大化，而在物质主义观念的影响下，更是强化了这一原则。每个人无论从事什么行业，在这样的社会环境下，物质和财富的积累都成为他们追求的首要目标。在这一目标的引导下，个人的行为也都是在为这一目标服务。这实质上进一步强化了部分社会个体实施犯罪行为的动机。第二个方面，价值观的转变弱化了对人们行为的非正式社会控制。价值观本身包含了对事物和行为的价值判断，对行为具有强大的导向作用，当人们认为物质和金钱是他们生活的重中之重的时候，就会自然而然地去全力追求这一目标，相应地就会弱化对自身行为合法性的注重程度，这就会导致对行为的控制能力削弱，从而会在一定程度上增加越轨和犯罪行为的发生概率。

3. 家庭和教育功能弱化。家庭和学校是国家对个人实施非正式社会控制的重要场所，但是改革开放以来，在不平衡发展的影响下，物质主义泛滥，经济的标准也随之主导了这两个领域，造成了教育和家庭的非社会控制功能的弱化，这种弱化在一定程度上削弱了对个人行为的控制，加剧了社会的失范程度，最终增加了犯罪行为产生的概率。

（1）教育的非正式社会控制功能弱化。首先，经济因素的主导使教育丧失了原本的地位，逐渐成为经济的附庸。“教育无用论”这一论调日渐被社会认可，人们普遍认为上了大学之后并不能获得高的收入，还不如将学费用来投资做生意赚钱。“教育无用论”本质上还是在用金钱来衡量教育的价值，这不但会阻碍人才的培养，还会导致社会阶层更加固化。另外，教师这一职业的受人尊敬程度也大不如前，人们不再根据你对社会的贡献和付出程度来赋予你相应的社会地位。这是因为，相对于其他的行业来说，教师的职业收入无疑是较少的。无论你是小学教师、中学教师还是大学教师，无论你是初级职称、中级职称还是高级职称，只要你没有足够的收入，不能获得足够的财富，别人对你的重视和尊敬程度都不会太高。这都是因为整个社会都是在用经济的标准来衡量教育、衡量一切。

其次，经济因素对教育领域的渗透十分严重。第一，出现了教育产业化倾向，特别是高等教育产业化，导致各个层次的高校不顾学校硬实力和软实力盲目扩招，招揽生源，学校生源的多少、学费收入的多少，也成了评判学校好坏的标准之一，同时也导致乱收费、高收费，各种费用层出不穷。第二，对于学生来说，能否让他们找到高薪酬或者高职位的工作是评判一个学校好坏的重要指标，就业率也成了考核一个高校教育水平的重要尺度，大学逐渐沦落为提供就业训练的场地，甚至可以说是高等的“技校”。最后，对于高校的教师来讲，课题经费的多少是衡量一个教师水平高低、名气大小的重要指标，更是晋升职称的关键指标。这从现在学生对老师的称呼里可见一斑，私底下大家对导师的称呼不再是以前的“老师”或者“教授”，而是“老板”。

最后，教育的内容上，我国也一直存在着“重理轻文”的现象，“学会数理化，走遍天下都不怕”这样的口号大家耳熟能详，特别是很多人认为文科是“无用之学”。这一现象的背后其实也是经济标准的影响，因为很多人都是抱着功利的、实用主义的心态来衡量的，在他们看来理工科的专业更实用，能帮助他们更快地找到好工作，能够更快地创造出明显的经济价值。这实际上忽视了文化和价值观的培养，事实上只有通过人文学科的教育，才能培养出一个完整的“人”，社会和个人才能真正强大，否则，教育培养出来的是只知道赚钱的“机器”，或者是“精致的利己主义者”。[1]

（2）家庭的非正式社会控制功能弱化。在经济标准的影响下，家庭的非正式社会控制功能也不断弱化，这主要体现在以下几个方面：首先，从婚姻的形成上来讲，很多人在挑选配偶的时候越来越“现实”，相貌、学历、才识不是关键的因素，有没有金钱才是最为重要的条件。越来越多的富豪相亲大会在夺人眼球，“宁可坐在宝马车里哭，也不愿坐在自行车上笑”也成为大家熟知的“名言”。而最让人痛心的是，拥有这种扭曲的择偶观的人不在少数。其次，对财富和金钱的狂热追求，导致很

---

〔1〕 2012年4月22日，我国著名学者钱理群先生在“《理想大学》专题研讨会”上发言说：我们的一些大学，包括北京大学，正在培养一些“精致的利己主义者”，他们高智商，世俗，老到，更善于利用体制达到自己的目的。这种人一旦掌握权力，比一般的贪官污吏危害更大。

多的家庭难以完整。对每一个家庭来讲，日常最为关注的也是家庭财富的多少，有多少存款，有多大的房子，有多贵的车子，对家庭的团圆与和睦、子女的幸福成长等传统家庭观念的重视已经大不如前。家庭成员间的亲情和情感联系也变得薄弱，亲人之间因为金钱而反目成仇的例子屡见不鲜。另外，还导致了“空巢家庭”这一社会问题的出现。在农村，去经济发达的地区打工一直是绝大多数农民的重要经济来源，甚至是致富途径，这就导致农村的青壮年劳动力源源不断地向城镇输入。这些人一年中的大部分时间都在过着背井离乡的生活，为了赚钱不得不将年迈的父母和年幼的孩子留在家中，致使出现了比例巨大的“空巢家庭”。在城市，虽然“空巢家庭”的数量没有农村那么多，但是仍然存在一定的比例，多数父母生活的重心都放在工作上，放在了对金钱、对物质的追求上，导致他们也和农村的父母一样不得不将孩子扔给老人或者保姆。或者，很多的父母将孩子交给各种补习班和培训班，以便自己能安心地工作赚钱。家庭的非正式社会控制功能的弱化，破坏了家庭原有的功能，弱化了人与人之间的情感纽带，这使家庭非但不能缓解社会失范带给个人的紧张压力，反而又在一定程度上进行了强化。同时，家庭非正式社会控制功能的弱化又在一定程度上造成了社会的不稳定。

（五）社会控制薄弱的负面后果

社会控制的薄弱不但没有缓解不平衡发展和快速现代化带来的失范压力，反而强化了这种压力，加深了之前出现的各种社会矛盾。首先，强化了物质和财富至上的价值观，使追求物质和财富的积累成为衡量成功的标准；其次，社会控制的薄弱导致人们出现信仰真空，无视规则、蔑视规范，从而使一些人不择手段地去追求物质和财富的积累；最后，社会控制的薄弱，加剧了社会的失范状态，使原有的社会矛盾更加突出。

1. 物质主义价值观肆虐。改革开放以来，物质利益和物质价值被赋予了中国历史上从未有过的政治正当性和道德正当性，物质利益和物质价值成了人们追逐的重要对象和目标，物质价值观得以正名并在中国历史上空前地凸显为社会的基本价值观之一。对经济增长的过度依赖和片面追求、经济标准对社会的主导，使整个社会的价值导向发生了很大的变化，金钱和财富成了衡量一切的标准。片面地以经济增长为核心的发展观，实质上将金钱和财富作为衡量一切的标准。这种对金钱和财富的过度追求实质上又是一种物质主义的发展观和价值导向。这种价值导向的过度宣扬和扩张使社会中的每个人都深受影响，导致社会中的每个个体都对物质、对金钱、对利益、对消费开始疯狂追求，最终致使物质主义、拜金主义、消费主义等扭曲价值观念在当代中国疯狂滋长，成为严重的社会问题。

首先，拜金主义泛滥。拜金主义，主要是指“金钱万能”的金钱价值观和“一切向钱看”的行为方式或行为准则。金钱万能，是一种扭曲的价值观，也是一种认为金钱在社会任何领域都无所不能的金钱观。一方面，这种金钱观认为拥有金钱的多少是衡量一个人成功与否的标准。另一方面，认为通过金钱可以得到一切想要得到的东西，包括物质的和精神的。一切向钱看，是指在金钱万能的价值观下，金钱成了每个人工作、学习、生活的动力、行为准则和生活目标。在这种行为准则的指引下，人们为了金钱而学习，为了金钱而工作，活着就是为了赚更多的钱。“一切向前看，就是一切向钱看，向钱看就是向前看”，“钱多抢着干、钱少不想干，没钱无人干”，“前途前途，有钱才图”等话语成为很多人的座右铭。美国《世界日报》在2010 年 2 月 22 日公布的一项民调显示，在全世界 23 个国家中，中国、日本和韩国三国的民众最相信“金钱万能”，并列成为世界第一“拜金主义”国家。环球网也就此发起了一项在线调查，结果显示，80%的受访网民承认中国是第一“拜金主义”国家。[1]

其次，物质主义横行。物质主义是一种生活价值观，是指将物质占有视为人生的重心，由消费行为来获得生活上的满足。因此，对物质主义者而言，财物及其获得是他们个人的首要目标，也是其生活的动力和行为准则。当前社会，财物及其获得在很多人的心目中都具有至高无上的地位，物质也成了他们生活的价值。在这样的价值观的指引下，越来越多的人以拥有金钱和财物为目的，为快乐的源泉，拥有物质和财富的多少也成为人们彰显自身价值的主要标准。

最后，消费主义盛行。消费主义，主要指过度追求消费，渴求无节制的物质享受和消遣，并把这些当作生活的目的和人生的价值。消费主义者毫无顾忌、毫无节制地消耗物质财富和自然资源，并把消费看作人生的最高目的。这实质上也是一种拜物主义，通过对物的消费和占有体现他们的生活方式、身份地位和优越感，以此赢得他人的注目、尊敬及自身精神上的满足与快乐。我国民众对奢侈品的狂热追求就是这一现象的最好例证。

从上述种种负面结果我们可以看到，在片面追求经济发展的环境下，财富和金钱已经成为衡量成功的标准。无论是政府、社会组织还是个人，都对这一标准日渐信奉。在这一价值导向的影响下，物质和财富成为每个人追求的首要目标，怎么能够快速地富裕起来，成为他们的主要任务。在这种获得物质和财

---

〔1〕 杨伟伟：“新常态下中国社会病态的现象及治理路径”，载《天水行政学院学报》2015年第4期。

富的强大压力下，获取财富的手段也就自然而然地不会受到过多的关注。也就是说，重要的是拥有财富，而无人会在意你是怎样拥有的。所以，很多的时候，相对于踏踏实实地勤劳致富，更多的人更愿意去选择不择手段地一夜暴富。政治家也清醒地看到了这一问题：经济建设这一手我们搞得相当有成就，形势喜人，这是我们国家的成功，但风气如果坏下去，经济搞成功又有什么意义？它会在另一方面变质，发展下去会形成贪污、盗窃、贿赂横行的世界。〔1〕

2. 道德失范与信仰真空。在文化缺失的情况下，与文化紧密相连的社会道德和信仰也出现了堪忧的局面，道德失范和信仰真空成为整个社会面临的重大问题。道德是指以善恶为标准，通过社会舆论、内心信念和传统习惯来评价人的行为，调整人与人之间以及个人与社会之间相互关系的行动规范的综合。信仰指对某种主张、主义、宗教或对某人、某物极度信任和尊敬，并把它奉为自己的行为准则。道德和信仰的形成都深深地植根于文化的土壤中，源自于对文化的认同和归属，对人们的日常行为起着较大的规范和指引作用。文化的缺失必然会对整个社会的道德和信仰产生极大的影响。

在整个社会都疯狂追求财富和金钱的大环境下，道德失范成为一个严重的社会问题。道德失范是指一种道德状态，在这种状态中，社会既有的价值观念、行为模式被普遍怀疑、否定，或被严重破坏，逐渐失去对社会成员的影响力与约束力，从而使得社会成员发生存在的意义危机，行为缺乏明确的社会规范约束，在现象界形成社会规范的事实“真空”、缺失，呈现出某种紊乱无序。〔2〕虽然我国自古号称是“礼仪之邦”，但是现在

---

〔1〕《邓小平文选》（第3卷），人民出版社1993年版，第154页。

〔2〕高兆明：“简论‘道德失范’范畴”，载《道德与文明》1999年第6期。

更多人感叹的是世风日下、人心不古，有很多人更是认为我们今天生活在一个道德失范的时代：寡廉鲜耻，社会公德丧失，一切以金钱为中心，道德标准在金钱面前显得苍白无力；在经济生活领域，不正当竞争行为增加，诚信缺失；政治领域，贪污腐败、以权谋私；生活领域，是非标准模糊、社会责任感淡漠、利己主义问题突出。

改革开放后，经济的增长不仅没有解决信仰缺失的问题，反而引发精神领域的诸多新问题，整个社会出现了严重的信仰危机，出现了“魂不附体”的现象。[1]无论什么时代，即便没有科学知识，民众也会有一套自己的信念基础。如果将一个国家或者社会比作一个人的话，信仰可谓是这个人的“魂魄”。但是，在金钱和财富成为衡量一切的标准的情况下，整个社会的信仰状况呈现出世俗化倾向，崇权拜物现象日益突出。人们不断陷入物质的极度需求和感官的享乐依赖，人们成了财富和金钱的奴隶，成了只会追求财富和金钱的“行尸走肉”。信仰，说到底就是源自内心深处的敬畏，对生命的敬畏，对规则的敬畏。信仰的缺失，带来的必定是人们对利益、权力和财富更加盲目的追求和崇拜，这必定会增强国民精神的空虚和道德衰败的严重程度。当财富和金钱成为衡量一切的标准的时候，财富和金钱自然而然也就会成为大多数人的信仰。在他们心中，拥有了财富和金钱就拥有了一切，而为了得到财富和金钱也就当然可以无所畏惧。

文化缺位、道德失范和信仰真空这一系列问题的存在，导致我国非正式社会控制手段的削弱。社会控制的削弱就意味着对人们行为约束和控制强度的减弱，就直接致使人们更加不去

---

〔1〕 参见张琳：“现代性的信仰困境与信仰塑造”，复旦大学 2012 博士学位论文。

注重“致富”手段的正当性、合法性和合理性，反过来促使人们更加不惜一切代价地去追求财富和金钱，哪怕是铤而走险地实施违法行为。总而言之，目标的非理性，再加以对手段的不加控制，导致了失范局面的产生，最终导致了犯罪和越轨行为的多发。

3. 蔑视规则、不择手段。对财富和金钱进行追求本无可厚非，但是在社会控制无力的状况下，人们对财富的追求不是“君子爱财，取之有道”，而是无视规则、不择手段。首先，在追求财富的压力下，人们开始不相信规则、无视规则甚至是蔑视规则。在很多人眼里，规则是人定的，一切都可以改变；即使是法律也是人执行的，一切可以商量。所以，规则在这些人眼里就成为可有可无的摆设。很多人遇到问题，首先想到的不是按规则办事，而是“找关系跑路子”。同时，规则肯定不会是时时处处都符合每个人的利益，也不是时时处处都有人愿意心甘情愿地遵守，它必须要求某些人在一定时刻做出个人牺牲。在这种情况下，绝大多数人更是难以为了遵守规则而去牺牲自己的利益。这些人大多会在规则之外，去建立或者寻找“潜规则”，优先获取自身的切身利益。其次，在无视规则的同时，人们逐渐开始只注重结果不注重手段。也就是说，人们会在追求财富所带来的紧张压力下，不择手段地去实现这一目标。一方面，人们爱寻求所谓的“捷径”。因为走捷径能更好地趋利避害，能更快地实现财富的积累，而且能够本小利大，从而实现个人利益的最大化。另一方面，人们为了实现财富和物质积累这一目标变得更加不择手段。无论是政治精英、文化精英还是商界精英，都在不择手段地寻求物质和财富的积累。在改革开放中出现并不断加剧的多种问题，例如腐败问题、食品安全问题、医疗问题、环境问题等等，无一不是人们不择手段地追求物质财富和金钱积累的结果。

4. 各种社会矛盾加剧。如前所述，在社会失范加剧，而社会控制又被削弱的情况下，我国改革开放以来出现的一些社会矛盾并没有得到有效的缓解，反而在一定程度上更加凸显，主要表现在以下几个方面：

（1）经济方面贫富差距扩大。社会矛盾在经济方面的最主要表现就是贫富差距的扩大。贫富差距是指一个社会的贫富状态，是收入差距扩大到一定程度和一定范围后的收入悬殊现象，即在一个富有群体或阶层出现的同时，存在着一个贫困群体或阶层。[1]换言之，贫富差距实质上是指社会成员在社会财富实际占有上形成的差距。贫富差距可以通过收入差距和财产差距两个维度进行考察。其中收入差距是从动态的维度来进行考察，代表的是一定时期内的收入分配结果；而财产差距是从存量的维度进行反映，体现为一定时间点上所拥有的有形资产以及金融资产的总量。财产存量通常是收入从流量转化而来的，财产差距则是年复一年的收入差距累积而成的。

我国居民的收入差距可以从以下几个方面来进行考察。首先，存在较大的城乡差距。改革开放后，虽然我国农民的收入有了较大的增长，但是相对于城镇居民的收入，还存在较大的城乡差异，而且这种差异越来越大。其次，存在地区间的差异。我国地区之间的差异主要表现为东、中、西部之间的差距。一方面，我国地域宽广，不同地区的地理条件、自然资源、人力资源等都存在巨大的差异，这些因素都会天然地影响地区间的收入；另一方面，改革开放后，我国的发展政策也是存在地域差异的。再次，行业差距扩大。自从20世纪80年代中期以来，

[1] 参见董英豪、陈玉荣：《现代化历程的关键跨越：贫富差距与犯罪率的实证研究》，中国水利水电出版社2013年版，第209页。

虽然经济迅速腾飞，但我国行业间收入差距也开始日益显现。与改革开放前的计划经济体制相比，市场经济体制下，不同行业的收入差距逐渐形成并明显扩大，如垄断行业的高收入问题较为严重。最后，存在较大的阶层间的差距。阶层之间的差距是指在经济发展中社会各阶层所得收入之间的差距。中国不同社会阶层的人在收入、财富以及生活水平等方面都有天壤之别。社会成员之间的收入差距不断扩大，阶层划分日益严重已经成为中国当前面临的一个典型又现实的问题。

我国的财产差距主要表现在以下两个方面：第一，金融资产的差距。金融资产是居民财产的一部分，具体包括国债、企业债券、股票等有价证券以及现金、银行存款等等。统计表明，不到国家总人口一半的城镇居民的储蓄存款在城乡总储蓄存款中所占比例基本每年都保持在80%左右，而农村居民的储蓄存款占比很少，并且，城镇居民储蓄存款要比农村居民的储蓄存款多得多，两者之间的差额也在不断增大。[1]第二，耐用消费品拥有量。居民的基本生活离不开耐用消费品，它们是居民财产很重要的一部分。从实际情况看，城镇居民所拥有的耐用消费品数量基本都比农村居民多。

贫富差距的扩大除了不利于经济的可持续发展，对社会的和谐稳定也具有较大的消极作用。首先，贫富差距过大会造成广大民众的心理不平衡。贫富差距过大是社会政治不稳定的主要潜在经济根源，其必然会使社会成员产生不公平的社会评价。最直接的后果是会使那些低收入者产生相对剥夺感。民众的相对剥夺感来自于他们将自身的财富和收入与周围其他人进行对比后的心理感受，在不同参照群体的对比下，由于差距的存在，

〔1〕 参见刘燕："中国现阶段贫富差距问题研究"，河南财经政法大学2016年硕士学位论文，第23页。

很多个体很容易产生一种自己的利益受到剥夺的感受。这种心理不断发展会导致他们心理失衡，随着心理失衡程度的加深，这些人就会在失范的压力下做出违法的举动，进而会导致社会冲突和不稳定。换言之，如果任由贫富差距继续扩大，有可能会引发更为严重的社会问题。其次，贫富差距扩大会加剧社会的不稳定。从世界范围看，以中等收入者占大多数的“橄榄型”社会结构最稳定。而如果贫富差距过大，会使整个社会出现断裂现象。最为重要的是，当前我国的贫富差距加剧了经济秩序和社会秩序的混乱，通过非正常渠道获得暴富的行为直接导致了社会分配秩序的混乱，助长不法者私欲恶性膨胀，并由此加剧了拜金主义的横行。那些利用不法手段获取财富的致富者，利用手中的财富，为富不仁，更是败坏了社会风气。同时，不正当高收入者的作为，又引起了大多数人的不满，这些人又会被迫或者主动采取不合理甚至不合法的方式来谋取个人财富，这又加剧了社会秩序的混乱。

（2）社会管理方面治理效果不佳。改革开放之后，在上述多种因素的影响下，我国的社会治理并没有取得较好的效果，这主要体现在以下几个方面：首先，干群关系不和谐较为突出。在现实中，各级干部是国家的政策、法规、方针的执行者，干群关系整体上是好的，但是一些地方出现了干群关系日益紧张的现象，这种现象不断加深，已经成为社会矛盾中的一个重要矛盾。例如，腐败现象导致党和政府威信下降；有些干部的工作方法，官僚主义严重，引起群众的极大不满；还有一些干部严重脱离群众，脱离实际。其次，民主发展程度较弱。民主制度的发展问题是整个社会主义社会政治领域矛盾的一个重要内容。这关系到中国共产党的内部建设和执政地位，也直接关系到社会主义现代化事业的发展。当前，在一些党政领导层中还普遍存在决策机制不健全，决策不够民主、科学等状况。同时，权力监督制约机制不够完善，监督渠道不健全和不广泛，导致少数干部权欲膨胀，出现了各种践踏民主制度的行为。最后，政府公信力较弱。公信力是政府的影响力与号召力，体现的是政府工作的权威性、民主程度、服务程度和法制建设程度，同时也反映了人民群众对政府的满意度和信任度。在上述因素的影响下，政府的公信力有所减弱，尤其是地方政府的公信力正在不断流失。

（3）社会阶层分化和固化加剧。社会阶层的分化和固化是我国当前较为重要的社会矛盾，具体分为两个方面：首先，当前我国的社会阶层分化较为严重。社会阶层的分化本质上是社会资源在社会中的不均等分布。一个社会阶层的具体状况及其相互关系，必然影响和作用于社会政治生活的各领域，并带来一定的政治后果。虽然社会阶层分化的存在和发展具有内在的合理性，但由阶层分化引发的一些矛盾和问题，会对社会稳定产生重大的影响。其次，在上述因素的影响下，阶层与阶层之间的鸿沟越来越宽、越来越深，阶层流动的难度越来越大、机会越来越少，阶层的分化趋于固化。而有限的调控政策，如教育制度、社会保障制度等并没有有效地抑制社会阶层分化和固化的加剧。社会阶层的分化和固化，必然导致大多数底层群体和上层群体之间的对立情绪，会对社会的稳定造成极大的影响，例如，群体性事件增多、暴力事件多发等。

（4）社会风气的负面现象加剧。在社会失范被触发和社会控制被削弱的情况下，我国社会风气中的负面现象不断增多，主要表现在以下几个方面：第一，个人主义和利己主义滋生。在社会转型中，社会上普遍形成了过于注重自我和实现自我价值的现象，极端个人主义与利己主义滋生，起码的社会责任感丧失，自我欲望极度膨胀。第二，行为失范加剧。在社会许多领域出现偏离道德和规范要求的失范行为。存在很多的轻德行、重功利的趋向，凡事只问利害得失，不问道德善恶，道德工具化与利益化日益严重，丢失了道德的本真，从而影响了整个社会风气的良性运行。第三，社会疏离感日益严重。在社会失范加剧的状况下，日益激烈的社会竞争，无形中使得人们的心理压力增加，为自我认同危机和社会疏离感、虚无感的产生提供了条件和可能。这一时期的生命个体面临着社会常规期所体验不到的诸多困惑与焦虑，个人的渺小感、孤独感、无助感、空虚感、苦闷感、失望感甚至是绝望感等消极情绪增多。第四，社会责任意识淡漠。当前，人们追求经济利益、物质财富的意识逐渐增强，个人获得了清晰的权利意识，却忽略了与这种权利意识相匹配的责任意识。越来越多的人缺乏自觉主动的对社会责任和集体责任的担当意识，而是崇尚极端的功利主义，忽视公共事务。

三、宏观理论模型的特点

综合上述阐释，本书提出的改革开放后我国犯罪问题加剧的宏观理论模型具有如下特点：

第一，理顺了改革开放后我国经济发展、现代化与犯罪问题加剧之间的关系。如前所述，长期以来关于经济发展、现代化与犯罪问题之间关系的讨论一直存在，但是已有的研究结果并没有形成统一的结论，而本研究提出的理论模型较好地解释了这一问题。按照本研究提出的宏观理论模型，在我国改革开放后的大背景下，经济发展和现代化只是犯罪问题加剧的触发因素，并不是决定性因素。具体来说，经济快速发展和现代化中出现的负面问题激发了犯罪的动机、增加了犯罪的机会、孕育了易于产生犯罪行为的社会环境，然而，从一定程度上讲，这些问题是经济快速发展和现代化进程加速过程中相伴而生的问题，所以，这些问题的出现并不足以导致犯罪问题的加剧，在经济快速发展、现代化与犯罪问题加剧之间，社会控制因素在起着关键性的中介作用。换言之，如果一个国家的社会控制能力较强，就能够在很大程度上缓解经济快速发展和现代化进程加速所带来的负面社会问题，从而避免犯罪问题的加剧，将犯罪数量控制在合理的范围内；然而，如果这个国家的社会控制能力较弱，就会进一步加剧上述社会失范现象，使这些因素的影响作用加大，最终导致犯罪问题的加剧。所以说，本研究提出的理论模型，一方面肯定了经济发展和现代化为我国社会发展带来的贡献，不能否定改革开放后经济发展和现代化所带来的国家的进步和繁荣；另一方面，这一模型认清了改革开放后犯罪问题加剧的关键问题之所在，也就是社会控制因素。只有认清了这一关键问题才能在今后进行有效的犯罪防控。

第二，较好地融合吸收了现有的研究成果。一个理想的科学理论应该能够把各种实证研究结果整合或统一在一起。[1]本研究提出的宏观理论模型将目前已有的研究中发现的影响我国改革开放后犯罪问题的宏观因素进行了较好的整合，将这些因素划分为犯罪问题加剧的触发因素和中介控制因素。其中，触发因素包括经济的快速增长和现代化进程的加速；中介控制因素为社会控制因素。在此基础上，本理论模型又进一步考察分析了这些因素间的影响关系，以及这些因素对犯罪问题的作用方式，也就是说，经济的快速增长和现代化进程加速对我国改革开放后犯罪问题的加剧起到了间接的触发作用，而社会控制

〔1〕 曹立群、周愫娴：《犯罪学理论与实证》，群众出版社2007年版，第246页。

的薄弱则起到了更为直接的影响作用。这一理论模型在吸收现有成果的基础上，区分了不同宏观影响因素的作用大小和作用方式，对其内在影响机制进行了更为深入的探讨，同时实现了对我国改革开放后犯罪问题加剧这一现象的良好解释。

第三，较好地整合了社会解组理论、失范理论、社会控制理论和文化、亚文化理论这四大犯罪社会学理论，以西方理论本土化的方式形成了我国改革开放后犯罪问题加剧的宏观发生机制理论模型，解释了改革开放后宏观因素的变化对我国犯罪问题的影响。理论整合是今后犯罪学的发展方向之一，现存的每个犯罪学理论都只能解释犯罪现象的一小部分，而整合理论则可以自由自在地在各种理论中穿梭，寻找最有效的变量，并把这些变量放入一个模式中，发展出对犯罪现象更有力的解释模型。〔1〕本研究中提出的宏观理论模型，采用垂直整合的理论整合方式，整合前述四种理论的核心要素对我国改革开放后犯罪问题的加剧进行了深入的分析。具体来说，以社会解组理论和失范理论为分析视角分析了改革开放后的经济快速发展和现代化进程加速对犯罪行为的触发作用，以社会控制理论和文化、亚文化理论为分析视角分析了改革开放后我国的社会控制和文化变迁对犯罪问题的中介控制作用。本研究的理论模型可以说是理论整合研究领域一个较为有效的尝试。

〔1〕参见曹立群、周愫娴：《犯罪学理论与实证》，群众出版社2007年版，第246~247页。

第四章

改革开放以来我国犯罪问题的宏观实证分析

如前所述，按照本研究提出的宏观理论模型，经济的快速发展和现代化并不是导致改革开放后我国犯罪率上升的直接原因，而只是一定程度上给每个个体带来了失范和要实现物质成功目标的压力。在这种情况下，如果社会控制合理科学，这种压力会得以较好地缓解和消融。但是，在急速社会变革的情况下，改革开放后我国的社会控制出现局部的失灵和暂时的削弱，这就在一定程度上加剧了上述经济快速发展和现代化进程加速带来的失范和紧张。失范和紧张的加剧，最终会导致社会中的一些个体采取不择手段的方式来实现物质和财富的积累，进而造成了我国改革开放后犯罪数量的增加。为了验证这一模型的适用性和解释能力，在本章中将选取相应的分析指标，采取量化研究方法对上述理论分析模型进行实证检验。

第一节　研究假设

按照本书提出的改革开放后我国犯罪问题加剧的理论模型，经济的快速发展和现代化进程会在一定程度上导致社会出现失范状态，这种失范状态下人们会难以正确认识自己的需要并用恰当的方式满足自己的需要。这会在一定程度上导致处于这种环境下的个体产生紧张的压力。但是，这并不一定会直接导致犯罪率的上升。其他一些宏观变量在经济快速发展与犯罪率上升之间、在现代化进程与犯罪率的变化之间起到中介作用。这些中介变量并不是必然，而是取决于这一时期的社会控制状况。按照迪尔凯姆的理论，社会不仅有调整其各个部分的经济互动功能，也有调整个人如何认识自己需要的状态的功能。社会可以通过社会规范、社会舆论、社会道德意识等，在人们心理上产生一定的社会压力，在这种压力下，各阶层的人们都会模模糊糊地意识到自己所应追求的极限，从而不再企求极限外的东西。[1]当社会不能够及时通过社会控制缓解并抑制社会快速发展所带来的失范压力时，犯罪率和越轨行为就会大幅上升。

基于上述基本研究思路，本章的具体研究假设如下：

1. 经济快速发展会通过社会控制因素的中介作用对犯罪率的变化产生影响。

2. 工业化会通过社会控制因素的中介作用对犯罪率的变化产生影响。

3. 城市化会通过社会控制因素的中介作用对犯罪率的变化产生影响。

第二节　分析变量的选择

一、自变量选取

按照上述理论假设，本研究中主要有经济发展水平、工业化程度和城市化程度三个自变量。

〔1〕 参见吴宗宪：《西方犯罪学》，法律出版社2006年版，第84页。

（一）经济发展水平的量化

经济发展水平是指一个国家经济发展的规模、速度和所达到的水准。反映一个国家经济发展水平的常用指标有国内生产总值、国民收入、人均国民收入、经济发展速度、经济增长速度。其中，国内生产总值（Gross Domestic Product）是指一个国家或者地区所有常驻单位在一定时期内生产的所有最终产品和劳务的市场价值。GDP 是国民经济核算的核心指标，也是衡量一个国家的总体经济状况的重要指标。

国内生产总值代表的是一个国家的经济总量，一直是我国衡量经济发展的重要指标。20 世纪 80 年代初，中国开始研究联合国国民经济体系的国内生产总值指标。中国于 1985 年开始建立 GDP 核算制度。1993 年中国正式取消国民收入核算，GDP 成为国民经济核算的核心指标。2003 年国家统计局宣布中国将改进 GDP 核算与数据发布制度，取消容易引起误解的预计数，建立定期修正和调整 GDP 数据的机制，在发布 GDP 数据的同时发布相关的重要数据，必要时还将公布核算方法。这是中国提高 GDP 数据的准确性和透明度，向国际通行办法迈进的重要一步。作为衡量经济发展的宏观指标，国内生产总值能够很好地反映我国改革开放后的宏观经济发展情况。因此，本研究将选取国内生产总值作为经济发展变量的量化指标。

（二）现代化指标的量化

如前所述，美国犯罪社会学家路易斯·谢利在《犯罪与现代化》一书中认为，现代化是一个过于抽象的概念，应该以工业化、城市化作为现代化的指标来观察城市犯罪，因为城市化和工业化是现代化的两个重要成果。因此，本研究选取工业化和城市化作为衡量我国现代化程度的指标。

1. 工业化指标的量化。工业化指一个国家和地区国民经济中，工业生产活动取得主导地位的发展过程。人均 GDP、非农产业占比和城镇人口比率和工业化率是传统工业化水平测度的主指标。其中，以人均 GDP 来衡量，人均 1000 美元为初期，3000 美元为中期，5000 美元为后期；以城市化率来衡量，即城镇常住人口占总人口的比重，一般初期为 37%以上，工业化国家则达到 65%以上；以工业化率来衡量，即工业增加值占全部生产总值的比重，初期为 20%~40%，中期为 40%~60%，60%以上为工业化国家。因此，本研究将以人均 GDP 和城市化率作为衡量工业化的主要量化指标。

2. 城市化指标的量化。如前所述，城市化是指随着一个国家或地区社会生产力的发展、科学技术的进步以及产业结构的调整，其社会由以农业为主的传统乡村型社会向以工业（第二产业）和服务业（第三产业）等非农产业为主的现代城市型社会逐渐转变的历史过程。目前，度量城市化的主要指标就是城市化率，一般采用人口统计学指标，即城镇人口占总人口（包括农业与非农业）的比重。因此，本研究采用历年的城市化率作为我国城市化进程的量化指标。

二、中介变量的选取和量化

中介变量是自变量对因变量发生影响的中介，是自变量对因变量产生影响的实质性的原因。1932 年，托尔曼为了弥补行为主义者华生的 S-R 公式的不足，提出了中介变量的概念，强调注意有机体内部因素在行为中的作用。他认为刺激与反应之间存在着一系列不能被直接观察到的，但可以根据引起行为的先行条件及最终的行为结果本身推断出来的中介因素，这便是中介变量。在现实生活中，很多因变量对自变量的影响都不是直接起作用的，都是需要通过一些中介变量才能起到实质性的作用。

依据前述的理论假设，我们假设在自变量（经济发展、工业化、城市化）与因变量（犯罪数量变化）之间存在社会控制因素的中介效应，也就是非正式社会控制因素和正式社会控制因素。但是，由于很多的中介因素，并不能够进行量化，也不能转化为可操作性指标，所以，本研究只选择了部分目前可以进行操作量化的因素做实证检验。

（一）正式社会控制因素的量化

1. 贫富差距的量化。贫富差距能够反映多种正式社会控制因素。贫富差距也被称为贫富不均、收入不公平等，是指一个群体或社会中个人拥有的财富的差距。如前所述，造成贫富差距的原因有很多种，而且其中很多因素与正式社会控制因素密切相关。具体来说，贫富差距可以体现下列的正式社会控制因素。第一，经济运行制度是否健全。在市场经济运行制度不健全的情况下，一部人就有可能非法、违法经营，以及进行权力资本化，从而造成不合理的贫富分化，最终导致社会贫富差距悬殊。第二，税收制度是否合理。税收制度是有效缓解贫富差距问题的举措之一，国家可以通过健全的税收制度，有效进行财产的科学分配，从而一定程度上缩小国民的贫富差距。第三，社会保障制度是否完善。除了合理的税收制度外，完善的社会保障制度也同样可以在一定程度上缓解贫富差距的问题。如果一个国家的社会保障事业和社会转移支付明显表现出严重的滞后。在这种情况下，农民、城镇的退休人员、城镇的失业人员及其亲属由于得不到及时的、足量的保障，就有可能成为贫困者，从而使整个社会的贫富差距不断拉大。第四，是否存在不平等竞争。经济领域中是否存在许多不平等的竞争也是贫富差距是否存在的重要原因之一。不平等竞争表现在很多方面，最突出的是一些部门、行业甚至是一些个别的社会成员，能够通过垄断经营获得垄断利益或高额利润，而其他的社会群体和社会成员却不能，因此最终形成了非常不合理的收入差距。

目前，大量的经验研究表明贫富差距对我国犯罪率的变化有重要的影响。[1]例如，胡联合等对我国 1978~2003 年的相关宏观加总数据进行一元线性回归之后发现，全国居民收入差距、城乡收入差距以及地区间收入差距的扩大与犯罪率特别是财产型犯罪密切正相关。黄少安等通过对我国 1978~2005 年收入差距指标（全国基尼系数、城镇基尼系数、农村基尼系数、城乡收入差距）时间序列的协整分析后发现，一系列收入差距指标对整体犯罪率产生显著影响。陈屹立利用我国 19 个省份 1995~2004 年面板设局进行 GLS 估计后发现，收入不平等与犯罪率存在显著正相关关系，相关系数为 0.3。陈春良等利用我国 27 个省份 1988~2004 年的面板数据进行固定效应分析后发现，无论相对收入差距还是绝对收入差距，都与犯罪率显著正相关，相关系数分别为 0.37 与 0.38。

目前，世界各国普遍用基尼系数来衡量居民之间的贫富差距。基尼系数是 1943 年美国经济学家阿尔伯特·赫希曼根据洛伦兹曲线所定义的判断收入分配公平程度的指标。基尼系数是比例数值，在 0 和 1 之间，是国际上用来综合考察居民内部收入分配差异状况的一个重要分析指标。其具体含义是指，在全部居民收入中，用于进行不平均分配的那部分收入所占的比例。基尼系数最大为“1”，最小等于“0”。前者表示居民之间的收入分配绝对不平均，即 100%的收入被一个单位的人全部占有了；而后者则表示居民之间的收入分配绝对平均，即人与人之间收入完全平等，没有任何差异。但这两种情况只是在理论上的绝对化形

---

〔1〕 董英豪、陈玉荣：《现代化历程的关键跨越：贫富差距与犯罪率的实证研究》，中国水利水电出版社 2013 年版，第 156~157 页。

式，在实际生活中一般不会出现。因此，基尼系数的实际数值只能介于0~1之间，基尼系数越小，收入分配越平均，基尼系数越大，收入分配越不平均。国际上通常把0.4作为贫富差距的警戒线，大于这一数值容易出现社会动荡。基尼系数由于给出了反映居民之间贫富差异程度的数量界线，可以较客观、直观地反映和监测居民之间的贫富差距，预报、预警和防止居民之间出现贫富两极分化，因此得到世界各国的广泛认同和普遍采用。另外，也是较为重要的一点，基尼系数能够在一定程度上体现经济发展水平、社会文化传统、政治经济制度等因素的影响。其中的一个重要因素是政策制定者希望以收入分配制度达到何种目标，是注重分配差异的刺激激励作用，还是注重分配政策的调节保障作用。因此，本研究选用历年的基尼系数作为贫富差距的量化指标。

2. 失业程度的量化。失业是社会发展中不容忽视的一个问题，一直以来，失业率被视为一个最为敏感的、反映整体经济状况的指标。失业率的高低不仅代表着经济健康的程度，而且也在一定程度上影响着社会的稳定。目前，有较多的研究表明，失业率与犯罪行为的产生存在明显的关系。张冲等采用中国1986~2011年的时间序列数据，运用协整检验和误差修正模型研究城镇失业率对财产犯罪的影响。研究结果显示：中国的财产犯罪与城镇失业率、城乡居民收入差距指数和人均受教育年限存在一定的协整关系，城镇失业率和城乡居民收入差距指数均对财产犯罪率呈现正向的显著影响。〔1〕屈茂辉等基于1986~2010年的数据，通过回归分析发现，社会经济增长水平、收入分配状况、通货膨胀、失业率以及城市化率等宏观经济因素会

〔1〕 张冲、孙炜红："社会转型背景下城镇失业率对财产犯罪的影响研究——基于中国1986~2011年时间序列数据的实证研究"，载《江西财经大学学报》2013年第6期。

影响犯罪数量的变化。社会失业率与通货膨胀水平对我国财产类犯罪数量的变迁具有显著影响作用。[1]章元等利用1988～2008年省级面板数据研究发现，中国犯罪率的上升和“第五次犯罪高峰”的产生与城市登记失业率有关，城市居民和民工失业的增加都会直接推动犯罪率上升。[2]

失业率是指一定时期满足全部就业条件的就业人口中仍未有工作的劳动力数字，旨在衡量闲置中的劳动产能，是反映一个国家或地区失业状况的主要指标。在我国，凡届满一定下限年龄、具有劳动能力、要求有报酬的工作而尚未获得工作职位的人口，称为失业人口。不愿工作而赋闲的人，或虽有工作愿望而尚未达到规定下限年龄的人，均不得算作失业人口。而我国失业率是失业人口占劳动力人口的百分比。世界上大多数国家都采用两种失业统计方法，一种是行政登记失业率，另一种是劳动力抽样调查失业率。两种失业率都是政府决策的重要依据。登记失业率统计的是到公共就业服务机构进行失业登记、享受失业保险待遇并求职的失业人员数量。由于各国公共就业服务和社会保险发展水平不一，登记失业率在国与国之间不能比较。而抽样调查失业率基本依据的是国际化的失业定义，可以进行国际比较。我国一直公布的是城镇登记失业率，是劳动保障部门就业服务机构对失业人员登记统计汇总的结果。因此，本研究只能采取城镇登记失业率作为失业状况的量化指标。数据来源于中国人口和就业统计年鉴。

3. 腐败因素的量化。一个国家的腐败程度在多种方面体现

〔1〕屈茂辉、郝士铭：“宏观经济因素与财产类犯罪的相关性——基于1986～2010年的数据”，载《湖南大学学报（社会科学版）》2014年第2期。

〔2〕章元、刘时菁、刘亮：“城乡收入差距、民工失业与中国犯罪率的上升”，载《经济研究》2011年第2期。

着一个国家的正式社会控制状况。首先，腐败状况从一定程度上反映了国家机构的运行状况。国家机构作为社会管理的主体，对社会的各个领域都担负着重要的管理职能，起着重要的社会控制作用。腐败行为的滋生会影响这些领域的社会管理秩序，如经济秩序、行政秩序等等，这些秩序的破坏必然会使这些原本应当起到正确的规范作用的社会秩序失去作用，难以有效约束社会个体。其次，腐败行为的滋生，势必会导致政府的公信力和法律的权威性大打折扣。这样会严重挫伤广大群众通过合理、合规、合法的途径获取成功的积极性，会导致他们更加蔑视规则和法律，更会不择手段地去追求他们想要的成功。最后，腐败是贫富两极分化的加速器，贪官权力寻租，官商勾结，狼狈为奸，互利共赢，结成利益同盟，导致权贵阶层和不法富豪不当得利，一夜暴富，而普通劳动者由于收入减少，则陷入贫困，家徒四壁，从而导致民不聊生，一些人心理失衡，给社会安定造成隐患。

对腐败现象的量化考察有较多的标准。具体来说，有些研究以检察院立案侦查的数量为准，有的以纪委每年党纪政纪处分的人数为准，有的以每年法院判决的人数为准。本研究认为检察院立案侦查的相关腐败犯罪的立案数相对来说能够较为准确地反映腐败犯罪的数量，同时由于我国相关统计资料的不完善，检察院的数据也相对能够尽量满足研究的要求。因此，本研究选取检察院每年的腐败犯罪案件的立案数作为衡量腐败犯罪状况的量化指标。具体来说，1998 年至 2015 年的腐败犯罪包括了贪污罪、贿赂罪、挪用公款罪、集体私分罪、巨额财产来源不明罪这五个罪名的立案侦查数；而因为我国相关统计指标前后的不一致，1990 年至 1997 年的数据包括了贪污罪、贿赂罪和挪用公款罪，1979 年至 1989 年的数据只包含了贪污罪和贿赂罪，其中 1983 年的数据缺失。

（二）非正式社会控制因素

1. 教育因素的量化。按照制度性失范理论，教育承担着大部分的社会化功能，肩负着向下一代传输基本文化标准的责任，同时能够缓解社会失范带来的压力。但是，在美国社会追求金钱成功的压力下，教育不再受到重视，只是被看作获得职业的手段，同时老师的地位也不再受人尊敬；人们去学校上学很大程度上是为了找到好工作，学校也严重依赖于经济资源；经济的标准已经渗透到非经济的领域。在这些情况下，美国社会教育的非社会控制功能被大大削弱，所以才导致美国工具性犯罪的大量增加。因此，一个国家对教育的重视程度以及教育相关角色所具有的地位影响着教育功能的实现。

在本研究中，我们将选取高校师生比作为衡量我国对教育重视程度的指标。首先，与义务教育相比，高校的师生比状况更能较为灵敏地反映国家对教育的重视程度。其次，我国改革开放之后，随着市场化的发展，特别是 1996 年之后，我国开始提出教育产业化的论调。同时，1996 年，我国的高等教育试行并轨招生，开始了教育产业化之路。教育产业化影响最大的领域也是高校教育领域，教育产业化直接导致高校收费上涨、学校盲目扩招。并且，在以后的多年中，高校的扩招规模越来越大，同时高校收费也呈大幅增长的趋势。但是，高校的师资力量并未随着学生规模的扩大而增加。综合上述因素，我们以高校的师生比作为衡量我国教育重视程度的指标，同时也用来考察经济因素对我国教育领域的影响。统计数据来自于 1979～2015 年《中国统计年鉴》。

2. 家庭因素的量化。家庭作为社会的最小单位，对社会的非正式控制起着重要的作用。首先，家庭制度的主要职责是规范性行为和社会成员的更新换代，主要涉及建立和加强对性关系的限制、对儿童的养育和对儿童进行主流文化的价值目标的社会化教育。家庭同时也承担着对需要扶养的人的责任，如老弱病残。其次，现代社会家庭制度一个独特的重要功能是为其成员提供情感支持。很大程度上讲，家庭承担着缓解其他制度领域产生的紧张和压力的作用。如果家庭出现问题，就不能够很好地为家人提供情感支持，对孩子进行尽职尽责的养育和社会化教育。另外，在经济指标的影响下，人们可能会较少地关注家庭和亲情，从而更多地去集中精力获取物质财富，这些都会削弱家庭的非社会控制作用，从而会导致社会的不稳定，并最终导致越轨行为的增多。

本研究将以离婚率为量化指标来衡量家庭功能的完善性。离婚会最大限度地破坏家庭的各种功能，同时又会对子女以及夫妻双方造成心理伤害，不利于社会的稳定。因此，离婚率可以作为最为直观的衡量家庭功能完整性的量化指标。离婚率是指在一定时期内（一般为年度）某地区离婚数与总人口之比，通常以千分率表示。本研究以每千居民离婚总数粗离婚率为准，数据来自《中国社会统计年鉴》。

三、因变量的选取和量化

本研究的因变量就是对我国犯罪的测量。犯罪测量是指对各种犯罪数据和资料进行调查统计，进而对一个国家和地区的程度加以测定，就是利用数字来表述犯罪现象的产生发展。目前，测量犯罪率的指标主要有以下几种：第一，犯罪发生率。犯罪发生率分为人犯发生率与刑案发生率。人犯发生率是以一定时间、地点的人口总数和发案人数为内容；刑案发生率用刑案立案率代替，是以一定时间、地点的人口总数和发生刑事案件数量为内容。第二，重新犯罪率，是指在相对空间和时间范围内实施了两次以上犯罪活动的行为人比率。第三，犯罪分配率，是指同一犯罪总体数列中各项数值对数值的比重。

本研究中，我们将选取公安机关刑事立案数作为因变量。刑事立案作为刑事诉讼开始的标志，是每一个刑事案件都必须经过的法定阶段，因此在一定程度上能够较为准确地衡量犯罪的数量。数据来自历年《中国法律年鉴》。

四、统计分析方法

（一）相关分析

相关分析（correlation analysis）是研究两个或两个以上处于同等地位的随机变量间相关关系的统计分析方法。相关分析就是对总体中确实具有联系的标志进行分析，其主体是对总体中具有因果关系标志的分析。它是描述客观事物相互间关系的密切程度并用适当的统计指标表示出来的过程。例如在一段时期内出生率随经济水平上升而上升，这说明两指标间是正相关关系；而在另一时期，随着经济水平进一步发展，出现出生率下降的现象，两指标间就是负相关关系。两个变量之间的相关程度通过相关系数 r 来表示。相关系数 r 的值在-1 和 1 之间，但可以是此范围内的任何值。正相关时，r 值在 0 和 1 之间，散点图是斜向上的，这时一个变量增加，另一个变量也增加；负相关时，r 值在-1 和 0 之间，散点图是斜向下的，此时一个变量增加，另一个变量将减少。r 的绝对值越接近 1，两变量的关联程度越强，r 的绝对值越接近 0，两变量的关联程度越弱。

（二）回归分析

回归分析（regression analysis）是确定两种或两种以上变量间相互依赖的定量关系的一种统计分析方法，运用十分广泛。

回归分析按照涉及的变量的多少，分为一元回归分析和多元回归分析；按照因变量的多少，可分为简单回归分析和多重回归分析；按照自变量和因变量之间的关系类型，可分为线性回归分析和非线性回归分析。如果在回归分析中只包括一个自变量和一个因变量，且二者的关系可用一条直线近似表示，这种回归分析称为一元线性回归分析。如果回归分析中包括两个或两个以上的自变量，且自变量之间存在线性相关，则称为多重线性回归分析。

（三）中介效应分析

中介（mediation）是社会科学研究中重要的方法学概念。如果自变量 X 通过某一变量 M 对因变量 Y 产生一定影响，则称 M 在 X 和 Y 之间起中介作用或 M 为 X 和 Y 的中介变量。中介效应（mediating effect）分析的目的是判断自变量 X 和因变量 Y 之间的关系是部分还是全部归因于中介变量 M。[1]也就是说，中介变量回答的是自变量对因变量的作用路径或作用机制的问题，其在自变量和因变量之间起中间传导作用，即自变量作用于中介变量，再由中介变量作用于因变量。简单的中介模型概念图如图 4 所示。三个变量都用椭圆形表示，表示它们都是不可观测的潜变量——理论构念。作用路径上的字母表示变量之间的回归系数：a 表示自变量 X 对中介变量 M 的作用效应；b 表示在控制 X 的情况下，M 对因变量 Y 的作用效应；c 表示在控制 M 的情况下，X 对 Y 的作用效应。e1 和 e2 表示残差项，e1 表示 M 未被 X 解释的部分；而 e2 表示 Y 未被 X 和 M 解释的部分。图 4 中的中介效应可以表示为系数 a 和系数 b 的乘积 a * b，其表示 X 对 Y 的效应有多少是通过 M 到达 Y 的。举例来说，若 a * b=

〔1〕方杰、张敏强：“中介效应的点估计和区间估计：乘积分布法、非参数 Bootstrap 和 MCMC 法”，载《心理学报》2012 年第 10 期。

0.3，那就表示X每增加一个单位，就会通过M使得Y增加0.3个单位。[1]

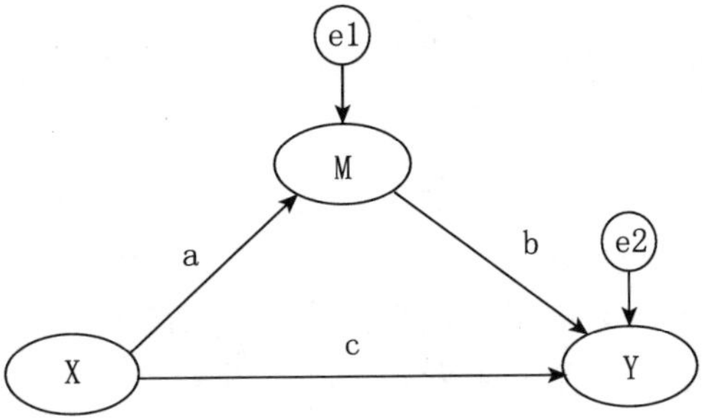

图4　简单中介效应模型图

目前，有三种较为普遍的中介效应分析方法。[2]第一，乘积分布法。乘积分布法的基本原理是，由于中介效应，$\widehat{a}\,\widehat{b}$在绝大部分情况下都不是正态分布，那么在构建中介效应置信区间时，就不能使用基于标准正态分布的临界z值，而应该使用基于$\widehat{a}$和$\widehat{b}$乘积分布的临界值。乘积分布法默认$\widehat{a}\,\widehat{b}$分布符合两个正态分布随机变量的乘积分布，是不对称的偏态分布，因此乘积分布法在构建置信区间时，置信区间的上、下置信限（confidence limit）需要不同的临界值，所得到的置信区间是不对称的置信区间。第二，Bootstrap法。Bootstrap法是一个非参数的重新抽样程序，其对中介效应的分布并没有要求，可以克服中介效应的非正态分布的问题。Bootstrap法的具体操作步骤为：通过对现有样本进行n多次（n>1000）有放回地重复抽样，即将原始样本

〔1〕张涵、康飞："基于bootstrap的多重中介效应分析方法"，载《统计与决策》2016年第6期。

〔2〕方杰、张敏强："中介效应的点估计和区间估计：乘积分布法、非参数Bootstrap和MCMC法"，载《心理学报》2012年第10期。

当作 Bootstrap 总体，从这个总体中有放回地重复取样以获得类似于原始样本的 Bootstrap 样本，然后计算每个抽样后所得到样本中的 $ai * bi$ 值，以及总中介效应估计值 $\sum ai * bi$ ，就可以获得 n 个总中介效应和特定中介效应，将他们从小到大排列，就可以得到总中介效应或某特定中介效应的非参数近似抽样分布。其中第 2.5 百分位点和第 97.5 百分位点就构成了置信度为 95% 的中介效应置信区间。第三，马尔科夫链蒙特卡罗（MCMC）法。马尔科夫链蒙特卡罗方法是在贝叶斯理论框架下，将马尔科夫链过程引入到蒙特卡罗模拟中，实现抽样分布随模拟的进行而改变的动态模拟。

五、分析软件

本研究使用社会科学统计软件包 SPSS18.0 以及 PROCESS 插件进行统计分析。

第三节　统计结果

一、相关分析

变量间的相关关系如表 1 所示。从相关关系矩阵可以看出：首先，我们所选取的宏观层面上的分析变量都与我们要研究的因变量公安机关的刑事立案数有较为显著的相关关系，而且相关系数整体较高。但是，需要注意的是，只有腐败立案数与刑事立案数的相关关系不是很显著，而且两者的关系是负相关关系，这与本章的假设有一定的冲突，需要作进一步的研究和探讨。同时，数据显示，腐败立案数与大多数的变量都不显著，这也是需要作进一步的分析的。其次，除了腐败立案数之外，其余变量之间也都存在较为显著的相关关系。这与本研究的假设是一致的，也是后续作进一步分析的基础。

表 1　变量间的皮尔逊相关系数矩阵

	刑事立案数	腐败立案数	失业率	城市化率	离婚率	人均 GDP	高校生师比	基尼系数	GDP
刑事立案数	1	-0.329	.609 **	.976 **	.934 **	.911 **	.911 **	.818 **	.906 **
腐败立案数		1	-.592 **	-0.121	-0.118	-0.21	-0.149	0.078	-0.212
失业率			1	.538 **	.505 **	.527 **	.609 **	.450 **	.524 **
城市化率				1	.961 **	.930 **	.921 **	.851 **	.924 **
离婚率					1	.987 **	.800 **	.747 **	.985 **
人均 GDP						1	.753 **	.660 **	1.000 **
生师比							1	.905 **	.744 **
基尼系数								1	.650 **
GDP									1

注：* 代表在 0.05 水平上显著；** 代表在 0.01 水平上显著。

二、回归分析

在相关分析的基础上，为进一步检验宏观因素对犯罪问题的影响，需要接着采用回归分析的方法对相关数据进行分析。在回归分析方法的选择上，因为上述多个变量间存在多重共线性，所以需要选择逐步回归的方法进行回归分析。[1]以公安机

〔1〕 多重共线性是指解释变量间的高度相关。逐步回归（Stepwise Regression）是一种常用的消除多重共线性、选取最优回归方程的方法，其做法是将变量逐个引入自变量，引入的条件是该自变量经 F 检验是显著的，每引入一个自变量，对已选入的变量进行逐个检验，如果原来引入的变量由于后面的变量的引入而变得不再显著那么就将其剔除，这个过程反复进行，直到既没有不显著的自变量选入回归方程，也没有显著自变量从回归方程中剔除为止。

关刑事立案数为因变量，以其他变量为自变量进行三个逐步回归，分别考察经济增长、工业化和城市化与刑事犯罪的关系。

（一）经济增长与犯罪现象变化之间关系的回归分析

我们首先通过回归分析考察经济增长与犯罪现象变化之间的关系。按照我们的假设，我们以 GDP、基尼系数、城镇失业率、普通高校生师比、腐败立案数和离婚率为自变量，以刑事立案数为因变量，进行逐步回归分析。这一方面是为了考察这些因素对犯罪现象的解释力，另一方面是为了对比我们假设的中介因素（基尼系数、城镇失业率、普通高校生师比、腐败立案数、离婚率）与 GDP 相比是否具有对犯罪现象更为直接的预测力。回归结果如表 2 和表 3 所示。

表 2　回归分析一之模型汇总

模型	R	R 方	调整 R 方	标准估计的误差	更改统计量				
					R 方更改	F 更改	df1	df2	Sig. F 更改
1	.934a	.873	.870	788336.100	.873	240.877	1	35	.000**
2	.973b	.948	.944	514298.265	.074	48.236	1	34	.000**

注：1. ** 表示在 .01 水平（双侧）上显著；* 表示在 0.05 水平（双侧）上显著；

2. 以 GDP、基尼系数、城镇失业率、普通高校生师比、腐败立案数和离婚率为自变量，以刑事立案数为因变量。

表 3　回归分析一之回归系数表

模型	非标准化系数		标准系数		
	B	标准误差	Beta	t	Sig.
1（常量）	-198714.005	245301.791	.934	-.810	.423
离婚率	2909942.048	187493.644	.934	15.520	.000**

续表

模型	非标准化系数		标准系数		
	B	标准误差	Beta	t	Sig.
2（常量）	-884017.818	188006.171		-4.702	.000**
离婚率	1776535.766	203945.026	.570	8.711	.000**
高校生师比	171300.217	24664.557	.455	6.945	.000**

注：1. ** 表示在 .01 水平（双侧）上显著；* 表示在 0.05 水平（双侧）上显著；

2. 以 GDP、基尼系数、城镇失业率、普通高校生师比、腐败立案数和离婚率为自变量，以刑事立案数为因变量。

从回归分析的结果看，离婚率首先进入回归方程，且具有较高的显著性，高校生师比其次进入回归方程。Anova 分析显示，最终回归模型 F=307.1，显著性水平为 0.000。而且，最终模型的调整 R 方为 0.944，说明回归方程具有较高的拟合效果。这一结果说明，离婚率和高校生师比对刑事立案数具有较好的解释力。同时也说明相对于 GDP，离婚率和高校生师比与刑事立案数的关系更为密切，能更好地预测刑事立案数。这一结果也验证了我们的假设，就是说 GDP 的增长并不一定直接导致犯罪问题的加剧。另外，我们可以看到，回归方程的系数都为正，也就是说离婚率和高校生师比越高，刑事立案数会越大。

（二）工业化与犯罪现象变化之间关系的回归分析

然后，我们通过回归分析考察工业化与犯罪现象变化之间的关系。按照我们的假设，我们以人均 GDP（工业化的量化指标）、基尼系数、城镇失业率、普通高校生师比、腐败立案数和离婚率为自变量，以刑事立案数为因变量，进行逐步回归分析。这一方面是为了考察这些因素对犯罪现象的解释力，另一方面是为了对比我们假设的中介因素（基尼系数、城镇失业率、普通高校生师比、腐败立案数、离婚率）与工业化程度相比对犯罪现象是否具有更为直接的预测力。回归结果如表 4 和表 5 所示。

表 4　回归分析二之模型汇总

模型	R	R 方	调整 R 方	标准估计的误差	更改统计量				
					R 方更改	F 更改	df1	df2	Sig. F 更改
1	.934a	.873	.870	788336.100	.873	240.877	1	35	.000**
2	.973b	.948	.944	514298.265	.074	48.236	1	34	.000**

注：1. ** 表示在 .01 水平（双侧）上显著；* 表示在 0.05 水平（双侧）上显著；

2. 以人均 GDP、基尼系数、城镇失业率、普通高校生师比、腐败立案数和离婚率为自变量，以刑事立案数为因变量。

表 5　回归分析二之回归系数表

模型	非标准化系数		标准系数		
	B	标准误差	Beta	t	Sig.
1（常量）	−198714.005	245301.791		−.810	.423
离婚率	2909942.048	187493.644	.934	15.520	.000**
2（常量）	−884017.818	188006.171		−4.702	.000**
离婚率	1776535.766	203945.026	.570	8.711	.000**
高校生师比	171300.217	24664.557	.455	6.945	.000**

注：1. ** 表示在 .01 水平（双侧）上显著；* 表示在 0.05 水平（双侧）上显著；

2. 以人均 GDP、基尼系数、城镇失业率、普通高校生师比、腐败立案数和离婚率为自变量，以刑事立案数为因变量。

从回归分析的结果看，人均 GDP 未能进入回归方程，所以这一回归分析的结果与第一个回归分析的结果一致。这一结果说明，相对于人均 GDP，离婚率和高校生师比对刑事立案数具有较好的解释力。也就是说，人均 GDP 的变化并不一定会直接导致犯罪现象的变化。当然，这一结果的出现也不能排除人均 GDP 和 GDP 高度相关这一因素的存在。

（三）城市化与犯罪现象变化之间关系的回归分析

最后，我们通过回归分析考察城市化与犯罪现象变化之间的关系。按照本章的假设，我们以城市化率、基尼系数、城镇失业率、普通高校生师比、腐败立案数和离婚率为自变量，以刑事立案数为因变量，进行逐步回归分析。这一方面是为了考察这些因素对犯罪现象的解释力，另一方面是为了对比我们假设的中介因素（基尼系数、城镇失业率、普通高校生师比、腐败立案数、离婚率）与城市化率相比对犯罪现象是否具有更为直接的预测力。回归结果如表 6 和表 7 所示。

表 6　回归分析三之模型汇总

模型	R	R 方	调整 R 方	标准估计的误差	更改统计量				
					R 方更改	F 更改	df1	df2	Sig. F 更改
1	.976a	.952	.950	486025.720	.952	690.805	1	35	.000**
2	.981b	.962	.959	439638.214	.010	8.776	1	34	.006**

注：1. ** 表示在 .01 水平（双侧）上显著；* 表示在 0.05 水平（双侧）上显著；

2. 以城市化率、基尼系数、城镇失业率、普通高校生师比、腐败立案数和离婚率为自变量，以刑事立案数为因变量。

表 7　回归分析三之回归系数表

模型	非标准化系数		标准系数		
	B	标准误差	Beta	t	Sig.
1（常量）	-3416280. 889	258083. 025		-13. 237	. 000**
城市化率	185155. 358	7044. 635	. 976	26. 283	. 000**
2（常量）	-3919862. 190	288785. 595		-13. 574	. 000**
城市化率	173101. 405	7560. 623	. 912	22. 895	. 000**
城镇失业率	275356. 349	92951. 785	. 118	2. 962	. 000**

注：1. ** 表示在 .01 水平（双侧）上显著；* 表示在 0.05 水平（双侧）上显著；

2. 以城市化率、基尼系数、城镇失业率、普通高校生师比、腐败立案数和离婚率为自变量，以刑事立案数为因变量。

从回归分析的结果看，离婚率首先进入回归方程，且具有较高的显著性，高校生师比其次进入回归方程。Anova 分析显示，最终回归模型 F = 426. 525，显著性水平为 0. 000。而且，最终模型的调整 R 方为 0. 959，说明回归方程具有较高的拟合效果。这一结果说明，城市化率和城镇失业率对刑事立案数具有较好的解释力。同时，这一回归结果表明，与经济增长和工业化率相比，城市化率对刑事立案数的影响较为明显，可以与城镇失业率一起对犯罪现象进行较好的预测。另外，我们可以看到，回归方程的系数都为正，也就是说城市化率和城镇失业率越高，刑事立案数会越大，也就是说犯罪问题会越严重。

三、中介效应分析

在上述统计分析的基础上，我们着重考察影响经济发展、现代化与犯罪问题之间关系的中介因素。具体分析使用 spss 软件的 process 插件。参照 Hayes 提出的中介效应分析方法逐一进行中介效应检验，采用 Bootstrap 方法选择 bootstrap 样本量为 1000、95%置信区间，结果如表所示，95%CI 区间不包含 0，表明中介效应显著。另外，由于腐败立案数仅与失业率存在相关关系，所以并未将其纳入中介因素分析，仅将相关显著的变量进行中介效应分析。也就是说，分别以 GDP（经济发展指标）、人均 GDP（工业化指标）和城市化率（城市化指标）作为预测变量，以公安机关的刑事立案数为因变量，考察城镇登记失业率、离婚率、普通高校生师比、基尼系数，在这两者中间是否有中介效应。结果分别如下：

表 8　经济发展与犯罪率之间中介因素的考察

预测变量	中介变量	因变量	效应值	95%CI	
				BootLLCI	BootULCI
GDP	城镇登记失业率	公安机关刑事立案数	8.72	0.07	3.94
	离婚率		-4.81	8.88	20.32
	普通高校生师比		5.51	3.18	6.19
	基尼系数		6.99	1.56	4.65

从表 8 的结果，我们可以看到，城镇登记失业率、离婚率、高校生师比、和基尼系数都在 GDP 与刑事立案数中间起着显著的中介作用。也就是说，经济增长会通过城镇登记失业率、离婚率、普通高校生师比、基尼系数等因素的中介作用对犯罪数量产生影响。

表 9　工业化与犯罪率之间中介因素的考察

预测变量	中介变量	因变量	效应值	95%CI	
				BootLLCI	BootULCI
人均GDP	城镇登记失业率	公安机关刑事立案数	120.16	1.04	53.85
	离婚率		-60.91	108.30	279.63
	普通高校生师比		76.30	41.92	85.58
	基尼系数		96.64	21.42	64.98

从表 9 可以看出，城镇登记失业率、离婚率、普通高校生师比、基尼系数也都在人均 GDP 与刑事立案数中间起着显著的中介作用。也即是说，人均 GDP 可以通过城镇登记失业率、离婚率、普通高校生师比、基尼系数等因素的中介作用对犯罪数量产生影响。

表 10　城市化与犯罪率之间中介因素的考察

预测变量	中介变量	因变量	效应值	95%CI	
				BootLLCI	BootULCI
城市化率	城镇登记失业率	公安机关刑事立案数	173101.40	3887.70	28785.69
	离婚率		192576.13	-47419.84	53887.01
	普通高校生师比		170674.71	-34186.45	44976.87
	基尼系数		192257.95	-27329.22	18534.72

从表 10 可以看到，只有城镇登记失业率在城市化与犯罪率之间存在显著的中介作用，而离婚率、普通高校师生比、基尼系数都没有显现出显著的中介作用。也就是说，城市化可以通过城镇登记失业率的中介作用对犯罪数量产生影响。这一结果也与回归分析的结果相对应，因为从回归分析的结果看，城市

化率自身对刑事立案数有较高的预测能力，而且与城镇失业率一起，更能较高地解释刑事立案数的变化。

第四节　结果讨论

在本章中，运用实证研究方法对第三章提出的宏观分析模型进行了部分验证，研究结果在很大程度上支持了本章的研究假设，揭示了经济发展、现代化与犯罪现象之间的更深层次的关系。也就是说，经济的发展和现代化进程会通过一些宏观因素对犯罪现象起到影响作用。它们之间的内在机理如下：

一、经济发展与犯罪现象的变化

关于经济发展与犯罪现象变化之间的关系，我们做了三个层面上的分析：首先，相关分析表明两者之间具有高度的相关性，说明两者之间存在着一定的影响关系；其次，以 GDP 和其他 5 个我们假设的中介因素为自变量进行逐步回归分析发现，GDP 并不能直接预测刑事立案数，而离婚率和高校生师比这两个中介因素与 GDP 相比在这一模型里能更好地预测刑事立案数的变化；最后，本研究以 GDP 为预测变量，以刑事立案数为因变量，考察了城镇登记失业率、离婚率、普通高校生师比、基尼系数这四个因素的中介作用。结果显示，这四个因素的中介效应都完全显著。这充分验证了本章的假设，也就是说，经济的快速发展，并不会直接导致犯罪率的上升或者下降，两者之间并不是简单的线性关系，或者说以简单的线性关系去概括它们之间的关系是不够科学的。这一结果与本书提出的理论模型是相一致的。如果用模型图表示，按照我们的研究结果，经济发展与犯罪数量之间的关系如图 5 所示。

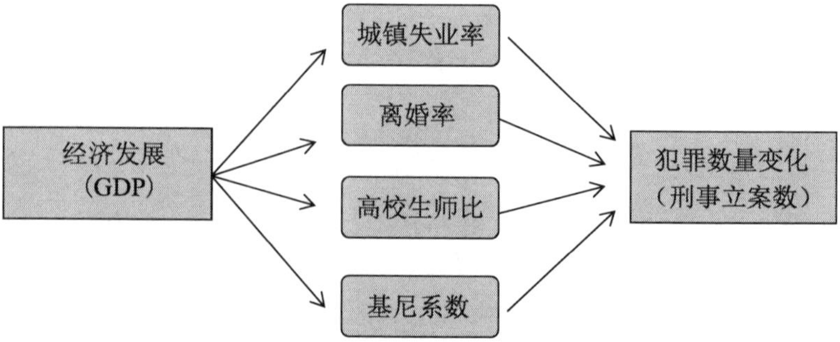

图 5　经济发展与犯罪数量关系图

综合上述结果，本研究更进一步揭示了经济发展与犯罪现象变化之间的更深层次关系。首先，经济的发展和现代化进程会引起社会的失范，会在一定程度上影响一些宏观因素的变动，这些因素也包括一些会导致犯罪率上升的因素；其次，社会控制作为重要的中介因素，能够缓解并控制上述那些导致犯罪率上升的因素加剧。这些因素包括城镇登记失业率、离婚率、普通高校生师比、基尼系数等，可以在 GDP 和刑事立案数之间起到显著的中介作用。这也就是说，如果在经济增长的同时，我们能够控制好城镇失业率、离婚率、高校生师比以及基尼系数这四个因素，那么就不会导致犯罪率的上升。而这四个因素实质上反映了一部分社会控制的能力，这也充分证明了社会控制因素的关键作用。

二、工业化与犯罪现象的变化

关于工业化与犯罪现象变化之间的关系，我们也做了三个层面上的分析。首先，相关分析表明两者之间具有高度的相关性，说明两者之间存在着一定的影响关系；其次，以人均 GDP 和其他 5 个我们假设的中介因素为自变量进行逐步回归分析发现，人均 GDP 并不能直接预测刑事立案数，而离婚率和高校生师比这两个中介因素与人均 GDP 相比在这一模型里能更好地预测刑事立案数的变化；最后，本研究以人均 GDP 为预测变量，以刑事立案数为因变量，考察了城镇登记失业率、离婚率、普通高校生师比、基尼系数这四个因素的中介作用。结果显示，这四个因素的中介效应都完全显著。这充分验证了本章的假设，也就是说，工业化进程也不是必然会导致犯罪率的上升或者下降，它们中间也是需要其他因素的影响才能都起作用的，这一结果也是支持本书提出的理论模型的。如果用模型图表示，按照本章的研究结果，经济发展与犯罪数量之间的关系如图 6 所示。

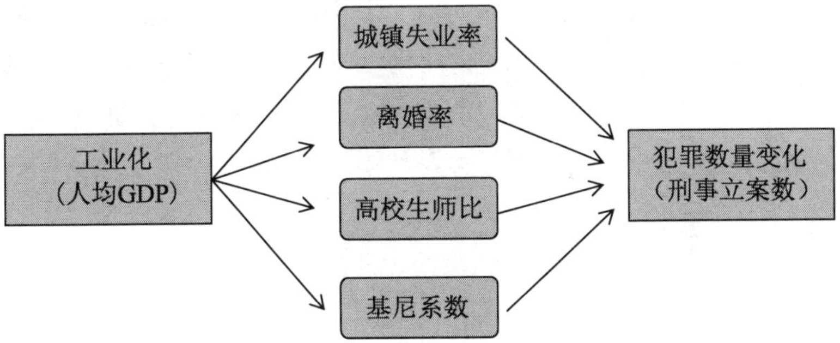

图 6　工业化与犯罪数量关系图

上述研究结果表明，与经济发展和犯罪现象之间的关系一样，工业化会触发社会失范，但是城镇登记失业率、离婚率、普通高校生师比、基尼系数等因素，作为社会控制效果的代表因素会在人均 GDP 和刑事立案数之间起到显著的中介作用。这也就是说，如果在工业化的同时，我们能够控制好城镇失业率、离婚率、高校生师比以及基尼系数这四个因素，那么就不会导致犯罪率的上升。而这四个因素实质上代表了一部分社会控制的能力，这也充分证明了社会控制因素的关键作用。

三、城市化与犯罪现象变化的关系

关于城市化与犯罪现象变化之间的关系，我们也做了三个层面上的分析。首先，相关分析表明两者之间具有高度的相关性，说明两者之间存在着一定的影响关系；其次，以城市化率和其他5个我们假设的中介因素为自变量进行逐步回归分析发现，城市化率和城镇失业率一起能预测刑事立案数；最后，本研究以城市化率为预测变量，以刑事立案数为因变量，考察了城镇登记失业率、离婚率、普通高校生师比、基尼系数这四个因素的中介作用。结果显示，在这四个因素中，只有城镇登记失业率的中介效应显著，而其他三个因素的中介效应不显著。这在部分程度上验证了本章的假设，也在一定程度上验证了本书提出的理论模型。如果用模型图表示，按照我们的研究结果，经济发展与犯罪数量之间的关系如图7所示。

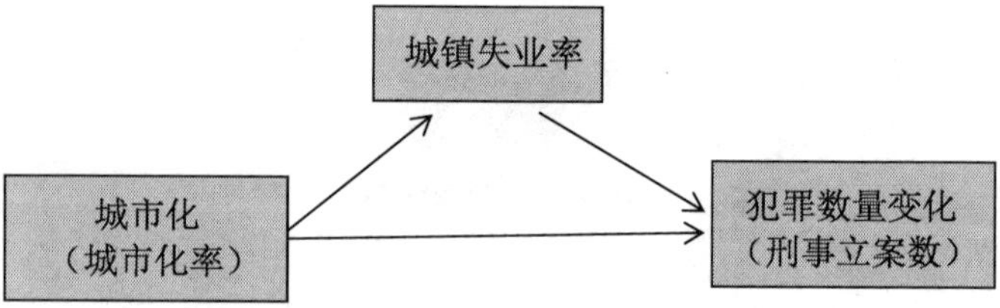

图7　城市化与犯罪数量关系图

本研究的结果需要从两个方面去理解。首先，很明显，与经济发展和工业化相比，城市化率与刑事立案数的关系更为密切，这从回归分析的过程中可以看出，城市化率与城镇失业率一起可以直接作为刑事立案数的预测变量来进行对刑事立案数的预测。其次，虽然城市化率与刑事立案数的关系较为密切，但是并不能说明城市化率与犯罪率的变化之间是简单的完全线性关系，因为我们的研究显示，城镇失业率是一个较为显著的中介因素，具有显著的中介效应。也就是说，我们在进行城市化的同时，如果能够控制失业率，那么就可以在一定程度上缓解城市化对犯罪率的影响。

四、研究结论

本研究使用 1979 年至 2015 年的时间序列数据，选取 GDP、刑事立案数、腐败立案数、城镇登记失业率、基尼系数、失业率、离婚率等为量化指标，采用实证研究的方法探讨了经济发展、工业化和城市化与犯罪现象的变化之间的关系。研究结果很大程度上支持了我们的研究假设。研究结论如下：

第一，经济快速发展、工业化以及城市化与犯罪现象的变化之间存在一定的影响关系，尤其是经济的快速发展和城市化进程，在我国的环境下能够在一定程度上预测犯罪率的变化。

第二，经济快速发展、工业化以及城市化与犯罪率的变化之间并不是简单的线性关系，不能做简单的线性理解。它们之间存在着较多的中介因素会影响两者的关系。

第三，城镇登记失业率、离婚率、普通高校生师比、基尼系数等四个社会控制因素在经济的快速发展和犯罪率的变化之间存在着显著的中介效应。

第四，城镇登记失业率、离婚率、普通高校生师比、基尼系数等四个社会控制因素在工业化和犯罪率的变化之间存在着显著的中介效应。

第五，城镇登记失业率在城市化和犯罪率的变化之间存在着显著的中介效应。

五、本研究存在的不足

与之前的研究相比，本研究更深入地挖掘了经济发展、现代化与犯罪数量变化之间的关系，取得了一定的研究进展，但是还存在以下一些不足：

第一，本研究采用刑事立案数作为因变量，能够较为直接地反映我国犯罪问题的变化。但是，由于我国的犯罪统计还不健全，再加上犯罪黑数的存在，刑事立案数与实际的犯罪情况可能会存在一定差距。另外，刑事立案数并不能反映社会中的一般越轨行为，而越轨行为在很大程度上是社会稳定的重要指标。

第二，本研究中，腐败立案数与其他几个因素之间的相关较弱，这与本节的研究假设稍微有所不符，需要后续的研究做进一步的探讨。

第三，本研究选取的代表社会控制程度好坏的中介因素，例如城镇登记失业率、离婚率、普通高校生师比、基尼系数等因素间的相互影响关系不太明确，本研究未能作进一步的探讨，以后的研究可以作更为深入的研究，进一步挖掘现代化、经济发展与这些因素之间的相互影响关系，以及它们对犯罪数量变化的影响。

第四，本研究对本书提出的模型的验证是一种部分验证，因为有一些非正式的社会控制因素难以进行有效的量化，如文化因素，这需要在以后的研究中进行更为深入的探讨。

第五章
对今后犯罪防控的建议

犯罪防控包含了犯罪预防和犯罪控制两个方面。犯罪预防与犯罪控制，是犯罪学研究的重要归宿，是犯罪对策的基本课题。其中，犯罪预防以犯罪原因的揭示为基础，针对犯罪形成机制，阻断犯罪原因因素；犯罪控制以犯罪条件的揭示为基础，针对发生机制，阻断犯罪条件因素。[1]犯罪是人类社会长期存在的一种正常的社会现象，人类漫长的实践已经证明，仅靠打击和处罚等治标措施是远远不能有效遏制犯罪问题的，而针对犯罪原因和犯罪条件进行综合的犯罪防控才是最为有效的途径。同时，犯罪的防控应当是一种综合多种力量、多种举措，在多个层面开展的体系化的工作。而犯罪防控的宗旨也应当是以努力限制、克服各种犯罪诱因，及时消除各种不安定因素为最优先和最根本的选择的。

犯罪本质上是一定社会环境的产物，在不同的时空条件下必然会呈现出不同的特征和规律，因此，在掌握一定时空下犯罪现象的发生机制的基础上，如何有针对性地改善社会环境质量，乃是犯罪防控的重中之重。在人类历史上，在不同时期的不同地点，犯罪都不是均匀分布的。不同的社会制度，不同的

---

〔1〕 张小虎："犯罪预防与犯罪控制的基本理念"，载《河南省政法管理干部学院学报》2008 年第 1 期。

社会发展阶段，不同的政治、经济、文化环境等宏观因素对犯罪具有根本性的影响。马克思主义认为，犯罪现象是一种阶级社会的历史产物，它受不同的阶级、社会、阶段，一定社会历史时期的政治、经济，及其他的社会环境因素的制约。由于一定历史时期一个国家或社会的政治、经济政策及其他的社会环境因素等也是较为稳定的，从而决定了犯罪的类型、数量、特点和手段等在一定范围内也是相对稳定的。认识和掌握了这些规律后，就能采取一些必要措施，有效地控制和预防犯罪结果的发生，这就为我们进行犯罪预防提供了科学的依据。

我们的研究通过实证的方法，更深入地探讨了改革开放以来我国犯罪现象的变化机制。通过我们的研究发现：改革开放后，我国经济的飞速发展和高度压缩的现代化进程触发了社会失范，给每个个体带来了追求物质和财富成功的紧张压力；与此同时，我国的社会控制也被削弱，无论是正式社会控制还是非正式社会控制，都在这一时期内出现无能为力的状况；社会控制的削弱更加剧了社会的失范，从而导致一部分个人以不择手段的方式来实现财富和物质的积累，这最终也造成了犯罪和越轨行为的增多。本研究最大的创新是，我们研究证明了经济的发展和现代化并不必然导致越轨和犯罪行为的增多，社会控制作为中介因素，在中间起着重要的中介调节作用。综合本研究的研究结果，我们认为应当首先树立正确的发展观念，确立科学的发展目标，以此来消解物质主义带来的紧张压力；其次，通过多种渠道加强社会的正式控制和非正式控制。

第一节　消解物质主义带来的失范

宏观层面上的犯罪防控更多地侧重于初级预防。初级预防的目的是努力防止犯罪发生的一切可能性，关注可能导致犯罪发生的社会和自然环境的所有方面。犯罪是社会的晴雨表，社会的疾病导致了社会犯罪现象的反常。固然需要对反常的犯罪采取相应的刑事措施，但是更需要通过改善社会政策来治理犯罪。[1]因此，也正是从这个意义上讲，最好的社会政策就是最好的刑事政策。

基于本书的研究结果，改革开放后我国犯罪率的变化是由物质主义的主导所引起的社会失范，在整个社会追求物质快速发展的大环境下，每个个体都承受着巨大的实现物质成功的压力，这最终导致在社会控制削弱的情况下，一些个人不择手段地去实现物质的成功。所以，要有效地对犯罪问题进行防控，我们首先就需要尽量缓解物质主义带来的紧张。整体来说，我们要在国家层面上树立正确的社会发展理念，形成推动高质量发展的指标体系、标准体系、绩效和政绩考核机制，促进社会的全面发展；在个人层面上设立多种类型的成功目标，促进每个个人的全面发展。

一、树立正确的社会发展理念

宏观层面上犯罪防控的首要因素就是要树立正确的社会发展理念，只有这样才能在具体的社会发展过程中坚持正确的发展方向，提出正确的发展思路，并制定正确的发展策略。具体来说我们应当认识到：社会的发展是社会各个层面的统一协调发展，不是某一方面的单独、片面发展。从宏观方面讲，只有物质文明和精神文明都实现较大的发展，才能最终实现社会的

---

〔1〕 张小虎：《转型期中国社会犯罪原因探析》，北京师范大学出版社 2002 年版，第 16 页。

发展。另外，我们还要清醒地认识到，社会发展的真正目的是为了促进人类的发展和幸福。人人都能在其中充分发挥自己的才华，展现自己的能力，参与社会分工，最大限度地实现自己的梦想和抱负，并在实现自身理想和对社会发展做出贡献的同时获得相应的回报，拥有幸福而稳定的家庭，尽可能地拥有丰富多彩的社会关系，这才是社会发展的真正目的和应然的状态。我们可以从以下几个层次来理解这一问题。

（一）物质的发展富足对一个国家和社会发展的重要性是不可否认的

社会的发展离不开经济的发展。首先，发展经济可以提高一个国家人民的生活水平。改革开放以来，我国居民的生活水平得到了极大的提高和改善，特别是与人民群众生活密切相关的消费品，在数量上、质量上、品种上都能够基本满足生活需求。同时，居民的消费结构也明显改善，目前我国城镇居民的恩格尔系数已经接近中等收入国家水平；城乡居民的收入快速增长，绝对收入有了较大的提高，收入水平的增长有效地提高了居民的消费水平；生活的环境与质量有了较大的改善；交通、运输条件得到较大改变，城乡面貌焕然一新；城乡的生活环境逐步改善，这体现在医疗卫生设施和医疗水平有了较大改变和提高，城乡居民的住房条件也有了较大改变。其次，物质的富足能够增强我国的综合国力，提高国际竞争力。物质的富足特别是国家经济的发展是综合国力的重要体现。改革开放成就了中国的经济，从改革开放到 2016 年，国民经济快速增长，中国经济保持着年均 9.0%以上的增长速度，对比改革开放以前，速度惊人，这在世界历史上是没有先例的。同时，我国的经济实力明显增强。目前，我国的经济总量已经稳居世界第二，2016 年中国经济在全球的占比已经达到了 14%以上。最后，我国重要工农业产品的产量已经跃居世界前列。可以说，改革开放彻底改变了新中国成立初期积贫积弱、一穷二白的状况。我国的经济成就不仅写在了中国历史之上，也在世界历史上刻下了辉煌的一页。

（二）物质的发展并不是社会发展的全部

这里的社会发展是指在特定的社会发展阶段中一个社会各方面整体的发展。很明显，物质的发展只是社会发展的一部分，或者说在社会发展过程中起到基础性的作用。但是，除了经济和物质的发展，社会的发展还包括文化、政治、习俗、体制等一系列内容的发展。在社会发展的问题上，相当长的时间内，人们把衡量社会发展或进步的视角放在单纯的社会财富和经济增长上，认为财富增长了，物质富有了，国家就富强了，人民的生活质量就提高了，认为所谓的经济增长等同于经济的发展，也等同于社会的繁荣。还有一种错误的观点认为，社会的发展就是要满足基本的需求，认为满足人们的衣食住行、就业、教育、医疗等方面的需求就是社会的全面进步。这些观点都是存在缺陷的。衡量社会全面发展进步的尺度，不仅包括人们的基本需求，还应当包括满足与人的物质文化需求有关的社会文化政治等条件。因此，在这里我们要明确的是，经济的发展和物质的富足，并不等于现代化的实现，更不等同于社会全面发展的实现。

（三）注重整个社会全面均衡发展

当前，我国的经济发展已经到了一定的阶段，在这一阶段社会发展的不平衡已经开始制约经济的发展，我们在坚持经济建设不放松的同时，应当注重促进其他方面的发展和进步。2017 年 10 月 18 日，习近平同志在十九大报告中强调，中国特色社会主义进入新时代，我国社会主要矛盾已经转化为人民日益增长的美好生活需要和不平衡不充分的发展之间的矛盾。这一判断深刻反映了我国现阶段的特征。在改革开放 40 周年之际，我国的社会生产力和生产关系、经济基础和上层建筑都发生了深刻的变化。人们对美好生活、对社会发展的需要和期许也日益广泛，不仅仅在物质文化生活方面的要求日益增长，在民主、法治、公平、正义、安全、环境等方面的要求也在日益增长。其中，现阶段的不平衡问题更加明显，这突出表现在城乡、区域以及物质文明和精神文明等方面。将这一论断运用到我们今后的犯罪防控中去，就是要为社会的全面发展确立更为全面科学的目标，而不是仅仅专注于经济的发展和物质的富足，这样才能从根本上化解普遍追求物质成功这一目标所带来的社会层面上的失范和个人层面上的紧张。

二、确立科学的发展目标

（一）国家层面确立全面的发展指标

从国家层面讲，应当在充分认识当前社会矛盾的基础上，确立更为全面的社会发展指标。国家的政策引导和发展指向对于社会中的每个个人来说具有重要的指引作用。当国家的政策指向经济建设，一切都在为经济建设服务的时候，每个个人也就会自然而然地去以经济的标准来衡量一切，也就会自然而然地去追求物质层面上的成功。反之，当国家的导向指向多方面的发展指标时，每个个人也就会自然而然地根据自身的情况去寻求相应的发展目标。所以，在今后的时间里，从国家层面上讲，除了经济发展和物质富足的相关指标，还应当基于解决发展不平衡的问题，在政治、文化、社会、生态等方面确立一定的发展目标和具体的落实指标。这样一方面有助于社会的全面发展，真正解决我国社会发展不平衡的问题；另一方面能够从一定程度上缓解追求物质成功所带来的失范和紧张。

（二）个人层面设立多种类型的成功指标

如前所述，按照失范理论的表述，当一个社会的个体无法使用制度性手段去实现社会所设立的目标时，个体就会产生紧张压力，在这种紧张压力下就有可能会出现越轨行为。而根据我们前述的研究分析，改革开放后，我国对经济发展的不合理性认识，导致人们将物质和财物的积累作为衡量成功的标准，同时在社会控制被削弱的情况下，又导致一部分人不择手段地去实现物质层面的成功。

基于上述分析，本书认为，在个人层面上我们应当注重从多方面引导个人设立多种类型的成功目标。也就是说，要将积累财富之外的其他类型的成功目标提升到文化层级或者国家和社会层面所认可的地位上来。这样就会缓解追求物质成功所带来的压力和紧张。具体来说，可以突出政治、家庭、教育等其他方面的重要性。换言之，除了经济方面的成功，还有很多其他方面的成功可以作为每个个人所追求的目标，如家庭的美满幸福、子女的养育、学习、教育、社会公益服务以及一些利他的行业等等。这些成功目标的确立，一方面可以分散缓解整个社会追求物质成功所带来的压力；另一方面可以促进人才向社会的其他领域流动发展，也会从一定程度上促进整个社会的平衡充分发展。

第二节　加强社会控制

当前，我国正处于改革开放的深化时期，同时也处于矛盾凸显期，社会控制作为失范压力和犯罪行为产生之间的中介因素，具有重要的作用。社会控制是利用多种社会力量对社会成员的社会行为实施约束的过程，最终的目的是消解社会发展过程中产生的失范压力，建立和维持社会秩序，保持社会的稳定和谐运转。

一、加强正式社会控制

正式社会控制的强弱，是国家治理体系是否完善、治理能力是否强大的重要因素之一。基于上述研究，我们应当从缩小贫富差距、完善健全社会保障制度以及进行有效的腐败防控出发。

（一）缩小贫富差距

首先，注重机会平等。机会均等是解决贫富差距和社会失范的重要因素。按照默顿的社会失范理论，实现文化目标的机会在社会各个阶层是不均等的，所以才会导致失范行为的产生。这在我国也是一个较为突出的问题，也就是说最突出问题不是收入的不公平，而是机会的不平等。机会平等被看作实现社会收入公平的根本途径，这种源于现代福利经济学的观点，把社会成员的经济平等规定为机会平等和结果的公平。机会平等的意思是，所有具有工作能力的人，其就业、投资、职务升迁、赚钱盈利的机会都是均等的，作为竞争主体他们都处在同一条起跑线上。结果的公平指个人的努力与所得的对称。一个人只要有能力，勤奋努力，抓住机会，就可以从低收入者进入高收入者行列，所以机会平等可以促进结果的收入公平。机会平等意味着对身份特权的否定、对财产权的有效保护、对未来均等机会的开放。机会平等的核心是保证受教育机会、就业机会和起点公平。推进机会平等，要在制度上保障人民平等竞争的权利，核心是保证受教育机会、就业机会、社会保障方面的起点公平。每个人的能力不等，贡献不同。之所以贡献不同，基本问题是他们所受的教育不同。社会成员受教育程度的高低与其收入的多少成正比例关系，受教育机会的不均衡导致了收入的巨大差距。

其次，建立合理的收入分配制度。第一，要明确公平共享的价值理念，这是深化收入分配制度改革的基本前提。在发展中不但要会“做大蛋糕”，更要学会“分好蛋糕”，最终实现全体国民的共同富裕和公平共享。第二，建立有效的市场机制。收入分配不公的原因首先是市场平台的不公。当前的市场还没有形成统一开放、有序竞争的市场格局。如要素市场没有市场化，距离统一、开放、竞争、有序这四个要求差距很大。劳动力市场依然受到城乡二元体制的阻隔，土地市场受到产权模糊的约束，资金市场受到若干歧视政策的影响。因此，要深化垄断行业和机关事业单位收入分配制度改革，打破垄断，引入竞争，垄断行业向民间资本有序开放，形成统分结合、调控有力的工资收入分配管理体制。第三，建立合理的政策机制。即使市场机制运行良好，它所带来的收入分配格局也不能说是正确、合理、公平或合乎道德的。市场竞争机制本身有加剧贫富差距的特性。因此，政府有责任通过政策机制对过大的收入差距进行补救，如对弱者的援助、对垄断的遏制、对收入的调节等，从而改善公平。具体来说，要采取切实措施，整顿并规范收入分配秩序，逐步扭转收入分配差距扩大的趋势。要努力提高居民收入在国民收入分配中的比重和劳动报酬在初次分配中的比重，切实提高普通劳动者特别是一线劳动者的收入，扭转劳动收入占比下降的趋势，让人们劳有所得、劳有所值。同时，加强税收调节，加大再分配的力度。

（二）完善健全社会保障制度

健全有效的社会保障制度能够缓解追求物质需要所带来的紧张压力，使人们能够关注其他方面的发展和成功目标。如前所述，失范理论告诉我们，如果一个国家能为国民提供足够的经济安全保障、社会福利、养老津贴、医疗保健服务，他们就会较少受到经济因素的影响，也就不会愿意去从事犯罪行为，从而降低整个国家的犯罪率。社会保障作为一种国民收入再分配形式是通过一定的制度实现的。我们将由法律规定的、按照某种确定规则经常实施的社会保障政策和措施体系称为社会保障制度。一般来说，社会保障由社会保险、社会救济、社会福利、优抚安置等组成。社会保障是现代工业文明的产物，是经济发展的“推进器”，是维护百姓切身利益的“托底机制”，是维护社会安全的“稳定器”。社会保障是现代国家一项基本的社会经济制度，是社会安定的重要保障，也是社会文明进步的重要标志。因此，完善社会保障制度，对任何国家都具有非常重要的意义，对社会中的每个个人更是至关重要。

健全社会保障制度的最终目标就是要坚持在发展中保障和改善民生，加强对弱势群体的保护，在幼有所育、学有所教、劳有所得、病有所医、老有所养、住有所居、弱有所扶等方面不断取得新进展。具体来说，可以从以下几个方面着手：首先，在价值理念的追求上，要充分体现公平、正义、共享的核心价值理念。其次，在制度安排上，要立足中国的传统与现实，以社会保险、社会救助、社会福利为基础，以基本养老、基本医疗、最低生活保障制度为重点，以慈善事业、商业保险为补充，加快完善社会保障体系；建立兼顾各类人员的社会保障待遇确定机制和正常调整机制。再次，在保障水平上，确定合理的社会保障待遇水平，实现社会保障待遇的正常调整，使保障水平持续、有序、合理增长。要特别妥善处理好公平与效率、政府与市场、权利与义务等重大关系，实现社会保障与劳动就业、收入分配、公共财政、人口政策的良性互动。最后，在责任机制上，要形成政府、企业、个人责任共同分担的机制，政府承担主导责任；扩大社会保障基金筹资渠道，建立社会保险基金投资运营制度，确保基金安全和保值增值。

（三）建立切实有效的腐败犯罪防控体系

腐败犯罪的防控关系到我国正式社会控制机制的运行效果。虽然在本书的实证研究中，腐败立案数对刑事立案数的中介作用不是很显著，但是腐败犯罪防控的作用对正式社会控制的作用是不容忽视的。要建立科学的反腐机制，要从教育、制度和监督体系这三方面着手，教育、制度和监督三者相互作用才能够最大限度地实现惩治和预防腐败。

1. 做好反腐教育，从思想上杜绝腐败。腐败犯罪的治理，预防是根本，教育是基础，要立足教育，着眼防范，从思想上、源头上建立起反腐防线。开展反腐倡廉教育是筑牢思想道德防线的有效途径，是深入推进反腐倡廉建设、从源头上防治腐败的基础性工程。廉政教育工作作为惩治和预防腐败体系建设的重要内容，只有紧紧抓住针对性和实效性这两个关键问题，着力在分层施教、拓宽内容、灵活手段等方面下功夫，才能深入持久地推进廉政教育在继承中创新、在创新中发展，做到入脑、入心，真学、真信、真用。加大反腐教育力度，要求我们的反腐倡廉教育要触及灵魂。这些年来，我们在反腐倡廉教育方面采取了很多举措，发挥了不少作用，但一些党员干部在搞腐败方面还是不收敛、不收手，该做什么还做什么，这说明有的地方、单位和部门搞教育只是走过场，没有触及灵魂。反腐倡廉教育要使受教育者心灵得到净化提升，明白做人做官的道理，清楚自己的底线在哪里，正确辨别是与非、对与错，永远怀着一颗为民之心。要达到这样的效果，反腐倡廉教育就必须触及灵魂，不能浮在表面，更不能沦为形式。在教育中，既要发挥正面典型的榜样作用，也要发挥落马贪官的反面警示作用。在开展教育活动过程中，应根据教育对象的职务、岗位、地区等方面的不同，从客观实际出发，以人为本、延伸领域、区分层次，实行按需施教、分类施教、因人施教，着力提高廉政教育的针对性。

2. 建立科学的反腐败制度，促进反腐制度化和常态化。制度化反腐是对自上而下依靠权力反腐的人治化反腐败的一种超越，同时也是对时紧时松、忽严忽宽的“运动式”反腐败的一种超越，它是法治反腐和制度反腐的一种有机结合。制度化反腐的目标是实现廉能政治，使干部廉而有为，机构廉而有能，使政府成为廉洁政府、专业政府、效益政府、低成本政府和优质政府。同时，制度化的反腐也是反腐常态化的有效保障。

具体来说可以从以下几个方面着手：第一，改革原有的干部制度，建立严格的公职人员选拔任用、考核和罢免制度。我国原有的干部制度由于历史和现实原因，存在着民主性、科学性严重不足，管理权限过分集中、管理方式陈旧单一，管理制度不健全，离法制化有较大差距等种种缺陷。这也是我国经济转轨时期，行政管理机构反应慢、效率低，腐败现象严重，控制打击不力的重要原因。因此必须改革原有的干部制度，坚持从严治党，从严执政，建立和完善新的公务员制度。第二，要严格公职人员的选拔、任用标准和制度。要选择那些德才兼备、积极负责、素质很高、充满活力的人员。在公职人员的选拔上，主要采用考任制和预备制。考任制，就是在考试的基础上择优选拔录用。考任制要贯彻公开、平等竞争、择优和依法办事的原则。预备制是指对经过考试择优录取的人员，要有一个试用预备期。经预备期试用合格者才能转正。第三，要确立公职人员考核制度。考核制度是指对公职人员的品行和工作情况定期进行考察考核，作为决定其升降奖惩依据的管理制度。这一制度不仅能促使公职人员努力克尽职守，讲求实绩，提高工作效率，改变那种不求有功，但求无过，当一天和尚撞一天钟的不良现象，而且也鞭策公职人员洁身自律，有利于预防和减少公职人员以权谋私、索贿受贿等腐败行为的发生。还要明确公职人员的辞职、辞退和罢免制度。对因贪污贿赂等腐败行为构成犯罪的，除追究刑事责任外，应撤销一切党政职务，并终身不得录用为公务人员；对于有贪污贿赂等腐败行为而构成犯罪的，必须给予严厉的纪律处分、降级并调整工作岗位。第四，建立公职人员财产申报制度，严格限制公务人员接受馈赠和额外报酬。现代社会，财产是个人利益最为集中的体现，公职人员腐败，也突出地表现为利用职权聚敛财物。因此，建立公职人员财产申报、公布制度，严格限制、防止公职人员利用职权谋取私利、索贿受贿等得来的财产的合法化，有利于遏制腐败犯罪行为，树立政府的廉洁形象。第五，严格政务公开制度。政务公开主要是指除不得公开的外交、国防及国家机密外，可以向群众开放政府公务活动的办事规章、制度、程序和资料。政务公开有利于增加公职人员履行职务行为的透明度，使广大群众了解职务行为的主要环节和必要程序，有利于防止和减少公职人员营私舞弊、贪赃枉法、以权谋私、索贿受贿。

3. 建立科学的监督机制。继续建立和完善反腐败犯罪的监察和监督机制，预防和控制腐败犯罪的产生。不受制约、没有监督的权力必然导致权力的滥用和腐败，这是历史和现实反复证明的公理。防治腐败犯罪现象，个人的“自律”固然重要，但我们不能把希望寄托在个人的道德品质上，而必须通过更深层次的体制改革，用权力机制限制人治，并保证这一机制的依法有序和有力运作。应该看到，近些年来，我国各级人大和检察机关的权力监督与法律监督、党的各级纪律检查机关和国家各级行政监察机关的党纪行政监督对反腐败和经济建设的顺利进行起到了重要作用。但是总体讲，我们的监督法规还不完备；监督制度还不健全；监督机关的职能还未充分发挥；有关监督的法规条例原则规定多，可操作性不强；监督的运行方式单一，有些地方还未到位，而且一般对下监督多，对上监督少，事后监督多，事中、事前监督少，监督的力度和权威均不够。而这些一方面对腐败的惩戒显得软弱，另一方面，无形中又助长了不正之风和腐败现象对公职人员的腐蚀和离心作用。

应当从以下几个方面进行反腐监督：第一，加强党内民主监督。保障党员的监督主体地位，落实党员的参与权、知情权、监督权、选举权，推行党务公开，充分发挥党员在党内民主决策中的积极作用。第二，加强司法监督。司法是公平正义的最后一道屏障。司法监督体制的完善，是惩治和预防腐败犯罪的基本手段。第三，加强政府监督。积极完善行政监察体制。加强行政监察工作是宪法和法律赋予各级政府的一项重要职责，对于保证国家行政管理的科学化、民主化、法制化，促进各级行政机关及其公务员依法行政、廉洁高效地履行职责，具有重要作用。第四，加强人民监督。人民监督是一种较为广泛和深入的阶段，也是较为有效的监督方式。因此，我们要不断拓宽人民监督的渠道，建立全民监督的体制。

二、加强非正式社会控制

非正式社会控制作为一种软控制，在我国历史上也一直发挥着重要的作用。非正式社会控制，首先，能够帮助普通群众形成良性的风俗、习惯等非制度化的约束手段，也能帮助社会大众建立基本的是非判断；其次，非正式社会控制能够增强人与人之间的情感联系，这种情感联系一方面能够有效缓解个人层面上的紧张压力，另一方面能够促进人与人之间的沟通理解，减少社会矛盾的滋生；最后，非正式社会控制的增强能够形成一定的社会监督网络，唤醒每个人的公民意识，使他们能够自觉履行公民的义务和责任。具体来说，我们应当从加强文化控制、完善教育功能以及发挥家庭作用等方面着手。

（一）文化控制

价值观和规范是文化内涵的核心内容。价值观用来确定在一种特定文化中什么被认为是重要的、值得的和合意的抽象概念；而规范是反映文化价值观的行为准则。价值观和规范是两个密切联系又相互区别的概念。价值观是一个社会中人们所持有的关于如何区分对与错、好与坏、违背意愿与符合意愿的观念，通常充满感情，它为一个人的行为提供正当依据。规范则是特殊的、具体的，它受到具体情况的限制。规范通常被视为行为的指南，决定一个人在特定情况下应该做什么，不应该做什么。价值观是一般的，而且经常被视为判断规范的标准。如前所述，我们的研究发现改，革开放以来，我国犯罪问题加剧的重要原因就是，部分人在物质主义的影响下，确立了物质和财富至上的价值观，同时由于缺乏一定的规范显著，这些人就以不择手段的方式来追求物质和财富的积累。在这两个方面文化都起着重要的作用。

1. 继承发扬优秀传统文化。文化是一个民族区别于其他民族的独特标识，我们需要认真汲取中华优秀传统文化的思想精华和道德精髓，加强对中华优秀传统文化的挖掘和阐发，使中华民族最基本的文化基因与当代文化相适应、与现代社会相协调。传统文化是一个极为宽泛的概念，其内容中既有精华的部分，也有糟粕的部分；既有时代性、阶级性的一面，也有超越时代的、具有文明共性的一面。我们所说的继承和弘扬，自然是传统文化中独特且优秀的部分，是优秀传统文化中的思想精华和道德精髓，而不是丧失合理性、与时代精神背道而驰的糟粕。继承和弘扬的对象只能是“优秀传统文化”和“传统美德”，这是论及对待传统文化态度问题时一个不言而喻的逻辑前提。之所以要继承我国的优秀传统文化，是因为这些优秀的传统文化是经过历史的检验和沉淀的，这些优秀传统文化在当代仍然具有非常积极的意义和价值。优秀传统文化价值追求也是现代社会所需要的。

文化一般包括物质、制度和思想三个层次。一般认为思想层面是文化的核心，而物质和制度形态的文化是思想的不同表现形式。从思想层面而言，我国的优秀传统文化内容涵盖如下几个方面：[1]第一，万物一体、民胞物与的天人合一思想；第二，和而不同、并行不害的和谐共生思想；第三，自强不息、刚健有为的积极进取思想；第四，天下己任、整体为上的爱众为公思想；第五，重德修身、追求崇高的修身仁爱思想；第六，孝亲尊老、忠信笃敬的社会伦理思想；第七，与时消息、通权达变的求新务实思想；第八，以道制欲、中正平和的德行理性思想；第九，尊师重教、劝学劝善的教育教化思想。

在现代社会物欲横流、消费主导、见物不见人的生存状态下，优秀的传统文化既能够帮助我们树立正确的价值目标，又能增强对人们行为的约束力量。首先，优秀的传统文化不但记录着人们对美好价值和情感的追求，同时在一定程度上也是消解现代社会人的生存虚无性的一剂良药。[2]在片面的发展观的

〔1〕 参见王学伟：“中国优秀传统文化研究 30 年”，载《中州学刊》2014 年第 4 期。

〔2〕 参见李霞：“论优秀传统文化的现代转化”，载《山东社会科学》2015 年第 5 期。

影响下，资本开始统治社会，资本对人最大的统治在于它使人对物进行膜拜，物质的丰富性掩盖了精神的荒芜，精神在资本造就的物质王国面前显得苍白无力。欲望不断被满足的现代人实际上成为物的奴隶，也失去了对现实的批判和反思。但是，一方面对物质的追求是永远没有终点的，另一方面，对物质的追求会使人们忽视精神、道德和规则。所以，我们需要通过优秀的传统文化来帮助我们树立正确的人生追求。其次，优秀的传统文化对我们具有较强的约束力量。优秀的传统文化经过了历史的沉淀和检验，对人的行为具有正面的约束和规范作用。如果将文化的约束内化为每个人的行为规范，将会对社会的稳定起到重要的促进作用。最后，无论物质多么的富饶，对于人本身的生理需求和生理满足来说也是有限的，有限永远不可能让人满足。在不竭的变动中，唯有精神的追求和道德的力量，才是人不断克服自己有限性的根源。人不断超越自己的本性来源于对美好价值和精神世界的追求。优秀传统文化中的精神追求和道德追求在无常的人生中给人以恒定的内心安慰和超越自己的动力和方向。

2. 强化中国特色社会主义文化的主导作用。中国特色社会主义文化是我国的主导文化。党的十五大明确指出：建设有中国特色社会主义的文化，就是以马克思主义为指导，以培育有理想、有道德、有文化、有纪律的公民为目标，发展面向现代化、面向世界、面向未来的，民族的、科学的、大众的社会主义文化。中国特色社会主义文化内涵丰厚。中国特色社会主义文化有着丰富的内涵，以中华优秀传统文化为根基，以马克思主义为指导，以社会主义核心价值观为灵魂，以社会主义先进文化为主体内容和本质特征，吸收人类文明的优秀成果，是中华民族团结奋进的强大精神动力。中国特色社会主义文化有着独特性质和重大功能。一是中国特色社会主义文化积淀着中华民族最深层的精神追求。中国精神是中国特色社会主义文化的灵魂；中国精神是中华民族在长期的历史发展中逐步形成和巩固、发展和丰富的共同精神，是民族传统、文化、心理、素质的集中体现。二是中国特色社会主义文化代表着中华民族独特的精神标识。在五千多年的发展中，中华民族形成了以爱国主义为核心的伟大民族精神。中国精神是民族精神与时代精神相互融合的产物，在中国走向世界、走向现代化、走向未来的进程中，中国精神呈现时代精神。三是中国特色社会主义文化是中国人民胜利前行的强大精神力量。

不断强化中国特色社会主义的主导作用，才能真正起到其应有的作用。如前所述，在经济发展和物质主义的强大冲击下，我国当前存在主导文化和主流文化不一致、主导价值观和主流价值观不一致这一现象。一方面，很多人未能充分认识到中国特色社会主义文化的本质和内涵，总是戴着有色眼镜去认识它。在这些人的眼里，我国的主导文化具有一定的政治化倾向，导致文化的意识形态性过强。这就会导致精英与大众之间的分离和脱节，以及提高与普及之间的分离和脱节。另一方面，在物质主义的强大冲击下，以金钱至上、消费主义等为价值观的物质文化肆虐，在一定程度上成为可以与主导文化相抗衡的主流文化。因此，中国特色社会主义文化的主导作用还有待加强。强化中国特色社会主义文化的主导作用需要从以下方面着手。首先，弱化主导文化中的思想政治化和意识形态化倾向，使文化能够真正为社会大多数接受和认可；其次，加大对特色社会主义文化的宣传教育，开展多种形式的特色社会主义文化建设工作，使其真正深入人心；最后，强化中国特色社会主义文化的规范职能。

（二）强化教育的功能

教育制度是调控社会地位和特权的主要体制之一，而学校则是生产、传递和积累各种文化资本的最基本的体制基础。学校教育的目的是促进个体身心发展，并最终使社会得以延续和发展。学校的教育活动从根本上说是育人活动，而不是经济活动，学校教育不应该谋求经济利益，而是为了造福他人、社会乃至整个人类。从这个意义上说，教育最终是一种公益事业，具有较强的公益性

1. 全面拓展教育功能。教育是整个社会系统中的一个子系统，承担着一定的社会功能。教育的首要功能是促进个体发展，包括个体的社会化和个性化。教育的最基础功能是影响社会人才体系的变化及经济发展。现代社会教育的经济功能主要包括：为经济的持续稳定发展提供良好的背景；提高受教育者的潜在劳动能力；形成适应现代化经济生活的观念态度和行为方式。教育的社会功能是为国家的发展培养人才，服务于国家的政治经济发展。教育的最深远功能是影响文化发展，教育不仅要传递文化，还要满足文化本身延续和更新的要求。

当前我国的学校教育，最为缺乏的是人文教育。物质主义的盛行，使得人在快节奏中无暇顾及读书给人带来人文精神的提升，让人看到的只是金钱和物质的消费，很难领略到人文科学的发展魅力。一个人和一个地方的发展到最后都是归根于人文和品位的提高。学校课堂里缺少的就是人文教育，这其中包括人的人性和灵性。人性教育讲究的就是做人的基本道理和情感，而灵性开发追求的就是人类最了不起的原创性和思想性。人文教育的缺失将会导致科学越发达人类越野蛮的可怕后果，这就是在异化人性，扼杀灵性。其中的一个较为典型的表现就是，当前的教育过分重视智力的培养，而忽视了情感教育，是

一种严重的本末倒置。人们发现今日的学生很聪明，却在聪明中难以获得道德和情感的东西。他们的贪婪和掠夺表现得尤为强烈，他们如何做人和爱人，尊重人和帮助人的能力，已经逐渐淡去，这不能不使人担忧和感到后怕。一个人缺失了感情或没有情感，没有健全的人格人性。没有健康的人文教育，其知识和技能只会成为危害社会和人类的东西。因此，教育应当面向人文和人性，面向爱的真善美。如果教育不能从人性出发，不能以追求幸福和自由为根本，不能给人以真善美和对人的尊重，缺失了人最本质的人文情怀，那么所有的教育都是失败的。

2. 改善教育的市场化导向。教育的市场化导向存在较多的弊端。教育市场化的初衷主要是为了改革教育中的官僚制，但是就我国的情况来看，有些不尽人意。第一，在教育市场化的导向下，教育变成了应试教育和功利性的教育。这就导致教育市场化可能还会产生新的官僚制，会损害民主社会的公共价值，导致公共性的衰退，会把学校看成工厂，把家长看成顾客，会沿袭泰勒式的科学管理模式，迷失公共伦理价值与人的本质，违背教育的终极目的。[1]第二，在教育市场化的导向下，教师不能真正起到传道授业解惑的作用。因为，教育市场化环境下，老师也在更多地关注经济利益，教书育人不再是首要目标，怎么样实现利益的最大化才是市场的核心要求，在这种情况下，教育的内容难免片面单一，教育的手段难免急功近利。第三，市场化导向的教育不能够解决人的信仰问题。市场化的教育更多地关注经济和物质利益，会导致理想主义教育与社会的现实主义教育呈现出尖锐的对立，并自然而然地造成精神层面的缺失。第四，教育市场会严重损害教育平等。市场化的教育资源

〔1〕 潘希武："西方学者对教育市场化改革的检讨教育科学"，载《教育科学》2006 年第 3 期。

很难合理公平地分配到所有的群体中去，会通过教育资源初次分配和择校权利的再次分配进一步弱化弱势家庭利益。这不但会损害一部分弱势家庭的利益，还会造成严重的社会分化。即便是在已经实现义务教育的基础教育阶段，教育的市场化仍然存在很多弊端。例如，有学者指出：[1]我国在基础教育市场化过程中，地方各级政府没有充分把握基础教育产品的属性，放大了基础教育市场化的经济理性。在教育市场化过程中，教育的公益性和非营利性未能得到明晰；在教育市场化的过程中，我国基础教育市场化实践中却出现了种种与基础教育基本理念相背离的现象。地方政策设计中对基础教育价值的偏离，使基础教育发展面临困境；教育市场化对中国教育社会和整体社会的影响是广泛而深刻的。教育分化过早地复制了社会不平等。在这种情况下，教育已经代替门庭、宗教和直接政治、经济背景，成为一种新的不平等机制。人的价值、人对平等的社会地位的更高追求、教育对社会政治民主的演进、对社会阶层的再造、对社会心理直接而深远的影响，被淹没在各种程序性的教育政策和制度安排中。

改善教育的市场化导向，应当从以下几个方面着手：首先，确保教育市场的非营利性。现代社会公民的受教育权、受教育机会应该是平等的，公共资源的分配也应该是平等的。政府应该制定相关法律，保障公民享有公平的受教育权，承担起公共教育的责任。教育市场化的目的只是利用市场的运作方式，打破计划经济体制下资源分配不均衡和利用效率不高的状况，使教育资源的分配和利用更好地符合教育公正的需要，追求教育效率的最大化，而不是追求教育的营利性。其次，政府要建立

---

〔1〕 陈秋苹："基础教育市场化的政策反思及其展望"，载《教育发展研究》2012年第22期。

弱势群体补偿制度。市场是一种竞争和选择，其竞争和选择的结果公正，依赖于竞争和选择起点的平等。在一个竞争和选择起点存在较大差异的地方，罗尔斯指出，为了平等地分配教育资源，社会必须更多地关注那些天赋较低和处于不利地位的人们，对他们实行不平等的分配，“不平等必须确实有效地有利于最不利者的利益。否则这种不平等是不允许的”。也就是说，针对弱势群体而言，只有以不平等分配的方式，也就是给他们以相应的补偿，才能换取平等。所以，政府要通过建立教育救助制度或利益补偿制度，在政策、资金等方面予以倾斜，给贫困家庭的子女以相应的经济补偿，尤其应加强贷、奖、助、补、减、免等制度的完善与落实。

（三）发挥家庭的作用

家庭是社会最基本的细胞，是最重要、最核心的社会组织、经济组织以及精神家园。家庭是指在婚姻关系、血缘关系或收养关系基础上产生的，亲属之间所构成的社会生活单位。从社会设置来说，家庭是最基本的社会设置之一，是人类最基本最重要的一种制度和群体形式。从功能来说，家庭是儿童社会化、供养老人、满足经济合作的人类亲密关系的基本单位。家庭健康的可持续发展是社会稳定发展、国家稳定发展的基石。在以前，家庭大多是自给自足，满足家庭成员的大多生理、心理的需求的单位、群体，融有经济生产、安全保卫、教育、社会化、宗教等功能，进行物质、人口、精神财富再生产。如今，家庭的部分功能由教育、宗教等其他社会设置分化了。但功能主义者认为家庭的社会化、感情陪伴、经济合作、性规范功能，依然为社会的良性运行起到重要的作用。

具体来讲，家庭具有以下多种功能：第一，社会化功能，教育和抚养儿童，使之适应社会。从很多方面讲，家庭都很适合承担社会化任务。它是一个亲密的小群体，父母通常都很积极，对孩子有感情，有动力。孩子常常在依赖下，将父母看作是权威。可是，父母很少经过明确训练来对孩子社会化，家庭并不总能很有效果、有效率地完成这一功能。越来越多的学校和专业机构担负起这方面的责任。在一些国家，人们曾经尝试各种各样代替家庭进行儿童社会化的方式。比如在早年的苏联，引入过集体养育孩子的新模式，在以色列，探索过用集体农庄代替家庭的试验，然而这些尝试都以失败告终。第二，情感和陪伴的核心功能。在现代社会，对成人和孩子来说，家庭是情感陪伴的主要源泉。对儿童来说，缺少父母的关爱会导致智力、感情、行为等方面的成长都受到伤害。对成人来说，虽不会因缺爱而死，但也需要感情的关怀。情感交往功能要求家庭必须满足成员的感情需求，以维持家庭的整体性。对于每个家庭成员而言，各种心理态度的形成、个性的发展、感情的激起与发泄、品德和情操的锤炼、爱的培植和表现以及精神的安慰和寄托都离不开家庭。从一些现状来说，家庭规模日趋微化，新婚夫妇日趋单独居住，而人们又很少能从家庭以外获得友谊和支持，迫使家庭成员在情感和陪伴上彼此深深依赖。提供情感和陪伴已成为现代家庭的核心功能。第三，性规制功能。对社会来说，性关系到怀孕，不是个人的事。所以在一般的社会里，强烈提倡合法生育和性规范的制度化，为的是使儿童能够得到良好的照顾和平稳的代际过渡。一些现状显示相对于以前在性方面对男女的双重标准，女性的性自由提高了，此外人们更能容忍婚外性生活了。但由此产生的是，有的人不愿意结婚了，有的人结婚了也不一定和配偶在一起了，使得配偶间的感情和陪伴关系的稳定性减弱了。

具体来说可以从以下几个方面着手来充分发挥家庭的非社

会控制作用：首先，要充分认识家庭的重要性。家庭是人生的避风港，注重家庭是每个人都应当谨记在心的。从个人层面上讲，注重家庭能够培养一个人的责任心，能让一个人重视亲情、懂得感恩。从社会层面上讲，家庭功能的有效发挥不仅有助于劳动力素质的提高，还可以减少未来的社会成本。因此，无论什么时候，家庭和睦，相亲相爱，都会是个人发展、国家稳定以及社会和谐的重要基础。其次，树立正确的家庭价值观。家庭价值观是个人对于家庭事务所抱有的一种观点、态度和信念，是评价家庭意义与目的及理想家庭的标准。我国的传统家庭价值观一直强调和睦、关爱、互惠，注重家教和家风。同时，尊老爱幼、男女平等、夫妻和睦、勤俭持家、邻里团结等行为准则也一直备受推崇。但是，在物质主义的冲击下，人们对家庭、对亲情的认知出现了扭曲和偏差，家庭、亲情在物质和财富面前显得微不足道，这也大大削弱了家庭的功能。因此，树立正确的家庭和亲情观是现在迫切要解决的问题。我们需要发扬光大中华民族传统家庭美德，促进家庭和睦，促进亲人相亲相爱，促进下一代健康成长，促进老年人老有所养，这样才能促进家庭功能的完善。最后，在上述基础上发挥家庭的非社会控制功能，缓解社会失范带来的紧张压力，化解冲突，促进社会稳定。家庭是一个人最为重要的社会支持系统，能为个人提供重要的情感支持。经济的发展不能弱化家庭的功能，家庭领域应当拒绝市场逻辑，经济理性不能进入家庭的核心价值领域。在经济和市场的逻辑及标准过度扩张的今天，家庭的非社会正式功能至关重要。因此，我们要通过多种渠道促进引导家庭功能的发挥和实现。

结　语

犯罪问题是每个国家都要面对的一个重要问题，因为犯罪具有显著的社会危害性。从宏观层面上讲，犯罪会影响国家的稳定和谐，影响社会的长治久安，影响人类社会的发展；从微观层面上讲，犯罪会对被害人及其家庭、犯罪人及其家庭带来难以弥补的伤害。但是，犯罪问题并不是不可控制的，只要我们准确把握犯罪现象的发生发展规律，然后有针对性地进行犯罪防控，就一定能够将犯罪数量控制在合理的范围中。

改革开放以来，我国快速的现代化和经济发展造成了社会急速转型，社会的急速转型触发了社会失范，这可以说是一种正常的社会反应，在其他国家的发展过程中也并不鲜见。但是，也正是从这个意义上说，我们并没有很成功地避免其他国家在发展过程中出现的问题。因为在社会失范的同时，我国的社会控制并没有及时有效地开展，反而在一定程度上被削弱，社会控制的被削弱又反过来加剧了社会的失范，促进了转型期各种社会矛盾的激化，这才是最终导致改革开放以来我国犯罪问题加剧的主要原因。

本研究通过实证的方法验证了社会控制因素的重要作用。也就是说，经济的快速发展和现代化并不会必然导致犯罪率的上升或者降低，社会控制因素在它们中间具有重要的中介作用。社会控制对每一个国家来说都至关重要。一个国家的正式社会控制体现的是国家的治理能力，表现在国家对社会各个方面的调控、对社会矛盾的官方缓解等方面；而一个国家的非正式社会控制则体现的是精神文明建设的能力，表现在文化层面的引导和规范、正确价值观的塑造和提倡，以及家庭等社会纽带网络的建立和加深等方面。如果一个国家的社会控制非常稳固有效，就能够确保社会良性运行和协调发展，从而有效地缓解并控制社会变革中出现的社会失范和社会矛盾，反之则会适得其反。

值得高兴的是，我们国家已经认识到了上述问题的存在，并且已经在积极地进行解决。党的十八届三中全会通过的《中共中央关于全面深化改革若干重大问题的决定》中，提出了全面深化改革的指导思想和目标任务。这一方面体现了我们国家已经认识到了在经济转型和社会转轨中出现的矛盾和问题；另一方面，全面深化改革的总目标就是要完善和发展中国特色社会主义制度、推进国家治理体系和治理能力现代化。这本质上就是在促进我国社会控制的有效性。同时，党的十九大关于我国主要社会矛盾发生转移的论断，又对我国的社会控制能力提出了更高的要求，我们不仅要持续开展经济建设，还要注重补短板、强弱项，在民主、法治、公平、正义、安全等方面开展全方位的工作。

位卑未敢忘忧国，希望本书的研究对我国改革开放以来的犯罪问题研究以及今后的犯罪防控能有所裨益。同时，也坚信在中国共产党的领导下，未来的中国一定是一个富强、民主、文明的具有中国特色的社会主义现代化国家。

参考文献

一、中文参考文献

（一）著作类（首字拼音排序）

1. 曹立群、周愫娴：《犯罪学理论与实证》，群众出版社 2007 年版。
2. 曹普：《当代中国改革开放史》，人民出版社 2016 年版。
3. 曹子丹、马凯、王平：《中国犯罪原因研究综述》，中国政法大学出版社 1993 年版。
4. 《邓小平文选》（第 3 卷），人民出版社 1993 年版。
5. 董英豪、陈玉荣：《现代化历程的关键跨越：贫富差距与犯罪率的实证研究》，中国水利水电出版社 2013 年版。
6. 段妍：《改革开放以来中国社会风气的嬗变》，东北师范大学出版社 2014 年版。
7. 胡文仲：《超越文化的屏障》，外语教学与研究出版社 2004 年版。
8. 康树华：《全面建设小康社会进程中犯罪研究》，北京大学出版社 2005 年版。
9. 康树华：《当代中国热点与新型犯罪透视》，群众出版社 2007 年版。
10. 康树华：《新中国犯罪学研究的形成与发展》，北京大学出版社 2011 年版。
11. 李泓：《改革开放以来中国文化变迁研究》，中国社会科学出版社 2013 年版。
12. 李锡海：《现代化与犯罪研究》，中国人民公安大学出版社 2009 年版。

13. 卢建平:《中国犯罪治理研究报告》，清华大学出版社 2015 年版。
14. 钱乘旦、刘金源:《寰球透视：现代化的迷途》，浙江人民出版社 1999 年版。
15. 田国良:《反腐倡廉警示读本》，中共中央党校出版社 2015 年版。
16. 王牧:《新犯罪学》（第 3 版），高等教育出版社 2016 年版。
17. 王智民、黄京平:《经济发展与犯罪变化》，中国人民大学出版社 1992 年版。
18. 吴宗宪:《西方犯罪学》（第 2 版），法律出版社 2006 年版。
19. 吴宗宪:《西方犯罪学史》（第 2 版），中国人民公安大学出版社 2010 年版。
20. 夏玉珍:《犯罪社会学》，华中科技大学出版社 2014 年版。
21. 许章润:《犯罪学》，法律出版社 2004 年版。
22. 张岱年:《张岱年全集》（第 7 卷），河北人民出版社 1996 年版。
23. 章友德:《犯罪社会学理论与转型期的犯罪问题研究》，广西师范大学出版社 2008 年版。
24. 张小虎:《转型期中国社会犯罪原因探析》，北京师范大学出版社 2002 年版。
25. 赵若辉:《社会迷乱决定因素研究》，人民出版社 2009 年版。
26. 中共中央党史研究室第三研究部:《中国改革开放史》，辽宁人民出版社 2002 年版。

（二）译著类（首字拼音排序）

27. ［美］亨廷顿:《变化社会中的政治秩序》，王冠华译，三联书店 1989 年版。
28. ［美］特拉维斯·赫希:《少年犯罪原因探讨》，吴宗宪等译，中国国际广播出版社 1997 年版。
29. ［意］加罗法洛:《犯罪学》，耿伟等译，中国大百科全书出版社 1996 年版。
30. ［美］谢利:《犯罪与现代化》，何秉松译，群众出版社 1986 年版。

（三）期刊类（首字拼音排序）

31. 艾永明:“中国古代犯罪学思想的主要特点”，载《南京大学法律评论》

1995 年第 1 期。
32. 蔡继明、张胜君、杜帼男："我国城市化相关概念辨析"，载《学习论坛》2016 年第 5 期。
33. 操宏均："城市化进程中的犯罪问题研究"，载《福建警察学院学报》2013 年第 4 期。
34. 陈可倩、龚自力："白领犯罪前沿问题——白领犯罪国际研讨会会议综述"，载《交大法学》2016 年第 2 期。
35. 陈秋苹："基础教育市场化的政策反思及其展望"，载《教育发展研究》2012 年第 Z2 期。
36. 杜旭宇："经济发展与社会稳定的正相关分析"，载《湖南社会科学》2008 年第 3 期。
37. 方杰、张敏强："中介效应的点估计和区间估计：乘积分布法、非参数 Bootstrap 和 MCMC 法"，载《心理学报》2012 年第 10 期。
38. 甘琲、陈文贤、李敬轩："我国城市化发展现状及其问题分析"，载《绥化学院学报》2016 年第 2 期。
39. 高兆明："简论'道德失范'范畴"，载《道德与文明》1999 年第 6 期。
40. 郭东："犯罪的宏观经济原因分析"，载《刑事法评论》2007 年第 2 期。
41. 黄群慧："中国的工业化进程：阶段、特征与前景"，载《经济与管理》2013 年第 7 期。
42. 金强："白领犯罪及防治策略研究"，载《上海公安高等专科学校学报》2009 年第 2 期。
43. 鞠青："中国青少年犯罪演进的定量分析"，载《青少年犯罪问题》2007 年第 5 期。
44. 康树华："新中国成立以来的犯罪发展变化及其理性思考"，载《中国刑事法杂志》1998 年第 3 期。
45. 李丽生："我国犯罪率与经济增长的相关分析和犯罪率预测"，载《公安学刊·浙江公安高等专科学校学报》2000 年第 4 期。
46. 李霞："论优秀传统文化的现代转化"，载《山东社会科学》2015 年第

5 期。
47. 廖小平："改革开放以来价值观的变迁及其双重后果"，载《科学社会主义》2013 年第 1 期。
48. 吕乃基："政府、资本、社会与中国改革开放的四个阶段"，载《东南大学学报（哲学社会科学版）》2015 年第 4 期。
49. 潘希武："西方学者对教育市场化改革的检讨"，载《教育科学》2006 年第 3 期。
50. 皮坤乾："我国精神文化变迁滞后引发的矛盾及其化解"，载《创新》2008 年第 3 期。
51. 钱逊："关于马克思主义与传统文化关系的几点想法"，载《学术月刊》1996 年第 5 期。
52. 屈佳："流动人口犯罪研究述评"，载《中国刑警学院学报》2018 年第 1 期。
53. 屈茂辉、郝士铭："宏观经济因素与财产类犯罪的相关性——基于 1986~2010 年的数据"，载《湖南大学学报（社会科学版）》2014 年第 2 期。
54. 任建明、许海莲："转型期中国严重腐败犯罪的表征、惩治得失及对策"，载《廉政文化研究》2017 年第 2 期。
55. 山东省女子监狱课题组："女性犯罪发展态势与管理型矫正模式构建"，载《中国司法》2016 年第 6 期。
56. 田鹤城、万广华、霍学喜："1955~2007 年中国经济与犯罪关系实证研究"，载《中国农业大学学报（社会科学版）》2009 年第 2 期。
57. 王慧博："社会学习理论视角的我国白领犯罪解析"，载《河南社会科学》2012 年第 8 期。
58. 王牧："犯罪原因论概述——兼论犯罪学的基本范畴"，载《吉林大学社会科学学报》1991 年第 4 期。
59. 王良顺："经济发展与犯罪的关系的辩证与运用"，载《湖北警官学院学报》2010 年第 1 期。
60. 王启梁："作为生存之道的非正式社会控制"，载《山东大学学报（哲学社会科学版）》2010 年第 5 期。

61. 王学伟:“中国优秀传统文化研究 30 年”,载《中州学刊》2014 年第 4 期。
62. 王勇哲:“经济与犯罪之普遍联系形式(下)”,载《河南警察学院学报》2006 年第 3 期。
63. 吴鹏森:“中国刑事犯罪 60 年:犯罪与社会的互动——兼论当代中国犯罪历史分期”,载《安徽师范大学学报(人文社科版)》2012 年第 3 期。
64. 吴鹏森:“改革开放以来的中国城市化与犯罪变化——基于一种比较的视角”,载《江苏行政学院学报》2012 年第 6 期。
65. 肖建国:“大城市犯罪区域分布之研究”,载《公安学刊·浙江公安高等专科学校学报》1999 年第 6 期。
66. 谢岸烨:“论经济发展对犯罪数量的影响”,载《湘潭大学学报(哲学社会科学版)》2005 年第 S1 期。
67. 谢冲晓:“论犯罪的经济因素”,载《甘肃政法学院学报》2001 年第 1 期。
68. 杨伟伟:“新常态下中国社会病态的现象及治理路径”,载《天水行政学院学报》2015 年第 4 期。
69. 张冲、孙炜红:“社会转型背景下城镇失业率对财产犯罪的影响研究——基于中国 1986~2011 年时间序列数据的实证研究”,载《江西财经大学学报》2013 年第 6 期。
70. 张涵、康飞:“基于 bootstrap 的多重中介效应分析方法”,载《统计与决策》2016 年第 5 期。
71. 张弦、高长富:“女性犯罪的现状、成因与对策”,载《湖北警官学院学报》2013 年第 9 期。
72. 张旭:“犯罪学的西方理论与中国现实”,载《吉林大学社会科学学报》2008 年第 6 期。
73. 张培刚:“工业化的理论”,载《社会科学战线》2008 年第 7 期。
74. 张纯琍:“社会控制与社会秩序构建”,载《中国人民公安大学学报(社会科学版)》2006 年第 2 期。
75. 章元、刘时菁、刘亮:“城乡收入差距、民工失业与中国犯罪率的上升”，载《经济研究》2011 年第 2 期。

76. 张小虎：“犯罪预防与犯罪控制的基本理念”，载《河南财经政法大学学报》2008 年第 1 期。

77. 赵远：“也谈经济发展与犯罪的关系”，载《福建公安高等专科学校学报》1999 年第 4 期。

78. 周路：“经济发展与犯罪增长的关系及其中介——再论‘远正近负效应论’”，载《天津社会科学》1995 年第 1 期。

79. 朱克雄、郑凯：“经济发展与刑事犯罪”，载《公安理论与实践》1998 年第 4 期。

（四）学位论文（首字拼音排序）

80. 黄松：“越轨行为在犯罪学中的定位及其社会控制机制研究”，安徽大学 2012 年硕士学位论文。

81. 刘燕：“中国现阶段贫富差距问题研究”，河南财经政法大学 2016 年硕士学位论文。

82. 张琳：“现代性的信仰困境与信仰塑造”，复旦大学 2012 博士学位论文。

（五）会议论文（首字拼音排序）

83. 邓小刚：“近 30 年来我国老年人犯罪现象的发展变化”，载《中国犯罪学年会论文集（2010 年度）》。

（六）报纸类（首字拼音排序）

84. 段贤尧：“老年犯罪案件增多　少爱缺保障是原因”，载《人民法院报》2016 年 8 月 29 日第 6 版。

85. 王兴华：“犯罪数量是否与经济发展同步增长?”，载《人民公安报》2001 年 10 月 15 日第 3 版。

86. 于滨：“经济犯罪呈现十个新动向”，载《瞭望》2003 年第 43 期。

（七）电子资源（首字拼音排序）

87. “解读十六大：新型工业化‘新’在哪里?”，载新华网：http://news.sina.com.cn/c/2002-11-23/0943816299.html. 访问日期：2017 年 12 月 28 日。

二、外文参考文献

（一）书籍（首字母排序）

88. Bassis S. Michael, Richard J. Gelles, Ann Levine, *Sociology: An Introduction*, 4th ed., New York: McGraw Hill.

89. Coleman J. William, *The Criminal Elite: the Sociology of White Collar Crime*, 3rd ed., New York: St. Martin's Press.

90. Cullen, C. F. T., & Wilcox, P., *Encyclopedia of criminologicaltheory*, London: SAGE Publications Ltd, 2010.

91. Duina Francesco, *Winning: Reflections on an American Obsession*, Princeton, NJ: Princeton University Press, 2011.

92. Francis T. Cullen & RobertAgnew (eds.), *Criminological Theory: Past to Present, Essential Readings*, 2nd ed., Los Angeles, CA: Roxbury Publishing Company, 2003.

93. Jianhong Liu, Lening Zhang, Steven F. Messner, *Crime and Social Control in a Changing China*, London: Greenwood Press, 2001.

94. Kornhauser, R., *Social Sources of Delinquency*, Chicago: University of Chicago Press, 1978.

95. Krohn, M. D., Lizotte, A. J., & Hall, G. P., *Handbook on Crime and Deviance*, South Carolina: Springer, 2009.

96. Larry J. Siegel, *Criminology: Theories Patterns and Typologies*, 9th ed, Belmont CA: Wadsworth, 2007.

97. Mader, E. J., Fisch, B., Olejniczak, P., & Wijesinghe, R., *The SAGE Handbook of Criminological Theory*, London: SAGE Publications Ltd., 2010.

98. Piquero, A. R., *The Handbook of Criminological Theory*, West Sussex: John Wiley & Sons, Ltd., 2016.

99. Robert K. Merton, *Social Theory and Social Structure*, New York: Free Press, 1968.

100. Schwartz Barry, *The Costs of Living: How Market Freedom Erodes the Best*

Things in Life, New York: Norton, 1994.

102. Steven F. Messner & Richard Rosenfeld, *Crime and the American Dream*, 5th ed., Belmont, CA: Wadsworth, 2012.

103. Zimring E. Franklin & GordonHawkins, *Crime Is Not the Problem: Lethal Violence in America*, New York: Oxford University Press, 1997.

(二) 期刊类 (首字母排序)

104. Hipp, J. R., "Violent crime, mobility decisions, and neighborhood racial/ethnic transition", *Social Problems*, 2011, 58 (3), pp. 410~432.

105. Murray, D. W., "Poor suffering bastards", *Policy Review*, 1994, Spring.

106. Mehlum, H., Moene, K., & Torvik, R., "Crime induced poverty traps", *Journal of Development Economics*, 2005, 77 (2), pp. 325~340.

107. Merton, R. K., "Social structure and anomie", *American Sociological Review*, 1938, 3, pp. 672~682.

108. Press, E., & Washburn, J., "The kept university", *Atlantic Monthly*, 2000, p. 285.

109. Stults, B. J., & Falco, C. S., "Unbalanced Institutional Commitments and delinquent BehaviorAn Individual - Level Assessment of Institutional Anomie Theory", *Youth Violence & Juvenile Justice*, 2010, 12 (1), pp. 77~100.

(三) 报刊类 (首字母排序)

110. lye Q Katharine, "What Happens to the American Dream in a Recession", *New York Times*, May 7, 2009.